Informatik-Fachberichte 195

Subreihe Künstliche Intelligenz

Herausgegeben von W. Brauer in Zusammenarbeit mit dem
Fachausschuß 1.2 „Künstliche Intelligenz und
Mustererkennung" der Gesellschaft für Informatik (GI)

I. S. Bátori U. Hahn
M. Pinkal W. Wahlster (Hrsg.)

Computerlinguistik und ihre theoretischen Grundlagen

Symposium, Saarbrücken, 9.-11. März 1988

Proceedings

Springer-Verlag
Berlin Heidelberg New York
London Paris Tokyo

Herausgeber

István S. Bátori
Studiengang für Angewandte Informatik, EWH Koblenz
Rheinau 3-4, D–5400 Koblenz

Udo Hahn
Fakultät für Mathematik und Informatik, Universität Passau
Postfach 2540, D–8390 Passau

Manfred Pinkal
Fachbereich Informatik, Universität Hamburg
Bodenstedtstraße 16, D–2000 Hamburg 50

Wolfgang Wahlster
Fachbereich Informatik, Universität des Saarlandes
D–6600 Saarbrücken 11

Veranstalter des Symposiums

Gesellschaft für Linguistische Datenverarbeitung (GLDV)

Deutsche Gesellschaft für Sprachwissenschaft (DGfS) -
Sektion Computerlinguistik

Gesellschaft für Informatik (GI) -
Fachgruppe Natürlichsprachliche Systeme

CR Subject Classifications (1987): I.2.7

ISBN-13: 978-3-540-50554-9   e-ISBN-13: 978-3-642-74282-8
DOI: 10.1007/978-3-642-74282-8

2145/3140–543210 – Gedruckt auf säurefreiem Papier

Geleitwort

Die Frage nach dem Selbstverständnis eines Faches stellt sich am nachdrücklichsten, wenn
das Fach und seine Definition sich verändert. Dann reichen die Gewißheiten von gestern nicht
mehr aus, um in der Realität von heute erfolgreich zu agieren. Daß die Computerlinguistik sich
zur Zeit in einer Expansionsbewegung befindet, kann niemand entgehen, der die akademische
landschaft beobachtet. Im Spiel von Stellenzuwächsen und -streichungen, von neu eingerichteten
und eingestellten Studiengängen steht die Computerlinguistik auf der Seite der Gewinner. Sie
gewinnt an Volumen und allgemeinem Interesse. Damit steigen jedoch die Anforderungen an das
Selbstverständnis des Faches und seine Erklärungsfähigkeit nach außen. Was früher ausreichte,
um die Computerlinguistik zu charakterisieren, hält den Ansprüchen nicht mehr stand, die an
die Fundierung eines in der Bedeutung gewachsenen Faches gestellt werden. Der vergrößerte
Gesamtumfang ermöglicht eine stärkere Binnendifferenzierung. Da fachintern mehr und unter-
schiedlichere Auffassungen von Computerlinguistik vertreten werden, wird es umso wichtiger,
sich klarzumachen, was zwischen den divergierenden Positionen vermittelt. Diese Rolle fällt
nicht ausschließlich, aber doch vorrangig einem gemeinsamen theoretischen Grundverständnis
zu. Es ist darum in der aktuellen Situation der Computerlinguistik angebracht, sich mit deren
theoretischen Grundlagen zu beschäftigen.

Die Frage nach der Rolle der Theorie in der Computerlinguistik läßt sich in die Form einer
wissenschaftlichen eranstaltung kleiden, die die aktuelle Diskussion zu diesem Zeitpunkt darstellen und vorantreiben soll. Dies ist mit dem Symposium "Computerlinguistik und ihre theoretischen
Grundlagen" geschehen, das die Gesellschaft für Linguistische Datenverarbeitung (GLDV), die
Fachgruppe "Natürlichsprachliche Systeme" in der Gesellschaft für Informatik (GI) und die Sektion Computerlinguistik der Deutschen Gesellschaft für Sprachwissenschaft (DGfS) zusammen
veranstaltet haben.

Die Veranstalter hoffen, mit dem Symposium "Computerlinguistik und ihre theoretischen Grundlagen" zur Weiterentwicklung des Theorieverständnisses in der Computerlinguistik beigetragen
zu haben.

Brigitte Endres-Niggemeyer
Vorsitzende der Gesellschaft für Linguistische Datenverarbeitung

Vorwort

Der vorliegende Band enthält revidierte Versionen der Beiträge zum Symposium "Computer-linguistik und ihre theoretischen Grundlagen", das in Saarbrücken vom 9. bis 11.3.1988 von der GLDV, DGfS - Sektion Computerlinguistik und von der GI - Fachgruppe Natürlichsprachliche Systeme veranstaltet worden ist. Aufgenommen worden sind die auf der Tagung gehaltenen Vorträge sowie die Positionspapiere der Podiumdiskussion.

Computerlinguistik (CL) ist ein Fach mit starkem praktischen Bezug, dessen Standort zwischen Linguistik, Informatik und Informationswissenschaft zu suchen ist. Die praktische Arbeit mit natürlichsprachlichen Systemen hat jedoch immer wieder gezeigt, daß Fortschritte in den Anwendungen nur dann erzielt werden können, wenn die Grundlagen ausreichend geklärt worden sind.

Die Einsicht in die Notwendigkeit der linguistischen Grundlagenforschung für Computeranwendungen setzte sich nur langsam durch. Sie führte zu einer Neugliederung der Wissenschaften, mit neuen Nachbarschaften und neuen interdisziplinären Forschungbereichen, wie Kognitionswissenschaft, Künstliche Intelligenz (und darunter Sprachorientierte Künstliche Intelligenz) und Computerlinguistik.

Das Symposium in Saarbrücken ist in diesem Zusammenhang zu sehen. Die Tagung ging auf einen Vorschlag der Gesellschaft für Linguistische Datenverarbeitung (GLDV) an die KI-Gruppe der GI und an die DGfS zurück, zusammen eine Tagung zu organisieren, die speziell der Thematik der theoretischen Aspekte der CL gewidmet werden sollte.

Als Mitglieder des Programmkomitees für das Symposium sind von den drei Gesellschaften die folgenden Wissenschaftler benannt worden:

- István Bátori, Koblenz,

- Franz Günthner, Tübingen,

- Christopher Habel, Hamburg,

- Siegfried Kanngießer, Osnabrück,

- James Kilbury, Düsseldorf,

- Manfred Pinkal, Hamburg,

- Udo Hahn, Passau,

- Wolfgang Wahlster, Saarbrücken.

Aufgabe des Komitees war die Erstellung des Tagungsprogramms und die Auswahl der geeigneten Beiträge. Es hatte nicht die Aufgabe, die CL und deren theoretische Grundlagen selbst zu definieren.

Natürlich war es unvermeidbar, gewisse Grundprinzipien für die Auswahl der Beiträge festzulegen, die hier aufgelistet werden sollen:

Formale Beschreibung: CL setzt eine beschreibungstechnische Präzision voraus, die ohne formale Mittel nicht zu meistern ist.

Explizite Bezugnahme auf natürlichsprachliche Formulierungen: Mathematische oder formale Modelle müssen an sprachlichem Material konkretisiert werden.

Algorithmische Umsetzbarkeit: Untersuchungen zur theoretischen Linguistik ohne algorithmisch-prozedurale Perspektive konnten nicht berücksichtigt werden.

Mensch-Computer-Interaktion: CL geht in ihrer Zielsetzung tendenziell über die reine sprachliche Strukturbeschreibung hinaus, sie setzt sich mit der Erfassung der sprachlichen Prozesse (Produktion und Verstehen) und mit der Integration der verschiedenen Ebenen der Sprachbeschreibung auseinander.

Fachliches Niveau und Relevanz für das Tagungsthema waren selbstverständliche Voraussetzungen. Die Vorträge sollten einen interessanten (wesentlichen, aktuellen) Aspekt der theoretischen Grundlagen der CL ansprechen und zur Klärung oder Präzisierung dieser Grundlagen beitragen.

Wenn man berücksichtigt, daß in dem Programmkomitee drei Organisationen (GLDV, DGfS und die KI-Gruppe der GI) repräsentiert waren, ist es nicht verwunderlich, daß die theoretischen Grundlagen der CL aus der Perspektive der KI, der (theoretischen) Linguistik, der (linguistischen) Informationswissenschaft und der linguistischen Anwendungen unterschiedlich akzentuiert werden können.

Auch wenn es unterschiedliche Auffassungen über das Wesen der CL innerhalb des Programmkomitees gegeben hat, ist die Auswahl der Beiträge vom Programmkomitee einmütig gefaßt worden.

26 Beiträge wurden eingereicht; 10 konnten aufgrund der oben genannten Kriterien akzeptiert werden.

Die Organisation des Symposiums ist von dem "Institut der Gesellschaft zur Förderung der Angewandten Informationsforschung e.V. (IAI) - Projekt EUROTRA-D" getragen worden. Im Namen des Programmkomitees danken die Herausgeber an dieser Stelle dem IAI und allen seinen Mitarbeitern, die die Tagung nicht nur sorgsam vorbereitet, sondern die Trägervereine auch finanziell entlastet haben. Besonderer Dank gilt Herrn Dr. Johann Haller und Herrn Tom C. Gerhardt, die mit ihrem persönlichen Einsatz den mustergültigen Ablauf des Symposiums ermöglichten.

István S. Bátori

Inhaltsverzeichnis

Panel-Diskussion geleitet von Burghard Rieger

INPUT WORT

ANSÄTZE DER SIMULATION WORTWEISER TEXTVERARBEITUNG

Manfred Aulich, Guido Drexel, Gert Rickheit, Hans Strohner
Fakultät für Linguistik und Literaturwissenschaft
Universität Bielefeld

Zusammenfassung

Ausgehend von experimentell gewonnenen Daten wird ein Textverarbeitungssystem entwickelt, das die Mechanismen des menschlichen Arbeitsgedächtnisses bei der Kohärenzbildung während der Textverarbeitung simuliert. Die Funktion der Computersimulation besteht vor allem darin, die zugrundeliegende Theorie auf ihre Konsistenz hin zu überprüfen. Die hier vorzustellende Konzeption eines mentalen Parsers geht davon aus, daß die lexikalischen, syntaktischen und semantischen Kohärenzprozesse zwar funktional voneinander zu unterscheidende Moduln sind, daß diese aber bereits sehr früh bei der Verarbeitung miteinander interagieren.

Zur Rahmenarchitektur gehören ein *Langzeitgedächtnis*, das als Speicher verschiedener Wissensbereiche dient, und ein *Arbeitsspeicher*, der als Vermittler zwischen den Wissensbeständen des Langzeitgedächtnisses und dem Textverarbeitungsprozeß fungiert.

Die Komponenten des mentalen Parsers arbeiten nach folgenden Prinzipien:
— die wichtigste Analyserichtung verläuft bottom—up;
— der Parser verwendet eine breadth—first—Strategie;
— lexikalische, syntaktische und semantische Mehrdeutigkeiten werden parallel verarbeitet;
— es gibt eine starke Interaktion zwischen den einzelnen Moduln.

Die Implementation des Parsers erfolgt in einer objektorientierten Programmierumgebung (CheOPS), die im Rahmen der Bielefelder Forschergruppe "Kohärenz" auf der Basis von C—Prolog entwickelt worden ist.

1. Einleitung

Im Bereich der Entwicklung maschineller Textverarbeitungssysteme gibt es zur Zeit zwei uns bedeutsam erscheinende Entwicklungslinien: Zum einen hat sich in den letzten Jahren die Entwicklung maschineller Textverarbeitungssysteme auf der Basis lexikalisch verteilter Grammatiken von einer zunächst stark ideosynkratisch geprägten zu einem auch größere sprachliche Einheiten umfassenden Vorgehen entwickelt (vgl. Kindermann, 1984; Eimermacher, 1985; Hahn, 1987). Zum anderen kommt hinzu, daß im Rahmen der sich schnell entwickelnden Kognitiven Wissenschaft immer stärker empirische Befunde der Psycholinguistik in die Arbeiten der Künstlichen Intelligenz—Forschung Eingang finden (vgl. Felix, Kanngießer & Rickheit, 1986). Wir versuchen in unserem Ansatz, diese beiden Entwicklungslinien zu integrieren und ein maschinelles Textverarbeitungssystem auf der Basis empirischer Befunde zur menschlichen Textverarbeitung zu entwickeln.

2. Ergebnisse der experimentellen Leseforschung

Ein Textverarbeitungssystem, das dem Anspruch auf *psychologische Plausibilität* Genüge leisten will, muß einer psychologischen bzw. einer psycholinguistischen Theorie entsprechen, deren experimentelle Befunde gut abgesichert sind, d.h. es muß das empirische Verarbeitungsprofil beim Lesen angemessen abbilden. Wir beziehen uns bei der Konzeption des Textverarbeitungssystems auf die in den letzten Jahren immer wieder bestätigten Befunde der experimentellen Leseforschung. Zu den wichtigsten Resultaten zählen die folgenden Beobachtungen:

- der Fixations— oder foveale Bereich des scharfen Sehens umfaßt durchschnittlich ein bis zwei Wörter;
- der Fixationsbereich ist bei Schriften, die von links nach rechts verlaufen, rechts größer als links;
- die Fixationsdauer beträgt im Mittelwert etwa 250 msec mit systematischen Abweichungen nach oben und unten;
- während einer Fixation werden nur die im Fixationsbereich befindlichen Wörter semantisch verarbeitet;
- häufige Regressionsbewegungen sind Anzeichen für Verstehensschwierigkeiten.

Eine der einflußreichsten Theorien im Bereich der experimentellen Leseforschung ist die Theorie der unmittelbaren Verarbeitung von Just und Carpenter (1980, 1987). Diese Theorie geht von den drei folgenden Annahmen aus:

(1) Die grundlegende Einheit der Analyse der Augenbewegungen ist die gesamte Fixationsdauer auf einem Wort *(gaze)*.

(2) Der Leser versucht, jedes Wort unmittelbar bei seiner Wahrnehmung zu interpretieren *(immediacy assumption)*. Diese Interpretation des Wortes erfolgt kontextsensitiv, d.h. sie bleibt nicht auf die Erschließung der lexikalischen Bedeutung beschränkt, sondern bezieht auch die Satz— und Textebene mit ein.

(3) Der Leser fixiert ein Wort solange, bis dessen Verarbeitung beendet ist *(eye—mind assumption)*, d.h. bis alle möglichen Interpretationen vorgenommen worden sind.

Diese Annahmen basieren auf der Erkenntnis der Leseforschung, daß das einzelne Wort nur bei seiner Fixation durch den Leser gelesen und verarbeitet wird, also nur dann, wenn es im fovealen Sichtbereich des Lesers steht (vgl. Abb. 1). Die Lese— und Verarbeitungszeit eines Wortes wird damit gleichgesetzt mit der Dauer des fovealen Sichtbereichs bzw. der Fixationszeit des betreffenden Wortes. Ob im parafovealen Bereich bereits eine semantische (Vor—) Verarbeitung erfolgt, konnte bisher nicht eindeutig gezeigt werden. Aufgrund der bisher vorliegenden empirischen Befunde ist anzunehmen, daß lediglich die optischen Konturen des folgenden Wortes grob mit erfaßt werden (vgl. Günther, 1988).

Das von Just und Carpenter entwickelte Modell des Lesens umfaßt die fünf folgenden Lesephasen eines Wortes:

Phase 1: Einlesen des folgenden Wortes
 (Get Next Input),

Phase 2: Erschließen der lexikalischen Bedeutung
 (Word Encoding and Lexical Access),

Phase 3: Bestimmen der Kasus—Rollen
 (Case Role Assignment),

Phase 4: Integrieren von Teilsätzen
 (Interclause Integration),

Phase 5:   Abschließen des Satzes
            (Sentence Wrap — Up).

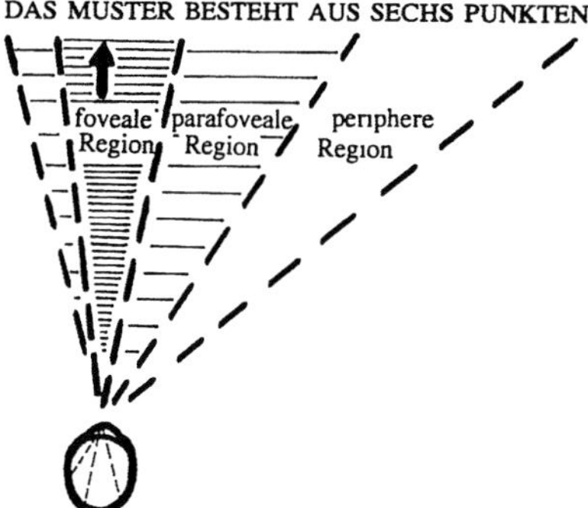

Abb.1: Die Lese— und Fixationsbereiche

Zur Rahmenarchitektur eines psychologischen Textverarbeitungssystems gehören ein *Langzeitge-dächtnis*, das als langfristiger Speicher verschiedener Wissensbereiche gesehen wird, und ein begrenzter *Arbeitsspeicher*, der als Vermittler zwischen den Wissensbeständen des Langzeitgedächtnisses und dem Textverarbeitungsprozeß fungiert. Hier werden die aktivierten Konzepte, Texteinheiten und die einschlägigen Wissensbereiche präsent gehalten.

Im *Arbeitsspeicher* sind verschiedene Arten von Wissen verfügbar:
— prozedurales Wissen über die notwendigen Verarbeitungsstrategien,
— Wissen über Orthographie, Phonologie, Syntax, Semantik und Pragmatik,
— Wissen über Diskursstrukturen,
— Wissen über den thematisierten Weltausschnitt (Weltwissen),
— Wissen über den Handlungsverlauf (episodisches Wissen).

In unseren eigenen Untersuchungen konzentrieren wir uns auf die Funktion des Arbeitsspeichers für die Kohärenzherstellung bei der Textverarbeitung. Zu diesem Zweck berücksichtigen wir einige Aspekte der Kohärenzherstellung auf der lexikalischen, der syntaktischen und der semantischen Ebene.

Auf der Ebene der *lexikalisch* hergestellten Kohärenz werden vor allem Aspekte der Referenz, d.h. der Bezugnahme einzelner Wörter aufeinander in Form von Wiederholungen, Begriffsrelationen (Hypero—, Hypo— und Synonymie) oder durch anaphorische Pronomina, beachtet.

Auf der Ebene der *syntaktisch* hergestellten Kohärenz spielen die Formen der Hypotaxe, der Ellipsen und der Koreferenzen eine wichtige Rolle. Jedes neu wahrgenommene Wort wird möglichst unmittelbar in den Kontext integriert, und zwar sowohl syntaktisch als auch semantisch, ohne auf die Bildung einer vollständigen syntaktischen Struktur zu warten.

Zentral für das Verstehen von Texten ist das Herstellen der Kohärenz auf der *semantischen* Ebene. Die semantische Kohärenz ist ein komplexes System aus Kohärenzbeziehungen auf der Ebene der atomaren Propositionen, der komplexen Propositionen, der lokalen Kohärenz, der Makrostruktur und der Superstruktur (van Dijk & Kintsch, 1983).

3. Folgerungen für die Architektur mentaler Parser

Die Entwicklung unseres mentalen Parsers basiert auf den Ergebnissen der empirischen Leseforschung und den in unserem Projekt experimentell gewonnenen Ergebnissen zur lokalen Kohärenzbildung im Rahmen der Textverarbeitung. Da bei der experimentellen Erforschung lexikalische, syntaktische und semantische Aspekte der Kohärenz im Mittelpunkt stehen, sind diese Komponenten auch zentral für die Computersimulation der Kohärenzbildung.

Die Funktion der Computersimulation besteht vor allem darin, die zugrundeliegende Theorie auf ihre Konsistenz hin zu überprüfen und gegebenenfalls zu falsifizieren. Hierbei können auch neue Erklärungsalternativen der gewonnenen empirischen Ergebnisse entwickelt werden. Denn die Parsing—Mechanismen werden auf der Grundlage der experimentell ermittelten Resultate von Textverarbeitungsexperimenten konstruiert. Es ist hierbei zum Beispiel zu überprüfen, ob die einzelnen Systemkomponenten tatsächlich die angenommene Rolle beim Verstehen von Texten spielen.

Für die Architektur des mentalen Parsers ist die Erkenntnis maßgeblich, daß die lexikalischen, syntaktischen und semantischen Kohärenzprozesse zwar als funktional voneinander zu unterscheidende Moduln konzeptualisiert werden, daß diese aber bereits sehr früh bei der Verarbeitung miteinander interagieren. Charakteristisch für derartige Systeme ist es, daß alle Ebenen des Sprachverarbeitungssystems parallel zueinander arbeiten und sich jederzeit gegenseitig beeinflussen können. Für diese Simulationsstrategie eignen sich vor allem Systeme, die das *kontextsensitive Wort* als Verarbeitungseinheit zugrundelegen.

Das auf der Grundlage der unmittelbaren Verarbeitung von Thibadeau, Just und Carpenter (1982) entwickelte Simulationssystem dient als Ausgangspunkt für unser Parser—Konzept. Zusätzlich werden die empirischen Bedingungen von Johnson—Laird (1983) für einen mentalen Parser beachtet. Aus diesen Vorgaben und den empirischen Befunden der bisher durchgeführten Experimente zum Textverstehen ergibt sich eine Parser—Architektur, deren Komponenten nach folgenden Prinzipien arbeiten:
— die wichtigste Analyserichtung verläuft *bottom—up,*
— der Parser verwendet eine *breadth—first—Strategie,*
— lexikalische, syntaktische und semantische Mehrdeutigkeiten werden *parallel* verarbeitet;
— es gibt eine starke *Interaktion* zwischen den einzelnen Moduln.

Inwiefern diese Prinzipien modifiziert werden müssen, kann festgestellt werden, wenn Unstimmigkeiten beim Parsing—Prozeß oder bei den Analyse—Ergebnissen auftreten. Die bisher vorliegenden Ergebnisse in unserem Projekt, die sich auf das Verstehen einfacher Texte beziehen, bestätigen die getroffenen Annahmen.

Das von uns entwickelte System simuliert wortweises Lesen, wobei die Bedeutungen eines Satzes nicht erst nach einer abgeschlossenen syntaktischen Analyse ermittelt werden, sondern inkrementell und unmittelbar nach jedem Wort. Entsprechend des zugrundeliegenden Modells werden die im bisher gelesenen Text eingeführten Objekte und ihre Beziehungen zueinander dargestellt und eine Verbindung dieses Wissens mit dem Weltwissen hergestellt. Dabei kann schon nach jedem eingelesenen Wort diese Repräsentation modifiziert werden.

Wenn das Wort ein Determinator, Adjektiv oder Nomen ist, also eine nominale Wortart darstellt, versucht das Wort, sich in eine schon begonnene Nominalphrase einzubetten oder aber selbst eine zu beginnen. Wörter der Kategorie *Nomen* schließen die Nominalphrase jeweils ab. Dabei werden die einzelnen Konstituenten der Nominalphrase auf Kasus –, Numerus – und Genuskongruenz überprüft. Sollte hierbei eine syntaktische Inkongruenz festgestellt werden, dann wird die Nominalphrase auf semantischer Ebene dennoch weiter analysiert. Bei einer Nominalphrase, wie zum Beispiel "das vorliegende Musters", bricht der Parser die Analyse also nicht ab, sondern stellt auf semantischer Ebene durchaus Kohärenz fest. Im Zusammenspiel mit dem Verb "besteht" wird dann auf Satzebene die Bestimmung des Kasus vorgenommen.

Es ist beim natürlichen Leseprozeß unwahrscheinlich, daß das Textwissen über eine Phrase hinaus gesammelt und dann gebündelt in das Modell integriert wird. Die Konstruktion eines vollständigen *Syntaxbaums* erscheint nicht sinnvoll, da die relevanten Objekte sofort im Verstehensmodell installiert werden. Verben, Präpositionen und Konjunktionen bilden die Relationen zwischen den Nominalphrasen. Ein vollständiger Baum würde also nur unwichtige und redundante Informationen speichern. Es ist möglich, daß es sich später doch noch als nützlich erweist, weitere Konstituenten zusammenzufassen, z.B. Verb und Adverb zu einer Verbgruppe oder Präpositionen mit Nominalphrasen zu Präpositionalphrasen.

4. Simulation von Kohärenzprozessen mit lexikonbasierten Systemen

Die Entwicklung lexikonbasierter Parser ist als eine Gegenbewegung zu der Konzeption regelbasierter Systeme zu betrachten. Die wesentliche Grundannahme derartiger Systeme stellt nach Small und Rieger (1982; vgl. Rieger & Small, 1979) die Eigenschaft menschlichen Sprachwissens dar, die eher Wissen über Wörter als über Regeln besitzen. Diese Annahme ist als Kritik an regelbasierten Systemen insofern zu verstehen, als diese mit einer umfangreichen Sammlung von Regeln zwar den Anspruch erheben, eine Sprache beschreiben zu können, dafür aber auf einen Interpreter angewiesen sind, der jede Regel in dem passenden Kontext zur Anwendung bringt und sie so zu anderen Regeln oder Lexikoneinträgen in Beziehung setzt. Außerdem bieten regelbasierte Systeme zumeist keine allgemeine Lösung für den Umgang mit Wortambiguitäten (vgl. Reddig, 1984).

Aus diesen Überlegungen heraus entwickeln Rieger und Small (1979) das Konzept des *Word Expert Parsers*. Dieser zeichnet sich dadurch aus, keine allgemeine, sondern eine idiosynkratische und daher wortspezifische Lösung für das Textverstehen zu geben. Alle Information wird an die lexikalische Einheit, das Wort, oder auch bestimmte, gebräuchliche Morpheme (z.B. -ing, -ed), gebunden. Jede dieser Einheiten wird damit zum Experten für seine Verarbeitung und daher weiterhin als Wortexperte bezeichnet. Die Wortexperten enthalten sehr spezifisches Wissen, im Gegensatz zu den regelbasierten Systemen, die Aussagen über Klassen von Wörtern treffen.

In Wortexperten ist das Wissen über die möglichen Wortbedeutungen sowohl deklarativ als auch prozedural repräsentiert. Die deklarative Repräsentation erlaubt es, mittels der hierarchischen Strukturierung der Wortbedeutungen *(word sense discrimination net,* vgl. Rieger, 1977; Rieger & Small, 1979), die aktuelle Wortbedeutung in einem Kontext mit Hilfe der prozeduralen Eigenschaften des Wortexperten zu ermitteln.

Entsprechend der oben genannten Grundannahme gehen Rieger und Small (1979) ebenfalls davon aus, daß jedes Wort die Information zur Festlegung der kontextspezifischen Bedeutung in sich trägt. Um die für einen bestimmten Kontext passende Bedeutung eines Wortes festzustellen, können die Wortexperten untereinander Informationen, etwa über den bereits verarbeiteten Text, austauschen. Der Austausch von Botschaften zwischen Wortexperten stellt die zentrale Kontrollstruktur dar.

Ist eine Bedeutungsbestimmung, etwa wegen fehlender Informationen, nicht möglich, wird eine *wait-and-see –Strategie* verfolgt. Der gerade aktive Wortexperte gibt dann also die Verarbeitung an den nächsten weiter und wird reaktiviert, sobald die zuvor fehlenden Bedingungen erfüllt sind.

Jeder Wortexperte verfolgt das Ziel, die Zuweisung einer kontextabhängigen Bedeutung für ein Wort der Eingabe so bald wie möglich auszuführen, da bei der menschlichen Textverarbeitung nur äußerst selten eine Wortbedeutung für längere Zeit unterbestimmt bleibt (Just & Carpenter, 1980). Ebenso argumentieren Rieger und Small (1979), *Backtracking* komme bei der menschlichen Textverarbeitung nur als Ausnahme vor, insbesondere bei *garden path sentences*. Solche Satzkonstruktionen sind im Englischen aber äußerst selten und treten im Deutschen wahrscheinlich gar nicht auf. Daher geht der Word Expert Parser deterministisch vor in dem Sinne, daß eine einmal festgelegte Bedeutung in der Regel nicht wieder rückgängig gemacht werden kann. Daher liefert dieser Parser immer nur eine Analyse eines Textes, da mehrdeutige Sätze in die für den Kontext zutreffende Bedeutung aufgelöst werden.

Die Kritik an dem Ansatz von Rieger und Small berührt vor allem die Frage nach der linguistischen Adäquatheit, da satzübergreifende Probleme nur ansatzweise diskutiert werden und daher die Verarbeitung auf höheren Ebenen unklar bleibt. Daneben führt das Konzept der Wortexperten zur Aufhebung von Strukturen oberhalb der Wortebene, da sich Kontexterwartungen allein auf lexikalische Einheiten und nicht auf Konstituenten beziehen. Der fehlende Konstituentenbegriff ist somit auch einer der Hauptkritikpunkte seitens der Linguistik, da diese Konstituenten seit Jahrzehnten in ihre Strukturbeschreibungen einbezieht. Ebenso erlaubt der Parser keine Zurückweisung syntaktisch ungrammatischer Eingaben, da jeder Wortexperte lediglich semantisches Wissen repräsentiert, ohne Unterscheidung in Wortsemantik und Weltwissen. Außerdem bietet das Modell nur ansatzweise eine implementationsunabhängige Beschreibung der Architektur, der Aktionen und der Ergebnisse, die das Parsing ergibt.

Einige dieser Mängel versucht Eimermacher (1984, 1985) in seiner Implementation zu beheben. So wird das ursprüngliche Konzept um Steuerungseinheiten und Experten erweitert, die regelhafte Sachverhalte repräsentieren, etwa über Wortarten. Sprachliches Wissen wird mit der logischen Repräsentationssprache SRL (*Semantic Representation Language;* vgl. Habel 1986) dargestellt und so das gesamte Modell in einen formalen Rahmen gestellt. Durch die Verwendung von SRL werden die Wortbedeutungen in Sortenverbänden hierarchisiert. Der Wortexperte enthält dann die Information zu deren Auffindung. Damit lassen sich redundante Einträge weitgehend reduzieren und einem globalen Konzept zuordnen, da jeweils zusammengehörige Fakten in einer (allgemeinen) Hierarchie vereinigt sind. Darüber hinaus läßt Eimermacher in beschränktem Umfang Backtracking zu. Dieses sehr aufwendige Verfahren wird durch das Variablenkonzept der Implementationssprache Prolog vermieden. Beim Beweis eines Prädikates können Variablen teil- oder nichtinstantiiert weitergegeben werden und erst später mittels der Prolog—Unfikation mit Werten belegt werden.

Kindermann (1984) legt seinem Ansatz des wortgesteuerten Parsing zum einen das Bedeutungskonzept Putnams (1975) für eine strukturierte Datenbasis und zum anderen die Text—Struktur—Welt—Struktur—Theorie Petöfis (1983) zugrunde. Die zentrale Komponente des Parsing—Algorithmus ist der Wort—Prozessor, der auf der Datenbasis operiert und die Kommunikatrepräsentationen erzeugt.

Eine stark modifizierte Version des Wortexpertenansatzes verwendet Hahn (1987) für das automatisierte Zusammenfassen von Texten. Dabei steht vor allem die lexikalisch verteilte Wissensrepräsentation im Vordergrund, die ein typisches Merkmal der Word Expert Parser ist.

Hahn gibt eine formalisierte Darstellung des Modells auf der Basis einer objektorientierten Spezifikationssprache. Ähnlich wie Eimermacher führt Hahn eine Beschreibung für die Regularitäten ganzer Wortklassen ein und stellt in den Wortexperten nicht wie im ursprünglichen Ansatz die Ausnahmeerscheinungen von einzelnen Wörtern dar. Diese Experten werden nach funktionalen Eigenschaften formuliert und Wortexperten—Prototypen genannt, da die eigentlichen Wortexperten eine Instanz ihrer Prototypen sind. Ein Prototyp stellt reguläre Anaphora-, Ellipsen- oder Koordinationsgrammatiken dar.

Hahn verwendet den prozeduralen Wissensrepräsentationsformalismus ACTOR (vgl. Hewitt, Bishop

& Steiger, 1973; Hewitt, 1977). In diesem Formalismus sind alle Objekte, die der Datenbasis bekannt sind, selbständige Aktoren. Aktoren haben die Eigenschaft, sich Nachrichten zuzusenden und zu empfangen. Nachrichten werden dabei ebenfalls als Aktoren betrachtet. Da jeder Wortexperte ein aktiver Prozeß des Parsers und mit umfangreichen Kommunikationseigenschaften versehen ist, eignet sich der ACTOR—Formalismus als Spezifikationssprache für lexikalisch verteilte Systeme. Um konzeptuelles Wissen zu repräsentieren, verwendet Hahn den Frame—Formalismus. Die Verwendung der ACTOR—Spezifikationssprache ermöglicht die einheitliche Repräsentation aller Modelleigenschaften und Wissensrepräsentationsformalismen.

Auch Uehara, Ochitani, Kikami und Toyoda (1985) entwickelten ihren 'Integrierten Parser' für das Verstehen von Texten auf der Grundlage des Aktoren—Modells von Hewitt (1977). Er arbeitet mit einem einzigen Modul, in dem die syntaktischen, semantischen und Kontext—Analysen integrale Bestandteile des Parsing—Prozesses sind. Hinzu kommt noch episodisches Wissen, das für den jeweiligen Text relevant ist.

Der Parser basiert auf dem Formalismus der Lexikalisch—Funktionalen Grammatik (LFG). Als Kontrollstruktur verwenden sie das Aktoren—Modell, so daß jede kontextfreie Regel der LFG mit einem Aktor korrespondiert. Der Parsing—Prozeß vollzieht sich durch das Senden von Botschaften zwischen den Aktoren. Im Gegensatz zur Aktor—Theorie verläuft die Kommunikation zwischen den Aktoren nicht parallel, sondern seriell und top down mit automatischem Backtracking.

Außerdem sei auf den Ansatz von Papegaaij, Sadler und Witkam (1986) verwiesen, die Wortexperten neben anderen Wissensrepräsentationsformalismen für die maschinelle Übersetzung verwenden. Da sie aber eine andere Fragestellung verfolgen, gehen wir nicht näher auf sie ein.

Die grundlegenden Annahmen von Rieger und Small, die den Rahmen für den Word Expert Parser definieren, kommen unserer Modellvorstellung sehr nahe, weil der Textverarbeitungsprozeß von jedem Wort gesteuert wird und das Wissen an jedes einzelne Wort gebunden ist. Wird bei unserem Parser ein Wort eingelesen, so wird die weitere Verarbeitung an die Lesarten dieses Wortes übergeben, für die wir den Begriff *Subwords* eingeführt haben, da sie in der hierarchischen Struktur unter der Zeichenkette stehen, welche das Eingabewort darstellt. Die deterministische Parsingstrategie der Word Expert Parser widerspricht unseren Grundannahmen. Wie bereits oben dargestellt, verfolgen wir eine *breadth—first*—Strategie bei der Analyse. Ähnlich wie Hahn (1987) arbeiten wir an einer objektorientierten Implementation. Aufgrund der empirischen Ergebnisse der Leseforschung gehen wir von einer starken Interaktion zwischen den einzelnen Moduln aus.

Zu diesem Zweck verwenden wir das von Eikmeyer entwickelte objektorientierte Programmiersystem CheOPS (vgl. Eikmeyer, 1986; 1987a,b). CheOPS ist in C-Prolog implementiert und verfügt daher über alle Eigenschaften dieser Programmiersprache. Ähnlich wie in ACTOR gibt es in CheOPS nur Objekte. Allerdings gehören hier im Unterschied zu ACTOR die Nachrichten, auf die das Objekt antworten kann, zur internen Struktur des betreffenden Objekts.

Mit CheOPS wird ein Problem in modularer Weise durch eine Menge von Objekten beschrieben, die miteinander Nachrichten austauschen. Objekte in solch einem System haben eine interne Struktur, die durch Variablen und das Protokoll des Objekts dargestellt wird. Dieses enthält alle Nachrichten, auf die ein Objekt antworten kann.

Zwei Arten von Objekten werden unterschieden: generische Objekte oder Klassen und individuelle Objekte oder Instanzen. Jede Instanz gehört einer bestimmten Klasse an, so daß Klassen Mengen von ähnlichen Instanzen repräsentieren. Die Variablen, die die interne Struktur von Klassen repräsentieren, werden *Klassenvariablen* genannt. Daneben repräsentieren *Instanzvariablen* die interne Struktur einzelner Instanzen. Wenn eine Klasse definiert wird, muß angegeben werden, welche Klassenvariablen sie hat und welche Instanzvariablen jede ihrer Instanzen haben soll. Die Werte aller Variablen können gesetzt werden, jedoch nur von dem Objekt, dem die Variable gehört. Als Regel gilt, daß einer Klasse alle ihre Klassenvariablen und einer Instanz alle ihre Instanzvariablen gehören. Die Werte von Klassenvariablen werden an alle Instanzen einer Klasse vererbt.

Neben den Beziehungen zwischen Klassen und Instanzen gibt es auch eine Relation der Klassen untereinander: Eine Klasse kann Oberklasse einer anderen Klasse sein und somit Informationen an ihre Unterklasse vererben. Mit diesen Informationen sind zum einen die Werte von Klassenvariablen gemeint, zum anderen aber auch das Protokoll.

Wenn ein Objekt eine Nachricht bekommt, muß es feststellen, ob es über eine Methode verfügt, mit der es auf die Nachricht reagieren kann. Diese Methode kann das Objekt selbst besitzen, es kann sie aber auch von einem übergeordneten Objekt erben.

Zur Realisierung von parallelen Prozessen stehen in CheOPS zwei Möglichkeiten zur Verfügung:

(1) Man kann eine Nachricht an mehrere Objekte gleichzeitig schicken. Dies ist so vorzustellen, als wenn jedes Objekt einem Prozessor in einem Multiprozessorsystem entspräche.

(2) Es besteht auch die Möglichkeit, mehrere Prozeduren an ein Objekt zu schicken, so daß alles dann quasi im Multitasking abgearbeitet wird.

Zusätzlich ist noch die Kombination beider Varianten zulässig. Grundsätzlich ist aber zu beachten, daß dies alles auf einem seriell arbeitenden Rechner klassischer von−Neumann−Architektur simuliert wird. Man muß also sehr sorgfältig überprüfen, ob parallel postulierte Prozesse, die in Wirklichkeit nacheinander abgearbeitet werden, nicht doch vielleicht zeitlich voneinander abhängig sind. Außerdem besteht die Möglichkeit, daß ein Prozeß Daten verändert oder vernichtet, die für einen anderen Prozeß aufgrund der angenommenen Parallelität gleichzeitig zur Verfügung stehen müssen.

5. Komponenten des Textverarbeitungssystems

Bei der Beschreibung unseres Textverarbeitungssystems berücksichtigen wir lexikalische, syntaktische und semantische Informationen, auf denen der Verarbeitungsprozeß operiert.

5.1. Lexikon

Zuerst soll das Lexikon als statischer Träger des für die Verarbeitung wichtigen Wissens beschrieben werden. Für jedes Wort, das im Text vorkommt, steht eine willkürlich festgesetzte Auswahl von Bedeutungen im Lexikon (Subwords). Sie enthält die für den zu verarbeitenden Text relevanten sowie eine Zahl zusätzlicher Bedeutungen. Der Zugriff auf diese geschieht über die Wörter als Zeichenkette. Wenn zum Beispiel das Wort "Muster" gelesen wird, so ist diese Folge von Buchstaben im Lexikon der Ansatzpunkt, um an die beiden Subwords "Muster1" und "Muster2" und ihre jeweiligen syntaktischen und semantischen Eigenschaften zu gelangen (vgl. Abb. 2). Diese sind die Entitäten, die der Verarbeitungsprozeß dann weiterhin verwendet.

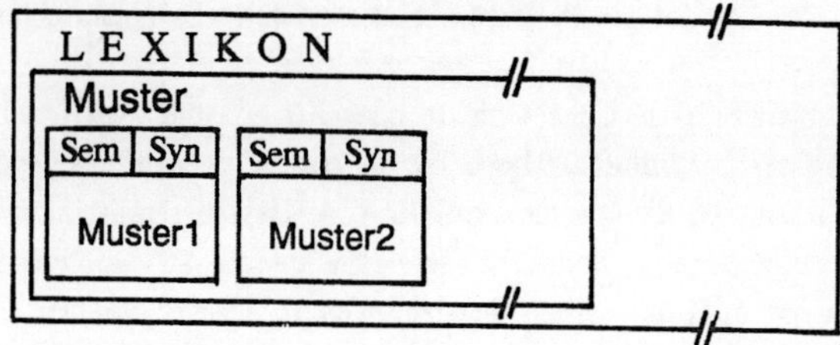

Abb.2: Ein Ausschnitt für den Lexikoneintrag des Wortes "Muster"

Da die Morphologie erst später bei der Implementierung berücksichtigt wird, ist das Lexikon ein *Vollformenlexikon*. Es enthält also jedes Wort in jeder im Text vorkommenden Flexionsform. Das syntaktische Wissen, das an jedes Subword angebunden ist, besteht aus der Hauptkategorie und weiteren Nebenkategorien, wie Kasus, Genus und Numerus. Semantische Informationen sind momentan nur in geringerem Umfang vorhanden, z.B. wichtige Attribute und Relationen.

5.2. Syntax

Üblicherweise werden das Lexikon und die durch Regeln spezifizierte Grammatik in der Linguistik unabhängig voneinander realisiert. Bei unserem System sind sie miteinander verknüpft. Informationen, die in Nominalphrasen—Regeln wie NP → DET N oder NP → DET ADJ N zum Ausdruck kommen, sind an die einzelnen Subwords gebunden. Fällt das Wort zum Beispiel unter die Kategorie DET, dann kann es eine Nominalphrase ohne weitere Bedingungen eröffnen. Gehört es stattdessen zur Kategorie N, dann kann es eine Nominalphrase nur unter zusätzlichen Bedingungen eröffnen:
— wenn es keine Nominalphrase fortsetzen kann,
— wenn es im Plural steht oder
— wenn es ein Kollektivum ist.

Wörter der Kategorie ADJ können vorerst nur dann in eine Nominalphrase eingebettet werden, wenn vor dem aktuell zu bearbeitenden Wort ein Wort der Kategorie DET steht oder wiederum ein Wort der Kategorie ADJ. In der Implementation sind diese Kriterien natürlich nicht textuell an jedes einzelne Subword gebunden, da das zugrundeliegende Programmiersystem einfache Möglichkeiten bietet, gleiche Informationen ganzen Mengen von Objekten zur Verfügung zu stellen.

5.3. Semantik

Beim Konzipieren der semantischen Komponente unseres Textverarbeitungssystems gehen wir von der Überlegung aus, daß die Analyse der semantischen Verarbeitung eines Textes nur im Kontext einer generellen Theorie kognitiver Verarbeitung vorgenommen werden kann (vgl. Jackendoff, 1983; 1987; Langacker, 1986; 1987; Habel, 1988; Petöfi, 1988). Ein großer Vorteil dieses Ansatzes gegenüber genuin linguistischen Semantiktheorien ist, daß er die in allen neueren Theorien akzeptierte wichtige Rolle des Weltwissens für die Semantik besonders gut bearbeiten kann. Da der kognitive Ansatz sich nicht auf eine Analyse der mentalen Semantikebene beschränkt, sondern auch die referentiellen Beziehungen zu den externen Objekten berücksichtigt, steht er nicht im Gegensatz, sondern in einem komplementären Verhältnis zur Situationssemantik (Barwise & Perry, 1983), wie auch Fodor (1985) hervorhebt.

Beim Aufbau einer allgemeinen Theorie kognitiver Verarbeitung sind in den letzten Jahren erhebliche Fortschritte erzielt worden. Ein wichtiger Meilenstein in dieser Entwicklung war zweifellos die Theorie mentaler Modelle von Johnson—Laird (1983). Mentale Modelle sind Einheiten der internen Repräsentation externer Objekte, Ereignisse und Sachverhalte. Sie können durch die folgenden drei Hauptprinzipien charakterisiert werden:
(1) *Prinzip der Berechenbarkeit:* Mentale Modelle sind aufgrund expliziter Algorithmen berechenbar.
(2) *Prinzip der Endlichkeit:* Mentale Modelle umfassen endliche Mengen von Komponenten und können unendliche Mengen externer Objekte nur indirekt abbilden.
(3) *Prinzip des Konstruktivismus:* Mentale Modelle werden aus Komponenten aufgebaut, die in einer bestimmten Struktur angeordnet sind, um externe Objekte zu repräsentieren.

Aus dem Prinzip des Konstruktivismus folgt, daß mentale Modelle über die folgenden Eigenschaften verfügen müssen:

(1) *Komposition:* Mentale Modelle weisen eine endliche Menge von Komponenten auf, die über Attribute mit Werten verfügen. Die Menge der bewerteten Attribute definiert den Zustand des Modells.

(2) *Modellebenen:* Die Komponenten der mentalen Modelle können selbst wieder mentale Modelle sein, so daß sich endlich viele Modellebenen ergeben können.

(3) *Struktur:* Mentale Modelle besitzen eine endliche Menge von Relationen zwischen ihren Komponenten. Diese Relationen bilden die Struktur des mentalen Modells.

(4) *Funktion:* Durch die Funktion des mentalen Modells wird seine Ausgabe in Abhängigkeit von seinem Zustand und der Eingabe festgelegt.

(5) *Repräsentation:* Die Komponenten und die Relationen der mentalen Modelle repräsentieren Objekte und Relationen der externen Welt.

(6) *Dynamik:* Mentale Modelle verändern ihre Zustände in Abhängigkeit von früheren Zuständen und neuen Eingaben.

Die in unserem Textverarbeitungssystem aufzubauenden semantischen Einheiten sind mentale Modelle in dem oben beschriebenen Sinn mit den eben genannten Eigenschaften.

Viele Semantiktheorien ermitteln die Bedeutung eines Satzes aus seinen Komponenten und weisen diesem Satz in bezug auf die Welt einen Wahrheitswert zu *(Frege—Prinzip)*. Eine Semantik kann somit als Transformationsvorschrift zwischen Text und Modell verstanden werden. Über den Zeitpunkt der semantischen Analyse machen die Theorien in der Regel keine Aussagen. Meistens erfolgt zuerst eine syntaktische Strukturanalyse, der sich dann eine semantische Interpretation anschließt. In unserem Modell hingegen beginnt die semantische Analyse so früh wie möglich (vgl. Just & Carpenter, 1980). Das Ziel der Simulation ist die Konstruktion eines für den gesamten Text zutreffenden mentalen Modells, wobei sich der Wahrheitswert in der Kohärenz des mentalen Modells ausdrückt.

Da beim Lesen eines jeden Wortes dessen Bedeutung inkrementell in das Modell integriert werden soll, treten bei unserer Anwendung der Kompositionalität Zeitabhängigkeiten auf. Das Modell ändert sich ständig im Verlauf des Leseprozesses. Diese Änderungen können konstruktiv wie auch destruktiv sein. Konstruktive Veränderungen liegen vor, wenn Komponenten neu eingebaut oder neue Informationen in vorhandene Komponenten eingetragen werden müssen. Da nach dem Unmittelbarkeitsprinzip eine im wesentlichen eindeutige Repräsentation so früh wie möglich konstruiert werden soll, ist natürlich die Gefahr groß, daß eine falsche Bedeutung gewählt wird. Dann werden destruktive Veränderungen notwendig, weil neues Textwissen nicht zu dem Modellwissen paßt und eine Modifikation im Modell erforderlich ist.

6. Verarbeitungsprozeß

Die Verarbeitungsprozesse unseres Systems operieren auf den vier Ebenen des Wortes, der Phrase, des Satzes und des Textes:

(1) Auf der *Wortebene* wird der Übergang von den Wörtern zu den Subwords, also den theoretisch wichtigen Einheiten, gemacht.

(2) Die *Phrasenebene* ist für die Erzeugung der Nominalphrasen zuständig.

(3) Auf der *Satzebene* wird versucht, ausgehend vom Verb, die Relationen zwischen den erarbeiteten Entitäten im mentalen Modell zu installieren.

(4) Auf der *Textebene* werden benachbarte Sätze über koreferentielle Beziehungen integriert.

Auf allen vier Ebenen wird bei jedem gelesenen Wort die Analyse parallel weitergeführt. Interaktionen ergeben sich durch das Wissen, das auf den Ebenen ermittelt wurde und auf das von allen Ebenen aus zugegriffen werden kann.

Im folgenden soll der zugrundeliegende Algorithmus, soweit er bereits implementiert ist, genauer beschrieben werden. Zuvor noch eine Bemerkung zur Art, wie Analyseergebnisse präsent gehalten werden. Es werden Datenstrukturen verwendet, in denen bis jetzt alle anfallenden Informationen stehen, auch die, die später ihren Platz im mentalen Modell haben. Jeder aktuell noch nicht verworfenen Lesart des bisherigen Textes entspricht eine dieser Strukturen. Da sie jeder Prozeß auslesen und verändern kann, also ein *Black—Board—Prinzip* realisiert ist, seien diese Strukturen in der weiteren Beschreibung als *Black—Boards* bezeichnet.

Die Verarbeitung eines Wortes wird zuerst global durch ein Flußdiagramm dargestellt, um danach einige Ausschnitte präzisieren zu können.

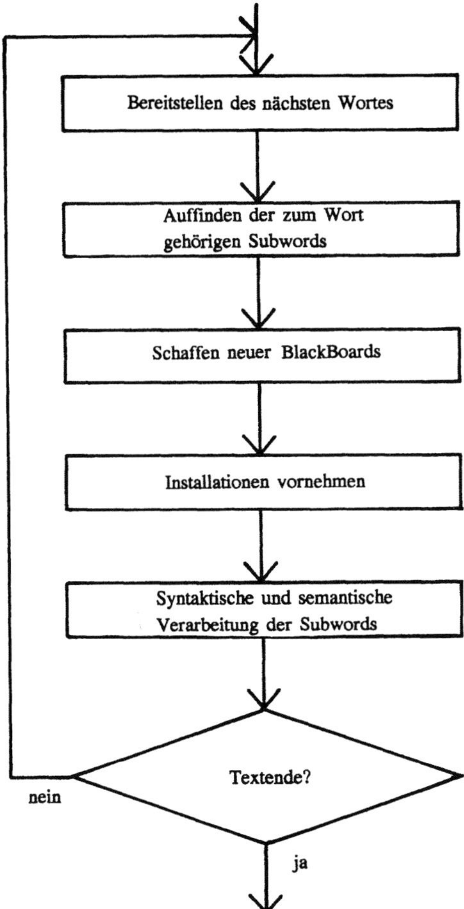

Abb.3: Flußdiagramm des Verarbeitungsprozesses

Für jedes Subword wird zu jeder Black—Board eine Kopie angelegt, um die einzelnen Lesarten des Textes abzuspeichern. Ihre Anzahl erhöht sich demnach multiplikativ mit der Anzahl der Subwords. Dies geschieht parallel, da alle Subwords gleichzeitig angesprochen werden. In Abhängigkeit von der Wortart der aktuellen Subwords folgen unterschiedliche Analyseschritte. Wenn das verarbeitete Wort den Text abschließt, ist der Algorithmus beendet. Ansonsten gibt es einen neuen Durchlauf.

Die Verarbeitung der Nominalphrasen erfolgt bottom—up. In der Implementation sind die Informationen aus den Phrasen—Regeln an die einzelnen Wörter gebunden. Die Wörter berücksichtigen diese Informationen, wenn sie auf Nachrichten wie 'open_np' oder 'close_np' reagieren. Die Verarbeitung kann zum Teil als eine Überprüfung interpretiert werden, die vom Wort vorgenommen wird. Es überprüft, ob es eine Nominalphrase beginnen oder ob es sich dem bisherigen Nominalphrasen—Aufbau anschließen kann und bettet sich gegebenenfalls in die vorhandene Nominalphrasen—Interpretation ein. Bei der Einbettung wird die syntaktische und semantische Kongruenz zu der bisher aufgebauten Nominalphrase überprüft. Wenn das Wort ein Nomen ist, dann beendet es den syntaktischen Nominalphrasen—Aufbau und schließt die Nominalphrasen—Interpretation.

Für Subwords mit nicht—nominalen Hauptkategorien (z.B. Verben, Präpositionen) wird geprüft, ob diese auf eine abgeschlossene oder unbeendete Nominalphrase folgen. Ist die Nominalphrase noch nicht beendet, so könnte eine elliptische Konstruktion vorliegen, die eine gesonderte Behandlung erfordert. Falls keine elliptische Lesart vorliegt, wird sie verworfen. Schließt sich das aktuelle Subword aber an eine beendete Nominalphrase an, kann die Verarbeitung ohne weitere Bedingungen fortgeführt werden, indem weiterer Input erwartet wird. Eine Ausnahme dabei bilden die Verben, da diese durch ihren Valenz— und Kasusrahmen Möglichkeiten bieten, bestimmte Lesarten eines Satzes frühzeitig auszuschließen und Rollen für die bereits analysierten Nominalphrasen festzulegen.

Beendet ein Satzzeichen einen Satz, so folgen satzabschließende Prozesse. Zur Zeit bestehen diese darin zu prüfen, ob alle Nominalphrasen geschlossen worden sind, so daß der gerade verarbeitete Satz als beendet gekennzeichnet werden kann.

7. Perspektiven

Das in diesem Kapitel skizzierte Textverarbeitungssystem ist ein Produkt der interdisziplinären Kooperation zwischen Psycholinguistik und Künstlicher Intelligenz—Forschung. Diese Disziplinen, die sich mit anderen in den vergangenen Jahren zur Kognitiven Wissenschaft formierten, sind gegenwärtig bestrebt, sprachverarbeitende Systeme experimentell und implementativ zu erforschen. Die Möglichkeiten dieser Kooperation haben sich in jüngster Zeit durch ähnliche Theorieentwicklungen in beiden Disziplinen verstärkt.

In der Psycholinguistik ist ein Trend von bloß repräsentativen zu prozeduralen und referentiellen Theorien der mentalen Einheiten innerhalb der Sprachverarbeitung festzustellen (Rickheit & Strohner, 1985a,b). Hinzu kommen Versuche, die empirischen Befunde in systemischen Rahmentheorien zu integrieren und formalisierter darzustellen (z.B. Herrmann, 1985; Strohner, 1987). Außerdem sind die Versuche im Rahmen des Konnektionismus, die neuronalen Grundlagen der Informationsverarbeitung zu klären, von großer Bedeutung für diesen Forschungszweig (z.B. Rumelhart & McClelland, 1986; Fodor & Pylyshyn, 1988). In all diesen Neuentwicklungen spielt das Konzept der parallel verteilten Prozessoren eine zentrale Rolle.

In der Künstlichen Intelligenz—Forschung wird in den letzten Jahren stärker auf das objektorientierte Programmieren zurückgegriffen (z.B. Hahn, 1987; Schade, 1987) und damit der Weg zu einer System—Architektur, die mit den Prinzipien parallel verteilter Prozessoren kompatibel ist.

Diese beiden Trends bieten für die nächsten Jahre die Chance, zu einer einheitlichen Konzeptualisierung im psycholinguistischen und implementativen Bereich der Entwicklung von Textverarbeitungssystemen vorzudringen. Bei der Weiterentwicklung der Komponenten unseres Systems werden wir versuchen, die Bereiche des Lexikons, der Syntax und der Semantik nach den genannten Prinzipien weiter auszubauen. Dies gilt auch vor allem für die Simulation der verschiedenen Verarbeitungsprozesse, für die wir gegenwärtig spezifische Experimente durchführen.

Danksagung

Dieser Beitrag basiert auf dem Forschungsprojekt *Verarbeitungsökonomie der Kohärenzprozesse* im Rahmen der Forschergruppe *Kohärenz* an der Universität Bielefeld, die von der DFG gefördert wird (Ri 314/8). Für eine intensive Diskussion dieses Ansatzes danken wir den anderen Mitarbeitern des Teilprojekts "Verarbeitungsökonomie" der Forschergruppe Udo Günther, Martina Hielscher, Annette Kobbe und Lorenz Sichelschmidt. Ganz besonders sind wir Bernd Hildebrandt für seine Mitarbeit in allen Phasen des Projektes zu Dank verpflichtet.

Literatur

Barwise, J. & Perry, J. (1983). *Situations and attitudes.* Cambridge, Mass.: MIT Press.

Eikmeyer, H.−J. (1986). Object−oriented programming in Prolog. In: Eikmeyer, H.−J.& Rieser, H. (eds.), *Prolog und Prolog−Anwendungen. Proceedings of the ninth "5−Tage−Kurs" of the FSP Mathematisierung.* Bielefeld: Universität Bielefeld, Schwerpunkt Mathematisierung, 65−84.

Eikmeyer, H.−J. (1987a). CHeOPS: An object−oriented programming environment in C−Prolog. *Kolibri−Nr.4.* Bielefeld: Arbeitsberichte der DFG−Forschergruppe Kohärenz.

Eikmeyer, H.−J. (Hrsg.) (1987b). CheOPS−Anwendungen. *Kolibri−Nr.5.* Bielefeld: Arbeitsberichte der DFG−Forschergruppe Kohärenz.

Eimermacher, M. (1984). Word expert parsing in Prolog. In: Rollinger, C.−R. (ed.). *Probleme des (Text-) Verstehens: Ansätze der künstlichen Intelligenz.* Tübingen: Niemeyer, 89−103.

Eimermacher, M. (1985). *NATAN. Natürlichsprachliche Anfrageschnittstelle für verteilte Datenbanksysteme.* Berlin (= KIT−Report 27).

Felix, S., Kanngießer, S. & Rickheit, G. (1986). Antrag eines DFG−Forschungsschwerpunktes "Kognitive Linguistik". Passau, Osnabrück, Bielefeld.

Fodor, J.A. & Pylyshyn, Z.W. (1988). Connectionism and cognitive architecture: A critical analysis. *Cognition, 28,* 3−71.

Fodor, J. D. (1985). Situations and representations. *Linguistics and Philosophy, 8,* 13−22.

Günther, U. (1988). Lesen im Experiment. *Kolibri−Nr.10.* Bielefeld: Arbeitsberichte der DFG−Forschergruppe Kohärenz.

Habel, C. (1986). *Prinzipien der Referentialität.* Berlin, Heidelberg, New York, Tokio: Springer.

Habel, C. (1988). Prozedurale Aspekte der Wegplanung und Wegbeschreibung. In: Schnelle,H. & Rickheit, G. (Hrsg.), *Kognitive und neuronale Sprachverarbeitung.* Opladen: Westdeutscher Verlag (im Druck).

Hahn, U. (1987). *Lexikalisch verteiltes Text−Parsing. Eine objekt−orientierte Spezifikation eines Wortexpertsystems auf der Grundlage des Aktorenmodells.* Diss., Konstanz.

Herrmann, T. (1985). *Allgemeine Sprachpsychologie. Grundlagen und Probleme.* München: Urban & Schwarzenberg.

Hewitt, C. (1977). Viewing control structures as patterns of passing messages. *Artificial Intelligence 8,* 323−364.

Hewitt, C., Bishop, P. & Steiger, R. (1973). A universal modular ACTOR formalism for Artificial Intelligence. *Proceedings of the Third International Joint Conference on Artificial Intelligence.*

Jackendoff, R. (1983). *Semantics and cognition.* Cambridge, Mass.: MIT Press.

Jackendoff, R. (1987). On beyond zebra: The relation of linguistic and visual information. *Cognition,* 26, 89–114.

Johnson–Laird, P. N. (1983). *Mental models. Toward a cognitive science of language, inference, and consciousness.* Cambridge: Cambridge University Press.

Just, M. A. & Carpenter, P. A. (1980). A theory of reading: from eye fixation to comprehension. *Psychological Review 87: 329–354.*

Just, M. A. & Carpenter, P. A. (1987). *The psychology of reading and language comprehension.* Boston: Allyn and Bacon.

Kindermann, J. (1984). Wortgesteuertes Parsing. Überlegungen zu Struktur und Prozedur. In: Rothkegel, A. & Sandig, B. (Hrsg.). *Text – Textsorten – Semantik. Linguistische Modelle und maschinelle Verfahren.* Hamburg: H. Buske (= Papiere zur Textlinguistik, 52), 179–193.

Langacker, R. W. (1986). An introduction to cognitive grammar. *Cognitive Science,* 10, 1–40.

Langacker, R. W. (1987). Nouns and verbs. *Language,* 63, 53–94.

Papegaaij, B. C., Sadler, V. & Witkam, A.P.M. (eds.) (1986). *Word expert semantics. An interlingual knowledge–based approach* Dordrecht: Foris.

Petöfi, J. S. (1983). Wissensstrukturen in der prozeduralen explikativen Textinterpretation. In: Rieger, G. (Hrsg.),*Dynamik in der Bedeutungskonstitution. Beschreibung, Analyse und Simulation von Sprachverstehensprozessen.* Hamburg: Buske.

Petöfi, J. S. (1988). *Language as written medium: Text* In: N.E. Collinge (Ed.), *Encyclopaedia of Language* (in press).

Putnam, H. (1975). The meaning of meaning. In: Putnam, H., *Mind, language and reality. Philosophical Papers,* Vol.II, Cambridge (Mass).

Reddig, C. (1984). Word Expert Parsing. Ein Überblick. In: Rollinger, C.–R. (Hrsg.). *Probleme des (Text-) Verstehens: Ansätze der künstlichen Intelligenz.* Tübingen: Max Niemeyer, 77–88.

Rickheit, G. & Strohner, H. (1985a). Psycholinguistik der Textverarbeitung. *Studium Linguistik,* 17/18, 1-78.

Rickheit, G. & Strohner, H. (Eds.)(1985b). *Inferences in text processing.* Amsterdam: North–Holland.

Rieger, C. (1977). Viewing parsing as word sense discrimination In: Dingwall, W. (ed.). *A survey of linguistic science.* Stanford: Greylock.

Rieger, C. & Small, S. (1979). Word Expert Parsing. *Proceedings of the Sixth International Joint Conference on Artificial Intelligence.* Tokyo. Vol. 2, 723–728.

Rumelhart, D.E. & McClelland, J.L. (Eds.)(1986). Parallel distributed processing. 2 Vol. Cambridge, Mass.: M.I.T. Press.

Schade, U. (1987). "Fischers Fritz fischt fische Fische". Konnektionistische Modelle der Satzproduktion. *Kolibri–Nr. 6.* Bielefeld: Arbeitsberichte der DFG–Forschergruppe Kohärenz.

Small, S. & Rieger, C. (1982). Parsing and comprehending with word experts (a theory and its realization). In: Lehnert, W. G. & Ringle, M. H. (eds.) *Strategies for natural language processing.* Hillsdale, NJ: L. Erlbaum, 89–147.

Strohner, H. (1987). *Systemtheorie des Textverstehens.* Bielefeld: Habilitationsschrift.

Thibadeau, R., Just, M. A. & Carpenter, P. A. (1982). A model of the time course and content of reading. *Cognitive Science,* 6, 157–203.

Uehara, K., Ochitani, R., Mikami, O. & Toyoda, J. (1985). An integrated parser for text understanding: Viewing parsing as passing messages among actors. In: Dahl, V. & Saint–Dizier, P. (eds.). *Natural language understanding and logic programming.* Amsterdam, New York, Oxford: North–Holland, 79–95.

Van Dijk, T. A. & Kintsch, W. (1983). *Strategies of discourse comprehension.* London: Academic Press.

An Algebraic Characterization of STUF

Christoph Beierle, Udo Pletat, Hans Uszkoreit
IBM Deutschland GmbH
Science and Technology - LILOG
P.O. Box 80 08 80
7000 Stuttgart 80, West Germany
(electronic mail on EARN/BITNET:
BEIERLE, PLETAT, USZKOREI at DS∅LILOG)

Abstract:

Unification-based grammar formalisms rest on the representation of linguistic entities in terms of feature-value structures. Lexical entries, grammar rules, phrases, and sentences are represented by complex feature structures enriched with equality. Speaking of feature structures as linguistic types suggests to look at other areas where types have been studied for a long time: the world of abstract data type specifications. One immediately observes a number of similarities between feature types and data types. The major link is the concept of equality which plays a central role in both approaches. Taking this as the starting point, we employ the algebraic machinery known from abtract data type specifications to the Stuttgart Type Unification Formalism (STUF). STUF provides a powerful notation for handling feature graphs, and the algebraic characterization of STUF we present here contributes to the formal understanding of the formalism. By translating feature graphs into algebraic data type specifications we are able to define an algebraic semantics for feature graphs. The algebraic framework also provides simple and precise definitions of operations of STUF graphs such as unification, subsumption and equivalence. Moreover, by employing the Knuth-Bendix Algorithm, a well-known tool for normalizing systems of equations, the various consistency concepts used for feature graph descriptions can be described and tested easily.

The research reported here has been carried out partly within the international EUREKA Project PROTOS (EU 56).

1. Introduction

The unification paradigm which has evolved in formal linguistics is based on powerful languages for the description of linguistic entities in terms of feature-value structures. Lexical entries, grammar rules, phrases, and sentences are represented by complex feature structures enriched with equality. Complex feature structures may be considered as labelled trees: edges are marked with attributes and the leaves bear atoms. Internal nodes are the feature structures given by the respective substructures. Equations imposed on these "feature trees" express coreference between paths within the tree, leading to the concept of feature graphs.

Thus, complex feature structures may also be viewed as sets of attribute-value pairs in which every value is either an atomic identifier or a complex feature structure. The set of equations partitions the values into token-identical equivalence classes.

In order to process the linguistic information encoded in feature graphs, appropriate operations on them have been designed. Among these operations, unification of feature graphs has become the most important one. It is a monotonic information-preserving operation employed for the merging of feature structures which has become the distinguishing operation of the whole paradigm. Accordingly, the participating linguistic research activities are referred to as unification-based approaches to grammar; the resulting grammar models are often subsumed under the term unification grammar. For an introduction to some relevant unification grammar models see [SH 86].

The linguistic theories, grammar formalisms, and individual analyses that have been developed in the realm of unification grammar have proven very successful in theoretical linguistics. They have also been the predominant linguistic ingredients of system implementations in the area of natural language processing.

Representations of complex structured objects that are very similar to linguistic feature structures have played an important role in certain areas of theoretical computer science such as knowledge representation in artificial intelligence ([Ai 84]) and research on data types ([Ca 84], [GTW 78]). Recent developments in these areas exhibit a remarkable convergence of the strategies and concepts that underlie the various approaches to the encoding and processing of complex objects.

STUF is a formalism for defining feature graphs and operations on them ([BKU 88], [Us 87]). It was designed for the project LILOG at IBM Germany ([LIL 86]), a joint research project in the field of knowledge-based language understanding. In LILOG, STUF appears on different levels: It is used for the representation of linguistic and nonlinguistic knowledge, for syntactic and semantic processing, and it serves as the internal representation of L_{LILOG}, a knowledge representation language based on an extended first-order predicate logic, see [RSWU 87].

This wide range of applications of STUF requires a deep understanding of its underlying concepts. It is our conviction that a precise mathematical semantics of the language STUF is an appropriate step to achieve this understanding.

The semantics we advocate is based on two ideas:

1. Feature graphs represent data types which have been studied extensively in theoretical computer science in the area of algebraic specifications of abstract data types (ADTs) see [GTW 78], [EM 85].

2. Operations on feature graphs do then become operations on data type specifications which are also well investigated in the framework of algebraic ADT specifications, c.f. [BG 77].

The machinery we employ is powerful enough not only to define the meaning of single feature graphs but also to give a precise mathematical meaning to the operations on feature graphs, c.f. [PS 84], [KR 86], [Pe 87].

In this paper, we present an algebraic characterization of STUF. Besides employing techniques from the algebraic specification of ADTs, it applies the treatment of equational deduction by rewrite rules (Knuth-Bendix completion algorithm, [KB 70], [HO 80]) for analysing consistency properties of equational feature structures as they appear in STUF.

The paper starts with an overview of STUF. Section 3 introduces the basic concepts of ADT semantics and develops the notion of an algebraic STUF graph specification. In section 4, the notion of consistency is defined for such specifications. Section 5 presents a normalization procedure that transforms equivalent STUF graph specifications into a unique normal form, thereby providing a simple syntactic consistency test. On the basis of these normal forms, the core STUF operations are formally defined in section 6. The final section discusses possible extensions to our approach.

2. The design of STUF

STUF is a formalism for defining and processing types. Thus, the basic syntactic and semantic unit of STUF is the STUF-type. Yet, the concept that underlies the type system of STUF is the feature graph. The feature graphs of STUF closely resemble the kinds of complex feature structures that are employed in the different unification grammar formalisms. Every STUF type encodes a set of feature graphs. There is a subclass of STUF types that we call STUF graphs, since each of these types directly encodes a singleton containing one feature graph. Each STUF type that is not a STUF graph can be transformed into a set of STUF graphs.

The algebraic characterization of STUF rests on the algebraic characterization of STUF graphs. Our introduction to STUF will, therefore, start with the notion of a STUF graph. Then we will indicate how the algebraic approach carries over to other types by briefly describing the relationship between them and their corresponding sets of STUF graphs.

A STUF graph may be atomic or complex. Atomic graphs are the four system type names T, F, S, and U and the members of the set

ATOMS of atomic symbols, i. e. it is a usual view to consider these
symbols as nullary functions into the set of STUF graphs. A complex
graph is a partial function from the set FEATURES of atomic symbols
into the set of STUF graphs. As in several other formalisms, these
functions can be written in a matrix notation. For implementations,
the matrix notation may be linearized into a bracketed string. The
following example shows a partial feature structure of a verb phrase
as a STUF graph in matrix and linearized notation:

$$
\begin{bmatrix}
\text{cat : vp} \\
\text{form : finite} \\
\text{agr:} \begin{bmatrix} \text{person : 3} \\ \text{number : sg} \end{bmatrix}
\end{bmatrix}
$$

[cat:vp   form:finite   agr:[person:3 number:sg]]

In the literature on PATR-II, see for instance [SUP 83], we also
find another notation that shows feature structures directly as
single-rooted directed graphs with labelled edges. The edges are
the features, and the subgraph an edge points to is the graph that
is the value of the feature.

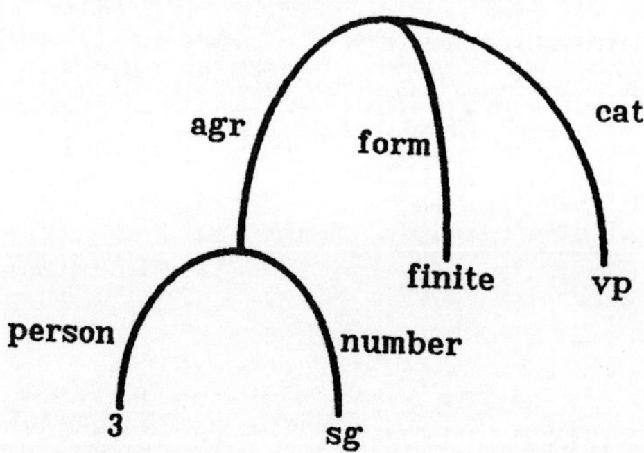

A complex STUF graph g stands to all of its values in the
immediate-subgraph relation, i.e., the members of the range of g are
immediate subgraphs of g. In our example, the STUF graph has three
immediate subgraphs, the atomic values of the features "cat" and
"form" and the complex value of the feature "agr". The subgraph
relation is the reflexive, transitive closure of the
immediate-subgraph relation. The STUF graph in the example has six
subgraphs: the three immediate subgraphs, the atomic values of
"person" and "number" within the value of "agr", and the whole graph
itself.

A sequence of features is a path. Since every graph is a function, a
subgraph may be uniquely identified by a path that leads to it from
the root. The path to the largest subgraph, i.e., the graph itself,
is the path of length 0.

The graph in the previous example is a tree since there is only one path from the root to any subgraph. Yet, the notion of equality, which is usually referred to as coreference or token-identity in this context, gives rise to graphs that are not trees. The set of feature-values within a complex graph is partitioned into equivalence classes under coreference. Coreferent values are represented as a single subgraph. We will call the paths that lead to a subgraph from the root its addresses.

In the following graph, there are two paths from the root to the value of "agr". Coreference is used in this simplified lexical category of a finite verb to express the fact that the values of the agreement features "person" and "number" must be the same for the verb and its subject.

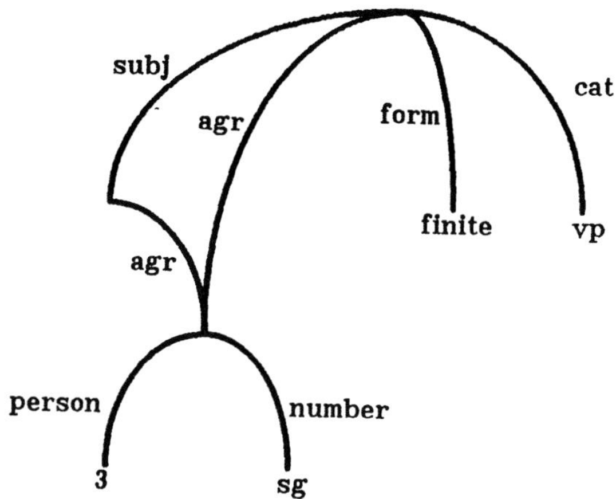

In STUF there are several ways to express coreference. To keep the notion of a STUF graph as transparent as possible, we will restrict ourselves to only one notation in this paper. It is based on the common notation for paths. A sequence of features may be written enclosed in angled brackets as a path. Paths may occur at any place where individual features are allowed. (Actually, features can be viewed as paths of length 1.) Instead of a path, we may also write path equations. A sequence of several paths separated by equation symbols denotes the fact that the subgraphs that are addressed by the equated paths are coreferent. The following matrix is a paraphrase of the graph above.

$$
\begin{bmatrix}
\text{cat} : \text{vp} \\
\text{form} : \text{finite} \\
\text{agr} = \langle \text{subj agr} \rangle : \begin{bmatrix} \text{person} : 3 \\ \text{number} : \text{sg} \end{bmatrix}
\end{bmatrix}
$$

So far we have addressed the nature of single STUF graphs. In the sequel we want to discuss how to relate STUF graphs by comparing their information contents. This leads to a partial ordering: the subsumption relation. Intuitively, the subsumption relation states for every two graphs whether the information of one graph is entailed in the other. If (and only if) the information content of a graph g_1 is contained in the information content of graph g_2, we say that g_1 subsumes g_2.

If neither $<g_1, g_2>$ nor $<g_1, g_2>$ is an element of the subsumption relation, then each of the two graphs contains some information that the other one does not contain.

A complex graph g1 subsumes a complex graph g2, iff

1. Every feature in the domain of g1 is also in the domain of g2.

2. For every feature f in the domain of g1 the value of f in g1 subsumes the value of f in g2.

3. Any two coreferent subgraphs in g1 are also coreferent in g2.

We call two graphs g1 and g2 equivalent (denoted by g1 $\approx$ g2) if and only if g1 subsumes g2 and g2 subsumes g1.

In order to give a complete picture of the STUF-graph subsumption hierarchy, we need to determine the place of the atomic types in this hierarchy. We will start with the system types T, S, U, F.

The atomic graph T is the top element of the subsumption lattice, i.e., T subsumes every other graph. T stands for TOP or TRUE. It can be thought of as the graph without any information. T immediately subsumes S and U. S stands for SORT. S subsumes all complex graphs and all atomic graphs except for T, S, and U. U is the type UNDEFINED. U only subsumes F.

The type U fulfills two purposes. Firstly, it offers a uniform and semantically clean notation for values that have to remain undefined. In unification grammar formalisms, one often sees regular atoms such as "lambda", "nil", "none", "no", etc. being used as values for attributes that are not defined for the graph. The feature "case" may not be defined for verbs, the feature "color" is probably not defined for integers. Instead of adopting a convention to employ some regular atom as the "nonexisting" value, we consider it a much cleaner solution to define a special type for this purpose.

Secondly, the special type U permits us to introduce graphs with fixed-arity. It is one of the virtues of our solution to the mix of free- and fixed-arity types that it does not effect the semantics of the formalism. Therefore, we will neglect fixed-arity types here and refer the interested reader to [Us 87].

The type S is simply the complement to U. It may be used to express that the value of some attribute is defined. It also plays a role in the definition of fixed-arity types.

F is the type/graph FAIL or FALSE. It may be thought of as the graph that encodes inconsistent information.

All other atomic graphs are immediately subsumed by S. Each of them, in turn, immediately subsumes F.[1]

This is the schematic picture of the STUF subsumption hierarchy.

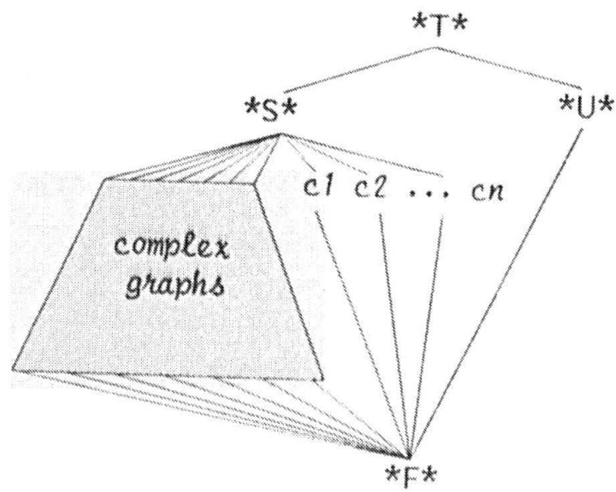

Let us close our discussion of STUF graphs by introducing the most important operation of STUF (and of all unification grammar formalisms): graph unification. Since unification is the meet operation of the subsumption lattice, the unification of two graphs yields their greatest lower bound (GLB) in this lattice.[2]

The result of the unification of two atomic graphs is easy to determine from the lattice. The result g3 of unifying two complex graphs g1 and g2 can be informally described as follows. The domain of g3 is the union of the domains of g1 and g2, that is, all features of g1 and g2. To each feature f in this union, we assign a value that is the unification of g1´(f) and g2´(f) where gn´ is just like gn except that it yields T for every feature that is not in the domain of gn. We have to make sure that every unification that has been applied to a value will also be applied to all coreferent values throughout the graph. If any of the unifications yields the FAIL type F the resulting graph g3 will also be F.

So far only STUF types which are graphs have been considered. Every STUF type that is not a STUF graph contains constructs of the language that have not yet been introduced. Among them are global and local user type names, disjunction, local paths, regular path

---

[1]   For a different treatment of atomic types, see [Us 87].

[2]   Term unification is usually defined as the least upper bound (LUB) on the term lattice. Note that the lattice in graph unification formalisms is defined with the FAIL type at the bottom. This explains the upside-down terminology.

expressions, and graph application.

We will here only indicate the role of two of these constructs: user type names and disjunction.

Global user type names refer to types that have been declared in a type declaration. This suggests the idea to consider several type definitions in parallel instead of single ones. Such a situation is typical when syntactical knowledge bases such as lexica are encountered: information that is shared by several entries should only be defined once and then be reused on different occasions. Type declarations are the means for this: they assign a type to a user type name, which is an identifier, that is used like a global variable. A type declaration is of the following form:

        user_type_name := type

A global type name may be used in the syntax instead of the type it stands for. It is expanded to a copy of the spelled-out type at compile time or at run time depending on the processing model. Local user-defined type names are employed to express coreference. The denotation of a type name is identical to the denotation of the type it stands for.

The following example may illustrate the transformation of a STUF type with user type names into a STUF graph. The type "runs", a lexical entry, may be transformed into a STUF graph through the unification of the expansions of the type names FINITE-VERB and 3RD-SG. The occurrences of the local type name SAV (subject verb agreement) are replaced by a path equation that expresses the same coreference.

STUF type declarations:

```
        FINITE-VERB :=      ⎡ cat : v                      ⎤
                            ⎢                              ⎥
                            ⎢ form : finite                ⎥
                            ⎢                              ⎥
                            ⎢ agr : SAV := $T$             ⎥
                            ⎢                              ⎥
                            ⎣ subj : agr : SAV := $T$      ⎦


        3RD-SG :=           ⎡                              ⎤
                            ⎢              ⎡ person : 3 ⎤   ⎥
                            ⎢ agr:         ⎢            ⎥   ⎥
                            ⎢              ⎣ number : sg ⎦   ⎥
                            ⎣                              ⎦


        runs :=             [FINITE-VERB 3RD-SG]
```


This is the corresponding STUF graph:

$$
\text{runs} := \begin{bmatrix} \text{cat : v} \\[4pt] \text{form : finite} \\[10pt] \text{agr = <subj agr> :} \begin{bmatrix} \text{person : 3} \\[4pt] \text{number : sg} \end{bmatrix} \end{bmatrix}
$$

STUF types as they have been introduced so far can be simplified to a normal form where type names are expanded to the graphs they stand for, provided they are defined nonrecursively. Graphs with identical structure may, however, differ in their sets of coreference equations since the expansion process cannot eliminate different representations of the coreference structure of a graph.

A further concept of STUF is disjunctive types. For a formal discussion of disjunction in unification grammar formalisms, see [KR 86]. A disjunctive STUF type corresponds to a set of STUF graphs where no two graphs are of an identical structure.

After this informal introduction to the concepts of STUF we now turn to a formal treatment of some of the concepts sketched above.

3. Specifications

We introduce the basic notions of abstract data type specifications where for simplicity we restrict ourselves to the unsorted case in this paper. In [BP 88] we use a many-sorted approach. For a treatment of many-sorted ADT specifications we refer to [GTW 78] or [EM 85].

A _signature_ is a family $\Sigma = (OP_i)$, $i = 0,1,2,\ldots$, where OP_i is a set of i-ary function (or operator) symbols. The elements of OP_0 are called constants. The well-formed _terms_ with respect to Σ and V where V is a set of variables form the set $T_\Sigma(V)$, and an _equation_ over Σ and V is of the form $l = r$ where l and r are terms. An _algebraic specification_ is a pair $SP = <\Sigma, E>$ where Σ is a signature and E is a set of equations over Σ and some family of variables V.

Besides these syntactical concepts of ADT specifications, we provide the basic semantical concept of an algebra:

Given a signature $\Sigma = (OP_i)$, a Σ-algebra consists of a set, also denoted by A, and for each operator op ε OP_i there is a function $op_A : A^i \longrightarrow A$. A _satisfies_ an equation $l = r$ if for each assignment of values from A to the variables of l and r, the evaluation of l and r in A yields the same element of A. A is a $<\Sigma,E>$-algebra if A satisfies every e ε E.

We say that E semantically implies an equation e if every
$\langle\Sigma,E\rangle$-algebra satisfies e. It is well-known that this
model-theoretic notion of satisfaction coincides with the
proof-theoretic notion of deduction (Birkhoff theorem) where e can
be proved from E iff e can be deduced from E using the rules of the
equational calculus (e.g. [EM 85]). We let E* denote the deductive
closure of E.

The following theorem is (the unsorted version of) one of the
central results of ADT theory and forms the basis for defining the
semantics of a specification.

Theorem:
   For each algebraic specification SP = $\langle\Sigma, E\rangle$ there is an **initial**
   algebra T_{SP} satisfying the equations in E.

The initial algebra T_{SP} is the ADT specified by SP. It can be
characterized informally by two conditions: all its elements are
denoted by some ground term ("no junk"), and it satisfies a ground
equation e iff every other $\langle\Sigma,E\rangle$-algebra also satisfies e ("no
confusion").

To every STUF graph G, we will assign a specification $\tau(G)$. The
signature of $\tau(G)$ contains the atoms and the features of G. The
system type names U and F can also be viewed as particular
constants, while this does not make sense for S and T. For
instance, two paths p and q of G ending both with U can be treated
as being equal in the sense as expressed by an equation in an
algebraic specification: In any algebra A satisfying equations like
p = U and q = U, the evaluations of p, q, and U in A must
yield the same element of A. However, this is not true when p and q
end with T (or S): after some unification p and q may point to
two non-unifiable subgraphs (e.g. different constants or a constant
and a complex graph). Thus, p and q can not be equated to each other
since they do not necessarily evaluate to the same value. Instead,
the purpose of a path p ending with T is to prevent that any
proper prefix of p is equated to some atomic value. While this
could be expressed in a specification by allowing also (infinite
sets of) inequations, we prefer to treat the paths ending with S
or T as special conditions.

The following definitions reflect the observations made above.
Apart from the special constants U and F we also introduce the
constant X denoting the object described by the STUF graph. The
paths ending with S or T do not give rise to an equations but
they are collected in respective sets of Σ-terms.

   A **STUF graph signature** (sg-signature) Σ is a signature with
   constants
        $\mathrm{Atoms}_{U,F}(\Sigma)$ u $\{X\}$
   and unary function symbols
        $\mathrm{Features}(\Sigma)$
      where:
        $\mathrm{Atoms}_{U,F}(\Sigma)$ = $\mathrm{Atoms}(\Sigma)$ u $\{U, F\}$
        $\mathrm{Atoms}(\Sigma)$ $\underline{\mathrm{c}}$ ATOMS
        $\mathrm{Features}(\Sigma)$ $\underline{\mathrm{c}}$ FEATURES

   A **STUF graph specification** (sg-specification) SP = $\langle\Sigma,E,S,T\rangle$ has
   a sg-signature Σ, a set of Σ-equations E, and a set of Σ-terms S
   (resp. T) whose elements are called S-conditions (resp.
   T-conditions).

It should now be obvious how to transform any STUF graph G into a sg-specification $\tau(G)$: The signature of $\tau(G)$ contains all atoms (including the special symbols \$U\$, \$F\$, and X) and all features occuring in G as constants resp. unary functions. For any coreferent paths or any path ending either with a user-defined atomic value or with \$U\$ or \$F\$ there is an equation in $\tau(G)$. For every path p ending with \$S\$ (resp. \$T\$), the term p(X) is in S (resp T). Thus, we have a well-defined function

$$\tau: \text{STUF graphs} \quad -> \quad \text{sg-specifications}$$

making available the machinery that has been developed for algebraic specifications since we can view SP as the algebraic specification $<\Sigma,E>$ together with some additional consistency requirements S and T. A formal interpretation of S and T is given in the next section.

On the other hand, it is straightforward to transform a sg-specification SP into a STUF graph G: The atoms and features of G are those occuring in the signature of SP, the equations of E reflect the coreferent paths resp. paths ending with an atomic value in G, and any term in S (resp. T) gives rise to a path ending with the system type name \$S\$ (resp. \$T\$). We denote this transformation by

$$\tau^{-1}: \text{sg-specifications} \quad -> \quad \text{STUF graphs}$$

4. Consistency

An inconsistency of equational representations of feature structures considered in [PS 84] is an equation of the form a = b where a and b are distinct constants. Such a situation is called <u>constant clash</u> in [Pe 87] where additionally a <u>constant / complex clash</u> is considered. Such a clash is "any set of two equations e_1 and e_2 in which e_1 equates some path p to some other path or atomic value and e_2 equates a strict prefix of p to a constant" [Pe 87].

Whereas [PS 84] also consider cyclic feature graphs, [KR 86], some PATR-II implementations, and also the STUF formalism only allow for <u>acyclic</u> feature graphs. We will show that the absence of cycles in a feature graph can also be expressed as a consistency condition on the corresponding sg-specification.

First we introduce a <u>notation</u>:
    A term
$$f_n(...(f_1(t))...) \; \varepsilon \; T_\iota$$
    with $t \; \varepsilon \; T_\iota$, $f_i \; \varepsilon \; \text{Features}(\Sigma)$, and $n \geq 0$ will be written as
$$p(t)$$
    where $p = f_n...f_1 \; \varepsilon \; \text{Features}(\Sigma)^*$.

Note that the notation $f_n(...(f_1(t))...)$ reflects the usual mathematical notation for function composition, whereas the path notation employed for feature graphs often uses the reverse order $f_1...f_n$.

In our ADT-based approach there is a clear distinction between the language for describing feature graphs and the feature graphs themselves: It is exactly the distinction between a specification and the models of a specification. Thus, we could define a notion of consistency like acyclicity on the semantical level of models and provide equivalent syntactic criteria for it on the level of specifications; this approach is described on [BP 88]. Here, we would like to formally state the various consistency conditions directly on the syntactical level using the deductive closure E* of a set of equations E.

Definition:
A sg-specification $sp = \langle \Sigma, E, S, T \rangle$ is

- <u>constant consistent</u> iff
  for all $a, b \in Atoms_{U, F}(\Sigma)$ with $a \neq b$ we have:
  $a = b \notin E^*$

- <u>constant/complex consistent</u> iff
  for all $a, b \in Atoms_{U, F}(\Sigma)$ and all $p1, p2, q \in Features(\Sigma)^+$
  with $p2 \cdot p1 \neq q$
  we have:
  $p1(x) = a \in E^*$
  implies
  $p2(p1(x)) = q(x) \notin E^*$
  and
  $p2(p1(x)) = b \notin E^*$
  and
  $p2(p1(x)) \notin (S \cup T)$

- <u>acyclic</u> iff
  for all $p, q \in Features(\Sigma)^+$ we have:
  $p(q(X)) = q(X) \notin E^*$

- <u>U-consistent</u> iff
  for all $p \in Features(\Sigma)^+$ we have:
  $p(X) \in S \quad \Rightarrow \quad p(X) = U \notin E^*$

- <u>F-consistent</u> iff
  for all $p \in Features(\Sigma)^+$ we have:
  $p(X) = F \notin E^*$

These consistency conditions reflect the notions of consistency employed in STUF graphs and other feature graph formalisms. The conditions as defined above can be tested by inspecting the deductive closure E* for the absence of certain equations. In the next section we develop a completion procedure for the set of equations E which transforms E as well as S and T into reduced normal forms, thereby providing a simple and fast decision procedure for our consistency constraints.

5. Normal forms

The heart of our completion procedure is a variant of the Knuth-Bendix algorithm ([KB 70]) which is a well-known method for testing properties of rewrite rule systems and for transforming equations into a set of rewrite rules, which then constitute a decision procedure for the equality. In general, there are some problems with the Knuth-Bendix algorithm: It may not terminate, or it may terminate with failure. However, we can show that due to the restricted form of equations these problems do not occur when dealing with sg-specifications.

We first define an order relation $\leq_T$ on the set T_Σ of terms over an sg-signature Σ. We assume that ATOMS (resp. FEATURES) is linearly ordered by $\leq_{ATOMS}$ (resp. $\leq_{FEATURES}$). Then we order T_Σ using the lexicographic ordering induced by $\leq_{ATOMS}$ and $\leq_{FEATURES}$:

Let a, b ε ATOMS, f_i, g_i ε FEATURES, t ε T_Σ .

- $\$F\$$ $<_T$ $\$U\$$ $<_T$ a $<_T$ X
- a $<_T$ b   if a $<_{ATOMS}$ b
- a $<_T$ f_1(t)
- t $<_T$ f_1(t)
- f_m(...(f_1(t))...) $<_T$ g_n(...(g_1(t))...)   if f_1 $<_{FEATURES}$ g_1

$\leq_T$ is the reflexive and transitive closure of $<_T$.

Let SP = $<\Sigma,E,S,T>$ be a sg-specification. We assume that E does not contain any trivial equations of the form t = t (otherwise we can just eliminate such equations from E).

Lemma:
For all l = r ε E we have either l $<_T$ r or r $<_T$ l.

Thus, without loss of generality, we assume that r $<_T$ l for all l = r ε E (otherwise we can just exchange the lefthand and the righthand side of the equation). We call E a **directed set of equations** and we may write l -> r instead of l = r.

The first step of the completion procedure CP (see Figure 1) employs a Knuth-Bendix like transformation to the set E of equations. In step 2, the elements of the sets S and T are reduced by applying the equations in E as rewrite rules. In step 3, all terms representing $\$S\$$- or $\$T\$$-conditions that are already implied by another $\$S\$$- or $\$T\$$-condition or by an equation in E are eliminated from S and T. For instance, if p(X) ε S and f(p(X)) ε T we can delete p(X) from S.

Theorem:
For every sg-specification SP the completion procedure CP

- terminates on input SP = $<\Sigma$, E, S, T$>$

- delivers as output an sg-specification SP´ = $<\Sigma$, E´, S´, T´$>$

- and SP and SP´are equivalent in the sense of
    τ^{-1}(SP) $\approx$ τ^{-1}(SP´)
  i.e. SP and SP´ represent equivalent STUF graphs.

This theorem assures that the completion procedure performs only syntactic modifications on the sg-specifications, but does not change their meaning. Thus, we can use SP´ in order to test the consistency constraints of SP.

The next theorem shows that stepping from SP to SP´ simplifies this task: instead of inspecting the deductive closures E* or E´* it suffices to inspect the set of equations E´, and instead of considering the larger sets S and T it suffices to consider only the reduced normal forms given in S´ and T´.

1. Transform E into a directed set of equations and apply
   successively any of the two following rules until none
   is applicable any more:

   ■ LHS reduction:
     If there are two different equations
           (1) p(l) -> r
           (2)   l -> r´
     in E then:
           - Delete equation (1) from E
           - If $r <_\tau p(r´)$ then add p(r´) -> r to E
           - If $p(r´) <_\tau r$ then add r -> p(r´) to E
     [Note: Nothing is added if p(r´) and r are identical!]

   ■ RHS reduction:
     If there are two different equations
           (1) l   -> p(l´)
           (2) l´   -> r
     in E then:
           - Delete equation (1) from E
           - If $l <_\tau p(r)$ then add p(r) -> l to E
           - If $p(r) <_\tau l$ then add l -> p(r) to E
     [Note: Nothing is added if p(r) and l are identical!]

2. Apply the following rule to the elements of S (resp. T) until
   it is not applicable any more:

   ■ Term reduction
     If there are
           (1)   l -> r ε E
           (2) p(l) ε S (resp. T)
     then replace p(l) by p(r) in S (resp. T).

3. Simplify the sets S and T as follows:

   ■ Term elimination
     3.1. Delete any term t ε S - {U} from S that occurs
           as a proper subterm in S or T or as a term or
           subterm in E.
     3.2. Delete any term t ε T from T that occurs as a
           proper subterm in T or as a term or subterm in
           E or in S.

where: r, r´, l, l´, t ε T_Σ, p ε Features(Σ)*

Figure 1: The completion algorithm CP

Theorem:
   Let SP = <Σ, E, S, T> be a sg-specification and
   SP´ = <Σ, E´, S´, T´> be the result of running the completion
   procedure CP on SP. SP is

   ■ constant consistent iff
     E´ does not contain an equation whose lefthand side is an
     atom a ε $Atoms_{U,F}(\Sigma)$

- constant/complex consistent iff
  E´, S´, and T´ do not contain a term or subterm f(a) with
  f ε Features(Σ) and a ε Atoms$_{U,F}$(Σ)

- acyclic iff
  E´ does not contain an equation p(t) = t where
  p ε Features(Σ)*

- \$U\$-consistent iff
  S´ does not contain \$U\$.

- \$F\$-consistent iff
  E´ does not contain an equation where \$F\$ occurs as a term or
  subterm.

Theorem:
SP´ is minimal in the following sense: Let SP" result from SP´ by
removing any equation from E´ or any term from S´ or T´. Then
SP´ and SP" are no longer equivalent:
$$\tau^{-1}(SP) \neq \tau^{-1}(SP")$$
i.e. SP´ and SP" represent non-equivalent STUF graphs.

The following theorem ensures that for every class of equivalent
STUF graphs there is a unique sg-specification in normal form which
is generated by CP.

Theorem:
Let G_1 and G_2 be equivalent STUF graphs.
Then $CP(\tau(G_1))$ and $CP(\tau(G_2))$ are identical.

The set E of directed equations in a sg-specification generated by
CP posesses the Church-Rosser property when viewed as rewrite rules.
Since term reduction w.r.t. E is also terminating every term t has a
unique normal form w.r.t. E ([KB 70]). This is the reason why the
term reduction process in step 2 of CP yields a unique result
regardless which rules are selected first. The normal form t_E with
respect to E of a term t is defined by exaustively applying the
1-step reduction relation $->_E$ to t:

1. $t ->_E t´$ if there is $1 -> r \varepsilon E$ and $p \varepsilon$ Features(Σ)* such that
   t = p(1) and t´ = p(r).

2. $->_E$* is the reflexive and transitive closure of $->_E$.

3. t_E is the normal form of t w.r.t. E if $t ->_E$* t_E and there is no
   t´ such that $t ->_E t´$ (i.e. t_E is irreducible w.r.t. E).

Thus, the term reduction in step 2 of CP transforms S (resp. T) into
the set $\{t_E \mid t \varepsilon S\}$ (resp. $\{t_E \mid t \varepsilon T\}$).

6. STUF graph operations

In Section 3 we introduced a translation τ from STUF graphs to
sg-specifications, and a translation τ^{-1} from sg-specifications to
STUF graphs. Although $\tau^{-1}(SP)$ and $\tau^{-1}(CP(SP))$ may be syntactically
different since CP(SP)) contains equations and \$S\$- and
\$T\$-conditions in a reduced normal form, the two graphs are
equivalent in the sense of STUF graphs: their subsumption

relationships are exactly the same, and thus, they are unifiable with exactly the same STUF graphs.

Besides giving a basis for a simple consistency test and providing a normal form presentation for sg-specifications the completion procedure CP also provides the basis for a precise mathematical definition of the STUF graph operations. Since these operations always take into account the consistency of the involved specifications a consistency check must also be performed in our mathematical definition. Thus, we say:

A sg-specification is **consistent** iff it is constant consistent, constant/complex consistent, acyclic, and U- and F-consistent.

Now the unification of STUF graphs can be mapped to a simple set-theoretic operation on their corresponding sg-specifications: essentially, unification is component-wise set union followed by a consistency check.

Let G_1 and G_2 be STUF graphs.

```
graph-unify(G_1 ,G_2 ) =
   let (Σ_i ,E_i ,S_i ,T_i ) = τ(G_i ) in
   let (Σ,E,S,T) = CP(Σ_1 u Σ_2 , E_1 u E_2 , S_1 u S_2 , T_1 u T_2 ) in
     $F$                              if (Σ,E,S,T) is not consistent
     τ⁻¹(Σ,E,S,T)                     if (Σ,E,S,T) is consistent
```

Similarly, the subsumption test of STUF graphs can be defined easily on the corresponding sg-specifications. Semantically, it corresponds to set inclusion of the closure of their components, e.g. $\Sigma_1 \subseteq \Sigma_2$ and $E_1{}^* \subseteq E_2{}^*$. However, as CP produces a minimal representation the following definition operates directly on this minimal representation. For instance, it suffices to check whether for every equation $l = r$ in E_1 the E_2-normal forms l_{E_2} and r_{E_2} are identical.

```
graph-subsumes(G_1 ,G_2 ) =
   let (Σ_i ,E_i ,S_i ,T_i ) = CP(τ(G_i ) in
     true                          if (Σ_2 ,E_2 ,S_2 ,T_2 ) is not consistent
     1. & 2. & 3. & 4.             if (Σ_2 ,E_2 ,S_2 ,T_2 ) is consistent
where:
```

    1. $\Sigma_1 \subseteq \Sigma_2$

    2. for all $l \rightarrow r \; \varepsilon \; E_1$. $l_{E_2} = r_{E_2}$

    3. for all $t \; \varepsilon \; S_1$. t_{E_2} occurs as term or subterm in E_2 or S_2

    4. for all $t \; \varepsilon \; T_1$. t_{E_2} occurs as term or subterm in E_2 , S_2 or T_2

Graph equivalence (for consistent graphs) actually amounts to component-wise set identity of the corresponding sg-specifications in normal form.

```
graph-equivalence(G_1 ,G_2 ) =
   true                       if both G_1 and G_2 are not consistent
   false                      if one of G_1 and G_2 is not consistent
   CP(τ(G_1 )) = CP(τ(G_2 ))  if both G_1 and G_2 are consistent
```

7. Extensions and conclusions

The formal semantics as developed above does not yet cover disjunctions as provided by general STUF types. If G is a STUF type with disjunctions the translation τ of G could be extended so that it does not yield a single sg-specification but a set of disjunctively combined ones. This corresponds to the expansion of a logic formula into disjunctive normal form. It provides a sound mathematical semantics, but from the computational viewpoint it could be argued that the expansion should be delayed resp. avoided as far as possible (see e.g. [KR 86]).

In Section 2 we already pointed out that the system type name U serves as a means of introducing fixed arity. A fixed-arity type essentially requires that every feature not among the fixed set of features for that type must yield U. Such "closed types" of STUF can be treated by CT-conditions similar to the S- and T-conditions. A path p pointing to a closed type with features $f_1,\ldots,f_n$ induces a CT condition $(p, \{f_1,\ldots,f_n\})$ which says that every feature $f' \neq f_1,\ldots,f_n$ applied to p yields U. p can be reduced to a normal form p' by the equations in E'. The consistency of a specification w.r.t. such a CT-condition can be checked similar to a T-condition. For instance, after removing any equation of the form $f'(p') = U$ from E', E' may not contain $f'(p')$ as a term or a subterm. A full treatment of these questions will be given in [BPU 88].

References

[Ai 84]   Ait-Kaci, H.: A Lattice Theoretic Approach to Computation based on a Calculus of Partially Ordered Type Structures. PhD thesis, University of Pennsylvania, 1984

[BG 77]   Burstall, R.M., Goguen, J.A.: Putting theories together to make specifications. Proc. 7th IJCAI, 1977.

[BKU 88]   Bouma, G., E. König, and H. Uszkoreit: The Application of the Stuttgart Type Unification Formalism to Syntactic and Semantic Processing. To appear in: IBM Journal of Research and Development, March 1988.

[BP 88]   Beierle, C., Pletat, U.: Feature graphs and abstract data types: A unifying approach. LILOG Report No. 39, IBM Deutschland GmbH, Stuttgart; to appear in: Proc. 12th International Conference on Computational Linguistics (COLING´88), Budapest, 22. - 27. August 1988.

[BPU 88]   Beierle, C., Pletat, U., Uszkoreit, H.: A Formal Semantics of the Stuttgart Type Unification Formalism. LILOG Report, IBM Deutschland GmbH, Stuttgart, (forthcoming).

[Ca 84]   Cardelli, L.: A Semantics of Multiple Inheritance. In: Proc. of the Symposium on Semantics of Data Types. Springer LNCS 173, 1984, 51-67.

[EM 85]   Ehrig, H. and Mahr, B.: Foundations of Algebraic Specification 1. Springer Verlag, Berlin 1985.

[GTW 78]   Goguen, J. A. and Thatcher, J. W. and Wagner, E.: An
           Initial Algebra Approach to The Specification, Correctness
           and Implementation of Abstract Data Types. In: Current
           Trends in Programming Methodology, R. T. Yeh, (ed),
           Prentice-Hall, 1978.

[HO 80]   Huet, G., Open, D.C.: Equations and Rewrite Rules: A
           Survey. In R. Book (ed.), Formal Languages: Perspectives
           and Open Problems. Academic Press, 1980, pp. 349-405.

[KB 70]   Knuth, D.E., Bendix, P.B.: Simple Word Problems in
           Universal Algebra. In: J. Leech (Ed.): Computational
           problems in Universal Algebra. Pergamon Press, 1970.

[KR 86]   Kasper, R.T., Rounds, W.C.: A logical semantics for
           feature structures. Proc. 24th Annual Meeting, ACL, 1986.

[LIL 86]   Herzog, O. et al.: LILOG - Linguistic and Logic Methods
           for the Computational Understanding of German. LILOG
           Report 1b, IBM Germany, Stuttgart 1986.

[Pe 87]   Pereira, F.: Grammars and Logics of Partial Information.
           Proc. 4th Int. Conf on Logic Programming, May 1987.

[PS 84]   Pereira, F., Shieber, S.M.: The semantics of grammar
           formalisms seen as computer languages. Proc. COLING-84,
           ACL, 1984.

[RSUW 87] Rollinger, C.-R., Studer, R., Uszkoreit, H., Wachsmuth,
           I.: Textunderstanding in LILOG - Sorts and Reference
           Objects. Proc. Wissensbasierte Systeme: GI-Kongreß 1987,
           Springer Publishing Company, Berlin 1987.

[RK 86]   Rounds, W.C., Kasper, R.: A complete logical calculus for
           record structures representing linguistic information.
           IEEE Symposium on Logic in Computer Science, 1986.

[SA 87]   Smolka, G., Ait-Kaci, H.: Inheritance Hierarchies:
           Semantics and Unification. MCC Technical Report
           AI-057-87, 1987.

[Sh 86]   Shieber, S. M. An Introduction to Unification-Based
           Approaches to Grammar. CSLI Lecture Notes 4, Center for
           the Study of Language and Information, Stanford
           University, Stanford, Cal.

[SUP 83]   Shieber, S. M., H. Uszkoreit, F. Pereira, J. Robinson, and
           M. Tyson: The Formalism and Implementation of PATR-II. In:
           B. Grosz and M. Stickel (ed.) Research on Interactive
           Acquisition and Use of Knowledge, SRI International, Menlo
           Park, Cal.

[Us 86]   Uszkoreit, H.: Syntaktische and semantische
           Generalisierungen im strukturierten Lexikon. Proc.
           GWAI-86, (eds. C.R. Rollinger, W. Horn), Springer Verlag
           1986.

[Us 87]   Uszkoreit, H.: The Stuttgart Type Unification Formalism.
           LILOG Report 16, IBM Germany, Science and Technology Div.,
           LILOG, Stuttgart.

EIN KONZEPT ZUR KOMPOSITION DER SEMANTIK AUS BEDEUTUNGSTRAGENDEN TEILEN EINER ÄUSSERUNG UND ZUR BEHANDLUNG ALTERNATIVER INTERPRETATIONEN

Ayşe Erben
Universität Stuttgart
Institut für Informatik

Abstract

In this paper some special aspects are described that were taken as
a basis for the construction of a parser which maps utterances of
German language to internal representation structures. The underlying formal framework is the Lexical-Functional Theory. The corresponding formalism is used to process the syntactical and semantical
informations simultaneously and in a unique way. Some examples will
illustrate the mechanisms which allow to construct the semantical
representation of a sentence merely out of its meaningfull parts;
this is done by exploiting a special class of functional equations
within the LF-Formalism.

An expansion of the formalism enables us to combine alternative syntactical or semantical informations and reduce the arising sets of
disjuncts during the proceeding parsing process. This leads to a
tool which is able to recognize the ambiguities of an utterance. The
difficulties connected with such a reduction algorithm and the im-
plemented solutions are explained.

1. Einleitung

Im folgenden werden ausgewählte Teilaspekte beschrieben, auf die bei
der Konzeption eines Parsers, der Äußerungen in deutscher Sprache in
interne Repräsentationsstrukturen überführt, besonderer Wert gelegt
wurde.

Um die Unabhängigkeit von der Anwendungswelt zu gewährleisten und den Sprachumfang leicht erweitern zu können, wurde bei der Gestaltung des Parsers eine formale Grammatiktheorie zugrundegelegt. Es handelt sich dabei um die Lexical-Functional Theorie und den zugehörigen Formalismus [BRE 82][1], der sich für eine PROLOG-Implementierung besonders gut eignet.

Von ihrer Konzeption her ist die LF-Theorie eine Syntax-Theorie, die es nahelegt, zunächst eine syntaktische Analyse vorzunehmen, um anschließend mit Hilfe einer importierten Semantik-Theorie eine Struktur zu bilden, die die Bedeutung der natürlichsprachlichen Äußerung repräsentiert. Dies hat jedoch den Nachteil, daß u.U. eine große Anzahl syntaktischer Strukturen erzeugt wird, die sich erst bei der semantischen Analyse als ungültig erweisen. Für den Einsatz eines Parsers als Benutzerschnittstelle in einem Dialogsystem, bei dem die Geschwindigkeit des Analysevorganges eine wichtige Rolle spielt, ist eine derartige Vorgehensweise nicht geeignet.

Um diesem Nachteil zu begegnen, wurde daher die Grammatik so konzipiert, daß der darauf basierende Parser die semantische Analyse parallel zur syntaktischen vornehmen kann. Dies wurde dadurch realisiert, daß die Flexibilität des LF-Formalismus' zur einheitlichen Verarbeitung der syntaktischen und semantischen Informationen genutzt wird [FEN 85].

Das natürlichsprachliche System wurde als Benutzerschnittstelle zu einem Auskunftssystem, das Wissen über die Hardware der Personal Computer und die zugehörigen Software-Produkte besitzt[2], eingesetzt und erprobt. Dieses Wissen wird bereits während des Analysevorganges von dem Parser so verwertet, daß zum frühestmöglichen Zeitpunkt Mehrdeutigkeiten aufgelöst und semantisch inkorrekte Aussagen als solche erkannt werden können [ERB 87].

---

[1] Die Kenntnis des LF-Formalismus' wird im folgenden vorausgesetzt.

[2] Es handelt sich dabei um eine von der Firma IBM Deutschland GmbH, Abteilung IS Informatik Zentrum, innerhalb des Projekts Keystone gestaltete Wissensbasis.

In der Wissensbasis werden

- Objekte und Klassen von Objekten
  (Bezeichnung: *ind* (Individuum)),
- Beziehungen zwischen den Objekten
  (Bezeichnung: *rel* (Relation))
  und
- Eigenschaften von Objekten
  (Bezeichnungen: *attr_type* (Attributtyp),
  attr_value (Attributwert),
  attr_unit (Maßeinheit))

dargestellt, so daß für die vom Parser erzeugten semantischen Strukturen (Bezeichnung: *sit*) der Rahmen der Prädikatenlogik erster Stufe ausreicht. Im Lexikon, einem Grundformenlexikon mit etwa 400 Wörtern, wird dafür gesorgt, daß die Eigennamen in entsprechende Objekte der Wissensbasis, die Gattungsnamen in Klassen von Objekten abgebildet werden, während die Relationen und Attributtypen als Bilder von Nomina, Präpositionen, Adjektiven oder Verben fungieren. Die lexikalischen Einträge, die ja bei Zugrundelegung eines anderen Diskursbereiches ausgetauscht werden können, sind nur insofern domänenspezifisch, als man sich bei ihrer Erstellung die zu erzeugende semantische Zielrepräsentation vor Augen halten muß.

2. Lokalisierung der bedeutungstragenden Teile einer Äußerung

Der LF-Formalismus eignet sich dafür, das Kompositionsprinzip zu realisieren, das der Semantiktheorie von Montague zugrundeliegt. Es gibt eine gewisse Klasse von natürlichsprachlichen Sätzen, in denen dieses Ziel einfach erreicht werden kann. Das folgende Beispiel soll dies illustrieren:

"Kann man den Druckeradapter an den PC anschließen?"

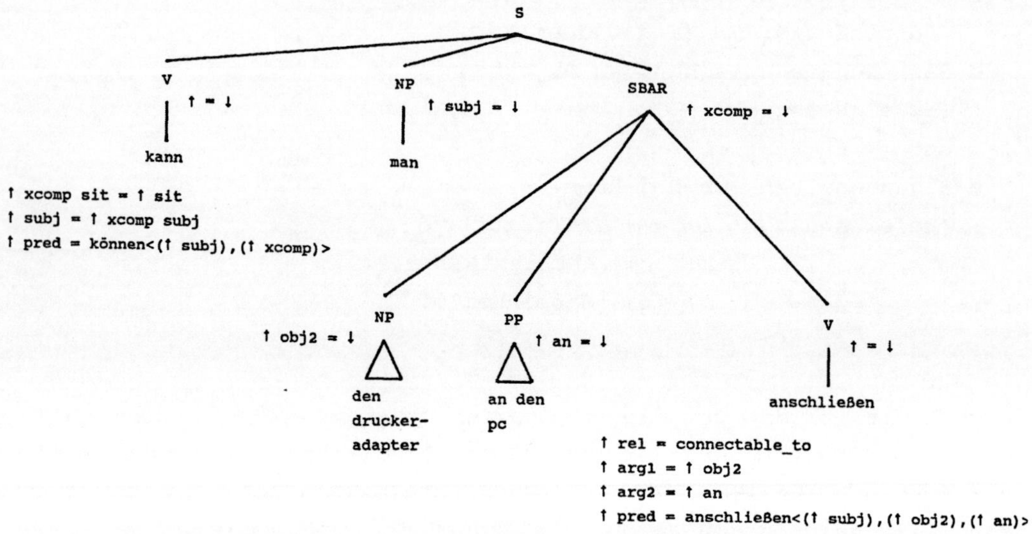

Betrachten wir hierin lediglich den Komplementsatz.

Durch die Gleichung ↑ = ↓ beim Nonterminal V wird erreicht, daß dem Satz eine Relationsstruktur als Semantik zugeordnet wird. Die darin enthaltene Relation *connectable_to* ist dem lexikalischen Verbeintrag von "anschließen" zu entnehmen; von dort aus wird gesteuert, daß die Argumente der Relation durch die semantischen Strukturen des direkten Objekts bzw. des Präpositionalobjekts gebildet werden.

Wenn die natürliche Sprache sich stets so verhalten würde, wie es im obigen Beispiel im Komplementsatz der Fall ist, wenn also das Prädikat eines Satzes immer mittels einer eindeutigen Funktion in eine Relation abgebildet werden könnte, deren Argumente sich aus den Semantiken einzelner Konstituenten bilden ließen, so könnte man beispielsweise eine Tabelle aufstellen, die die Abbildungsvorschriften angibt.

Betrachten wir aber die folgenden Paraphrasierungen unseres Beispielsatzes, so sehen wir schnell, daß eine solche Vorgehensweise der Flexibilität der natürlichen Sprache nicht gewachsen ist und damit keine Grundlage in einem natürlichsprachlichen System bilden kann.

Den Sätzen

"Hat der PC einen Anschluß für den Druckeradapter?"

"Hat der Druckeradapter einen Anschluß an den PC?"

"Ist der Druckeradapter an den PC anschließbar?"

"Kann der Druckeradapter an den PC angeschlossen werden?"

"Ist ein Anschluß für den Druckeradapter an den PC verfügbar?"

"Gibt es einen Anschluß für den Druckeradapter an den PC?"

soll nämlich die gleiche semantische Struktur zugeordnet werden, die auch zum Beispielsatz

"Kann man den Druckeradapter an den PC anschließen?"

gehört.[3]

Um also beim Erzeugen einer internen Repräsentation den Blick auf die eigentlichen bedeutungstragenden Teile eines Satzes zu lenken, muß man sich dessen bewußt sein, daß die Semantik nicht immer durch ein Verb bestimmt werden, sondern stattdessen in Nomina, Präpositionen oder in Adjektiven versteckt sein kann.

Zur Illustration der Vorgehensweise sei ein Beispielsatz herausgegriffen:

"Ist ein Anschluß für den Druckeradapter an den PC verfügbar?"

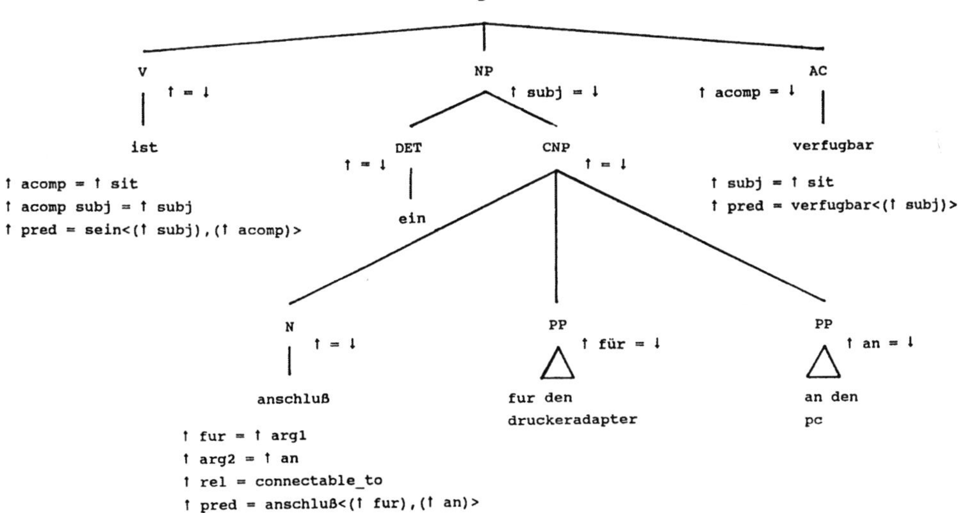

---

3) Zumindest in einem Dialogsystem, dessen Problemlösekomponente keine subtilen Differenzierungen vornehmen kann, ist dies eine unumstößliche Forderung.

In diesem Satz hat das Verb "ist" keinen tieferen Bedeutungsgehalt, der zur Beschreibung der Semantik der gesamten Aussage beitragen könnte. Daher wird mit Hilfe der Gleichung

$$\uparrow acomp = \uparrow sit$$

auf die Semantik des Adjektivkomplementsatzes verwiesen. Eine derartige Funktionengleichung will ich im folgenden eine **semantische Kontrollgleichung** nennen. Diese Begriffsbildung steht im Gegensatz zu den herkömmlichen (syntaktischen) Kontrollgleichungen der LF-Theorie:

Durch

$$\uparrow acomp\ subj = \uparrow subj$$

etwa wird in unserem Beispiel eine rein funktionale Beziehung zwischen dem Subjekt des Satzes und dem Subjekt seines Komplementsatzes ausgedrückt.

Im Adjektivkomplementsatz steht als Prädikat wiederum ein Satzteil, der selber keinen Beitrag bei der Bedeutungsbildung leisten kann. Daher befindet sich im Lexikoneintrag des Adjektivs "verfügbar" die semantische Kontrollgleichung

$$\uparrow subj = \uparrow sit,$$

mit deren Hilfe die Aufmerksamkeit auf die Semantik des Subjekts im Komplementsatz gelenkt wird. Da damit, wie eben erwähnt, gleichzeitig das Subjekt des ganzen Satzes angesprochen ist, wird im Endergebnis die semantische Struktur des Satzes durch den Lexikoneintrag des Nomens "Anschluß" gebildet.

Die insgesamt erzeugte funktional-semantische Struktur sieht folgendermaßen aus:

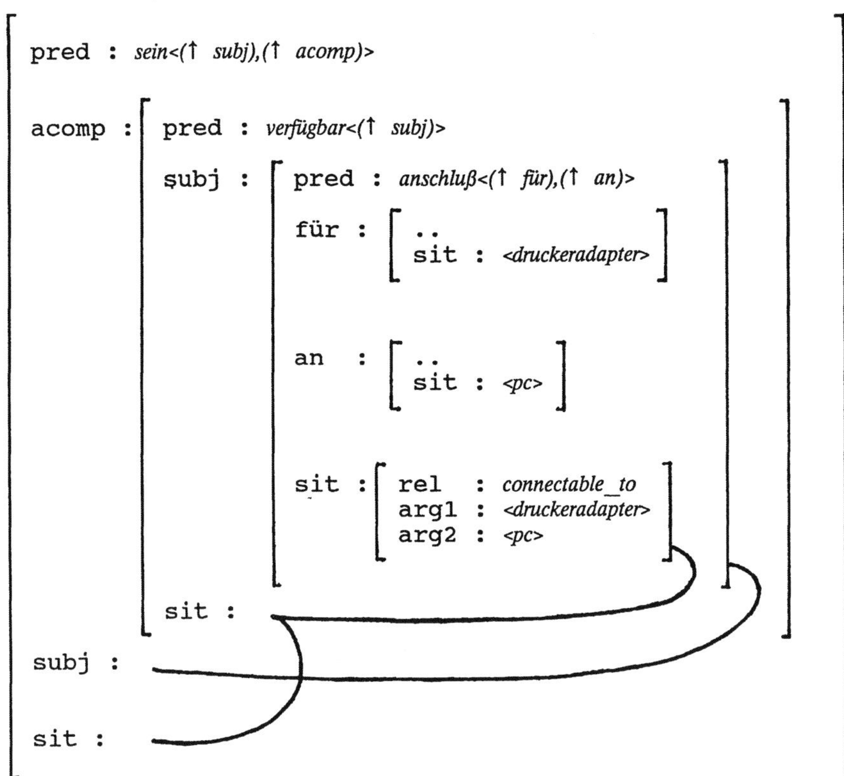

Ein weiteres Beispiel soll illustrieren, daß der Kern der Satzseman-
tik auch in den Beschreibungen von Präpositionen verborgen sein
kann. Betrachten wir den Satz

"Gibt es APL unter einem Betriebssystem mit einem virtuellen
Adreßraum von 64 KB?"

Man sieht leicht, daß die Semantik des Verbs auch hier bei der Bildung der Gesamtsemantik keinen Beitrag leistet. Dank der semantischen Kontrollgleichung

$\uparrow$ obj2 = $\uparrow$ sit

wird die Aufmerksamkeit auf das direkte Objekt des Satzes gelenkt,
in dem sich die Präpositionen "unter" und "mit" befinden, die bei

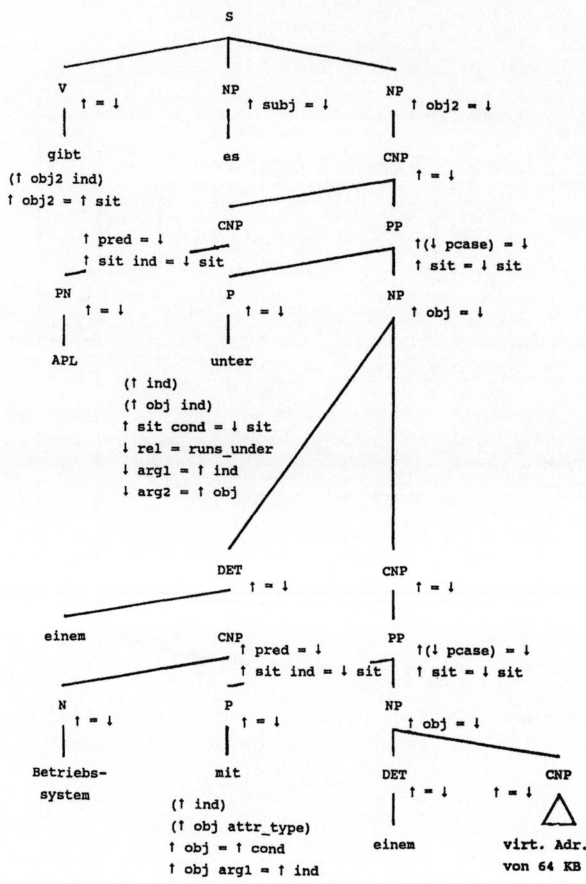

der Erzeugung der sit-Struktur zentrale Rollen spielen.[4]

Die Präposition "mit" deklariert die Attributstruktur, die den Bedeutungsinhalt ihres Objekts (*obj*) "ein virtueller Adreßraum von 64 KB" darstellt, als den das Individuum *Betriebssystem* modifizierenden Teil und läßt daher mit der Gleichung

↑ obj arg1 = ↑ sit ind

in der Argumentposition der Funktion *adr_space_virt* (virtueller Adreßraum) auf die Semantik des Wortes "Betriebssystem" referieren.

____

[4]Für die Gesichtspunkte, die zu dem Entwurf des Grammatikfragments für die Nominalphrasen geführt haben, sei auf [ERB 87] verwiesen.

Anders verhält sich im Beispielsatz die Präposition "unter", weil sie im Gegensatz zu der Präposition "mit" in der Lage ist, den Wert der Relation direkt anzugeben, in der das zu modifizierende Objekt *APL* zu dem komplexen Individuum *Betriebssystem mit einem virtuellen Adreßraum von 64 KB* steht. Damit kommt auch ein weiterer Aspekt bei der Konzeption der Grammatik zum Ausdruck: Diese ist so gestaltet, daß semantisch gleichartige Phänomene, die syntaktisch anders dargestellt sind, in einheitlicher Art und Weise behandelt werden. So hat etwa die Präposition "mit" im obigen Satz genau dieselbe semantische Steuerungsfunktion wie das Verb "haben" in dem Satz "Das Betriebssystem hat einen virtuellen Adreßraum von 64 KB.". Die Präposition "unter" spielt die gleiche Rolle wie das Verb "laufen" oder das Adjektiv "lauffähig" in den Sätzen "Läuft APL unter DOS?" oder "Ist APL unter DOS lauffähig?".

Analoge Sätze wie

"Gibt es APL auf dem PC?"
"Gibt es einen Interpreter unter 300 DM?"
"Gibt es eine APL Version für einen Preis von 300 DM?"
"Gibt es Software für Textverarbeitung?"
"Gibt es eine Festplatte mit einer Kapazität von 20 MB?"

zeigen auch, daß eine Alternative zu der hier vorgestellten Vorgehensweise, bei der durch Abspeicherung aller möglichen Satzmuster die gewünschte semantische Abbildung erzielt werden würde, kurzsichtig und unmotiviert wäre. Man braucht offensichtlich geeignete Mittel, um erkennen zu können, daß die Semantik der Sätze nur von den Präpositionen getragen wird und der Satzbauplan dabei keine Rolle spielt.

Zugleich ist festzuhalten, daß eine Präposition in verschiedenen Kontexten verschiedene Bedeutungen haben kann. Dies gilt genauso für die Adjektive, Nomina oder Verben. Das vorliegende System verfügt daher über ein Disjunktionskonzept, welches im folgenden Abschnitt näher erläutert wird.

3. Ein Verfahren zur Behandlung disjunktiver Strukturen

Disjunktionsmengen dienen dazu, syntaktische oder semantische Informationen, die sich zu einem Zeitpunkt während des Analysevorganges alternativ gegenüberstehen, zusammenzufassen. Das Ziel ist stets, die Mächtigkeit solcher Mengen mit fortschreitendem Parseprozeß zu reduzieren und gegebenenfalls Ambiguitäten zu erkennen.

Es wird zwischen atomaren, komplexen und generellen Disjunktionen unterschieden ([KAR 84],[BEA 87],[KAS 87]). Als ein Beispiel für eine atomare Disjunktionsmenge kann

$$A = \{ \textit{realer\_adreßraum, virtueller\_adreßraum,}$$
$$\textit{datenbusbreite, adreßbusbreite} \}$$

dienen, die bei der Analyse der Frage "Wie groß ist der Prozessor?" gebildet wird; deren Elemente sind gerade die semantischen Attribute, die zu den verschiedenen semantischen Interpretationen des Wortes "groß" gehören. Komplexe Disjunktionen treten beispielsweise dann auf, wenn für einen Satzteil mehrere Abbildungen in Relations- oder Attributstrukturen möglich sind.

Im folgenden seien die Problemstellung und die möglichen Lösungen bei der "Schnittbildung" zweier Disjunktionsmengen anhand eines Beispiels einer generellen Disjunktion erläutert.

Angenommen, der Satz

"Hat die Festplatte eine Kapazität von 20 MB?"

sei zu analysieren. Dann steht man, nachdem die Nominalphrase

"die Festplatte"

als solche erkannt wurde, vor der Aufgabe, die Menge

$$
A_1 = \left\{
\begin{array}{l}
\left[
\begin{array}{l}
\text{subj} \;:\; [\text{pred} \;:\; P_1, \\
\qquad\qquad \text{sit} \;:\; [\text{ind} \;:\; I_1 \;...] \;...], \\
\text{obj2} \;:\; [\text{pred} \;:\; P_2, \\
\qquad\qquad \text{sit} \;:\; [\text{ind} \;:\; I_2 \;...] \;...], \\
\text{sit} \;:\; [\text{rel} \;\;:\; \textit{contains_part}, \\
\qquad\quad \text{arg1} \;:\; [\text{ind} \;:\; I_1 \;...], \\
\qquad\quad \text{arg2} \;:\; [\text{ind} \;:\; I_2 \;...]], \\
\end{array}
\right], \\[2em]

\left[
\begin{array}{l}
\text{subj} \;:\; [\text{pred} \;:\; P_1, \\
\qquad\qquad \text{sit} \;:\; [\text{ind} \;:\; I_1 \;...] \;...], \\
\text{obj2} \;:\; [\text{pred} \;:\; P_2, \\
\qquad\qquad \text{sit} \;:\; [[\text{rel} \;:\; R \;...], \\
\qquad\qquad\qquad [\text{attr_type} \;:\; AT \;...]...], \\
\text{sit} \;\;:\; [[\text{rel} \;:\; R, \text{arg1} \;:\; [\text{ind} \;:\; I_1 \;...] \;...], \\
\qquad\quad [\text{attr_type} \;:\; AT,...,\text{arg1} \;:\; [\text{ind} \;:\; I_1 \;...]]], \\
\end{array}
\right], \\[2em]

\left[
\begin{array}{l}
\text{subj} \;:\; [\text{pred} \;:\; P_1, \\
\qquad\qquad \text{sit} \;:\; [\text{ind} \;:\; I_1 \;...] \;...], \\
\text{obj2} \;:\; [\text{pred} \;:\; P_2, \\
\qquad\qquad \text{sit} \;:\; [\text{rel} \;:\; R \;...] \;...], \\
\text{sit} \;\;:\; [\text{rel} \;:\; R, \text{arg1} \;:\; \textit{Arg}_1, \text{arg2} \;:\; [\text{ind} \;:\; I_1 \;...]] \\
\end{array}
\right] \\[2em]

\left[
\begin{array}{l}
\text{subj} \;:\; [\text{pred} \;:\; P_1, \\
\qquad\qquad \text{sit} \;:\; [\text{attr_type} \;:\; AT \;...] \;...], \\
\text{obj2} \;:\; [\text{pred} \;:\; P_2, \\
\qquad\qquad \text{sit} \;:\; [\text{attr_type} \;:\; AT \;...] \;...], \\
\text{sit} \;\;:\; [\text{attr_type} \;:\; AT \;...] \\
\end{array}
\right]
\end{array}
\right.
$$

mit

$$
A_2 = \left\{
\begin{array}{l}
\left[
\begin{array}{l}
\text{subj} \;:\; [\text{pred} \;:\; \textit{festplatte}, \\
\qquad\qquad \text{sit} \;:\; [\text{ind} \;:\; \textit{ind_1} \;...] \;...] \\
|\text{Rest}_1
\end{array}
\right] \\[2em]

\left[
\begin{array}{l}
\text{obj2} \;:\; [\text{pred} \;:\; \textit{festplatte}, \\
\qquad\qquad \text{sit} \;:\; [\text{ind} \;:\; \textit{ind_1}...] \;...] \\
|\text{Rest}_2
\end{array}
\right]
\end{array}
\right.
$$

zu "schneiden". Dabei ergibt sich die Menge A_1 dadurch, daß die dis-
junktiven Gleichungsmengen im Lexikoneintrag des Verbes "haben" eva-

luiert werden. Die Elemente der Menge A_1 bringen zum Ausdruck, daß

- sowohl das Subjekt als auch das direkte Objekt Wissensbasisobjekte darstellen können und dann in der Beziehung *contains_part* zueinander stehen,

- das Subjekt ein Wissensbasisobjekt sein kann und das direkte Objekt eine Relation oder ein Attribut in sich birgt,

- das Subjekt ein Wissensbasisobjekt sein kann und das direkte Objekt eine Relation darstellt, deren zweite Argumentposition der Semantik des Subjektes zu entnehmen ist,

- sowohl das Subjekt als auch das direkte Objekt attributive Eigenschaften aufweisen können.

In A_2 kommt zum Ausdruck, daß die Nominalphrase "die Festplatte" sowohl als das Subjekt als auch als das direkte Objekt des Satzes fungieren kann. Unser Wunsch ist es nun, die in A_1 aufgezählten Alternativen aufgrund der in A_2 gegebenen Möglichkeiten unter Verwendung des Unifikationsformalismus' zu reduzieren. Dabei stellt man fest, daß durch die in den betroffenen Mengen auftretenden Variablen Schwierigkeiten entstehen.

Versucht man nämlich, die "Schnittbildung" dadurch zu bewerkstelligen, daß man sukzessive alle Paare

$$(a_1, a_2) \in A_1 \times A_2$$

bildet und jeweils die Unifikation von a_1 und a_2 vornimmt, so führen bereits vollzogene Variablenbelegungen zu verfälschten Resultaten.

Beispielsweise liefert die Unifikation der jeweils ersten Elemente von A_1 und A_2 die F-S-Struktur

$$
\begin{bmatrix}
\text{subj} & : & [\text{pred} & : & \mathit{festplatte}, \\
& & \text{sit} & : & [\text{ind} : \mathit{ind\_1} \ldots] \ldots], \\
\text{obj2} & : & [\text{pred} & : & P_2, \\
& & \text{sit} & : & [\text{ind} : I_2 \ldots] \ldots], \\
\text{sit} & : & [\text{rel} & : & \mathit{contains\_part}, \\
& & \text{arg1} & : & [\text{ind} : \mathit{ind\_1} \ldots], \\
& & \text{arg2} & : & [\text{ind} : I_2 \ldots]] \; .
\end{bmatrix}
\qquad (1)
$$

Dabei wurde der Variable P_1 der Wert 'festplatte' und der Variable I_1 der Wert 'ind_1' zugewiesen.

Unifiziert man anschliessend diese so entstandene F-S-Struktur mit dem zweiten Element von A_2, so lautet das Resultat

$$
\left[
\begin{array}{l}
\text{subj} \;:\; [\text{pred} \;:\; \textit{festplatte},\\
\qquad\quad\; \text{sit} \;:\; [\text{ind} \;:\; \textit{ind\_1} \;...] \;...],\\
\text{obj2} \;:\; [\text{pred} \;:\; \textit{festplatte},\\
\qquad\quad\; \text{sit} \;:\; [\text{ind} \;:\; \textit{ind\_1} \;...] \;...],\\
\text{sit} \;\;\;:\; [\text{rel} \;\;\;:\; \textit{contains\_part},\\
\qquad\quad\; \text{arg1} \;:\; [\text{ind} \;:\; \textit{ind\_1} \;...],\\
\qquad\quad\; \text{arg2} \;:\; [\text{ind} \;:\; \textit{ind\_1} \;...]]
\end{array}
\right]
\qquad (2)
$$

Dieses Ergebnis ist falsch, denn in der zugrundegelegten Grammatik kommt selbstverständlich zum Ausdruck, daß die Nominalkonstituente "die Festplatte" nicht gleichzeitig Subjekt und direktes Objekt des Satzes sein kann.

Zur Verdeutlichung des Problems versuchen wir jetzt, das zweite Element aus A_1 mit dem ersten Element aus A_2 zu unifizieren.

In letzterem ist bereits vermöge der ersten beiden Unifikationen (vgl. Struktur (1)) die Variable $Rest_1$ mit dem Wert

$$
\left[
\begin{array}{l}
\text{obj2} \;:\; [\text{pred} \;:\; \textit{festplatte},\\
\qquad\quad\; \text{sit} \;:\; [\text{ind} \;:\; \textit{ind\_1} \;...] \;...],\\
\text{sit} \;\;\;:\; [\text{rel} \;\;\;:\; \textit{contains\_part},\\
\qquad\quad\; \text{arg1} \;:\; [\text{ind} \;:\; \textit{ind\_1} \;...],\\
\qquad\quad\; \text{arg2} \;:\; [\text{ind} \;:\; \textit{ind\_1} \;...]]
\end{array}
\right]
$$

belegt worden. Dies hat zur Folge, daß die angestrebte Unifikation mißglückt, da jetzt fälschlicherweise vom direkten Objekt verlangt wird, daß es ein Wissensbasisobjekt darstellen soll.

Es gibt mehrere Möglichkeiten, das geschilderte Problem zu lösen. Im vorliegenden System wurden die folgenden Ansätze entwickelt und implementiert:

(i) Angenommen, es seien $A_1 = \{a_1, a_2, ..., a_m\}$ und $A_2 = \{b_1, b_2, ..., b_n\}$ die Disjunktionsmengen, wobei die Elemente a_i bzw. b_j komplexe Strukturen sind, die Variablen enthalten. Dann gibt es $m \cdot n$ Paare $(a_i, b_j) \in A_1 \times A_2$.

Bilde nun jeweils n-1 Kopien der Elemente $a_1, a_2, \ldots, a_m$, wobei alle in den Strukturen vorkommenden Variablen umbenannt werden, und bezeichne diese mit

$$a_1', \ a_1'', \ \ldots, \ a_1^{(n-1)} \text{ bzw.}$$

$$a_2', \ a_2'', \ \ldots, \ a_2^{(n-1)} \text{ bzw.}$$

$$\vdots$$

$$a_m', \ a_m'', \ \ldots, \ a_m^{(n-1)}.$$

Führe diese Vervielfältigung analog für die Elemente $b_1, b_2, \ldots, b_n$ durch, so daß die Kopien

$$b_1', \ b_1'', \ \ldots, \ b_1^{(m-1)} \text{ bzw.}$$

$$b_2', \ b_2'', \ \ldots, \ b_2^{(m-1)} \text{ bzw.}$$

$$\vdots$$

$$b_n', \ b_n'', \ \ldots, \ b_n^{(m-1)}$$

entstehen.

Ordne nun die "Originale" der Menge A_1 und deren Kopien an zu dem Tupel

$$\mathring{A}_1 := (a_1, \ a_1', \ \ldots, \ a_1^{(n-1)},$$
$$a_2, \ a_2', \ \ldots, \ a_2^{(n-1)},$$
$$\ldots,$$
$$a_m, \ a_m', \ \ldots, \ a_m^{(n-1)}),$$

welches aus $m \cdot n$ Elementen besteht.

Bilde anschliessend das m·n Tupel

$$\mathring{A}_2 := (b_1, b_2, \ldots, b_n,$$
$$b_1', b_2', \ldots, b_n',$$
$$\ldots,$$
$$b_1^{(m-1)}, b_2^{(m-1)}, \ldots, b_n^{(m-1)})$$

aus den Originalen der Menge A_2 und deren Kopien.

Wird nun jeweils das k-te Element von $\mathring{A}_1$ mit dem k-ten Element von $\mathring{A}_2$ unifiziert $(k=1,2,\ldots,m\cdot n)$, so erhält man m·n Paarungen, die den Elementen

$$(a_i, b_j) \in A_1 \times A_2$$

entsprechen; der Unterschied liegt nur darin, daß bei diesen paarweise vorgenommenen Unifikationen Kopien verwendet werden, wobei jede Kopie nur genau einmal als Operand herangezogen wird. Damit ist gewährleistet, daß eine Variable höchstens ein einziges Mal durch Unifikation instantiiert wird.

Die bei diesem Prozeß erfolgreich unifizierten Strukturen werden zu einer Menge zusammengefaßt, die als Schnittmenge $A_1 \cap A_2$ aufgefaßt werden kann.

Ein Nachteil dieses Vorgehens besteht darin, daß bei großer Mächtigkeit der Disjunktionsmengen die Anzahl der zu bildenden Kopien in Bezug auf den Speicherbedarf unvertretbare Ausmaße annimmt. Dies wiegt bei dem hier auf einem Personal Computer implementierten System besonders schwer. Zudem hat sich herausgestellt, daß das Erstellen der Kopien, das ja nur zur Laufzeit möglich ist, durch den Prozeß der Variablenumbenennung zeitlich aufwendig ist.

(ii) Diese Nachteile haben mich dazu bewogen, einen anderen Weg einzuschlagen, der zu einer großen Reduzierung des notwendigen Speicher- und Zeitbedarfs führte.

Die damit verbundene Effizienzverbesserung des Systems ist der Ausnutzung eines in PROLOG fest eingebauten Mechanismus' zu

verdanken: Es handelt sich dabei um die wirksame Anwendung des
Zurücksetzungsverfahrens ("Backtracking"), mit dessen Hilfe
störende Variablenbindungen problemlos rückgängig gemacht werden können.

Nach jedem für die Auswertung der Disjunktion notwendigen
Unifikationsschritt, der sich auf das Paar $(a_i, b_j) \in A_1 \times A_2$
$(i=1,\ldots,m, j=1,\ldots,n)$ bezieht, wird folgendermaßen verfahren:

a) Ist die Unifikation geglückt, wird das Ergebnis dieser
   Operation als ein Element der "Schnittmenge" $A_1 \cap A_2$
   in der Wissensbasis festgehalten.

b) Anschließend wird mittels des in PROLOG standardmäßig verfügbaren Prädikates "FAIL" dafür gesorgt, daß die Strukturen a_i und b_j in den Zustand zurückversetzt werden, in dem
   sie sich vor der in a) betrachteten Unifikation befanden.
   Diese Strukturen fungieren daher wieder als voneinander
   unabhängige Elemente ihrer jeweiligen Disjunktionsmengen.
   Damit ist gewährleistet, daß sie bei nachfolgenden Unifikationen als Operanden benutzt werden können, ohne daß
   falsche Resultate entstehen.

c) Nachdem alle Paare $(a_i, b_j) \in A_1 \times A_2$ in dieser Weise bear-
   beitet wurden, befinden sich in der Wissensbasis alle
   durch geglückte Unifikationen gebildeten Strukturen, die
   zusammengefaßt die reduzierte Disjunktionsmenge $A_1 \cap A_2$
   bilden.

4. Ein zusammenfassendes Beispiel

Der Beispielsatz

   "Hat die Festplatte eine Kapazität von 20 MB?",

anhand dessen wir uns die Problematik bei der Schnittbildung zweier
Disjunktionsmengen angeschaut haben, sei noch einmal aufgegriffen,

pred   : hab
    subj   :
        A
            sit   :
            <1>
                    ind   : B
                    konz   :
                            Personal Computer
                            Systemeinheit
                            Drucker
                        : C
                : D
            : E
    obj2   :
        F
            sit   :
            <2>
                    ind   : G
                    konz   :
                            Hardware
                        : H
                : I
            : J
    sit   :
            rel   :
                    contains_part
            arg1   : <1>
            arg2   : <2>
    subj   :
        K
            sit   :
            <3>
                    ind   : L
                    : M
                : N
            : O
    obj2   :
        P
            sit   :
            <5>
                    rel   : Q
                    arg1   : <3>
                        : R
                    attr_type : S
                    attr_value : T
                    attr_unit : U
                    arg1   : <3>
                : U
            : W
    sit   : <5>
    subj   :
        X
            sit   :
            <6>
                    ind   : Y
                        : Z
                : A1
            : B1
    obj2   :
        C1
            sit   :
            <7>
                    rel   : D1
                    E1
                    arg2   : <6>
                : F1
            : G1
    sit   : <7>
    subj   :
        H1
            sit   :
            <8>

            .
            .
            .

Abbildung 4-1

50

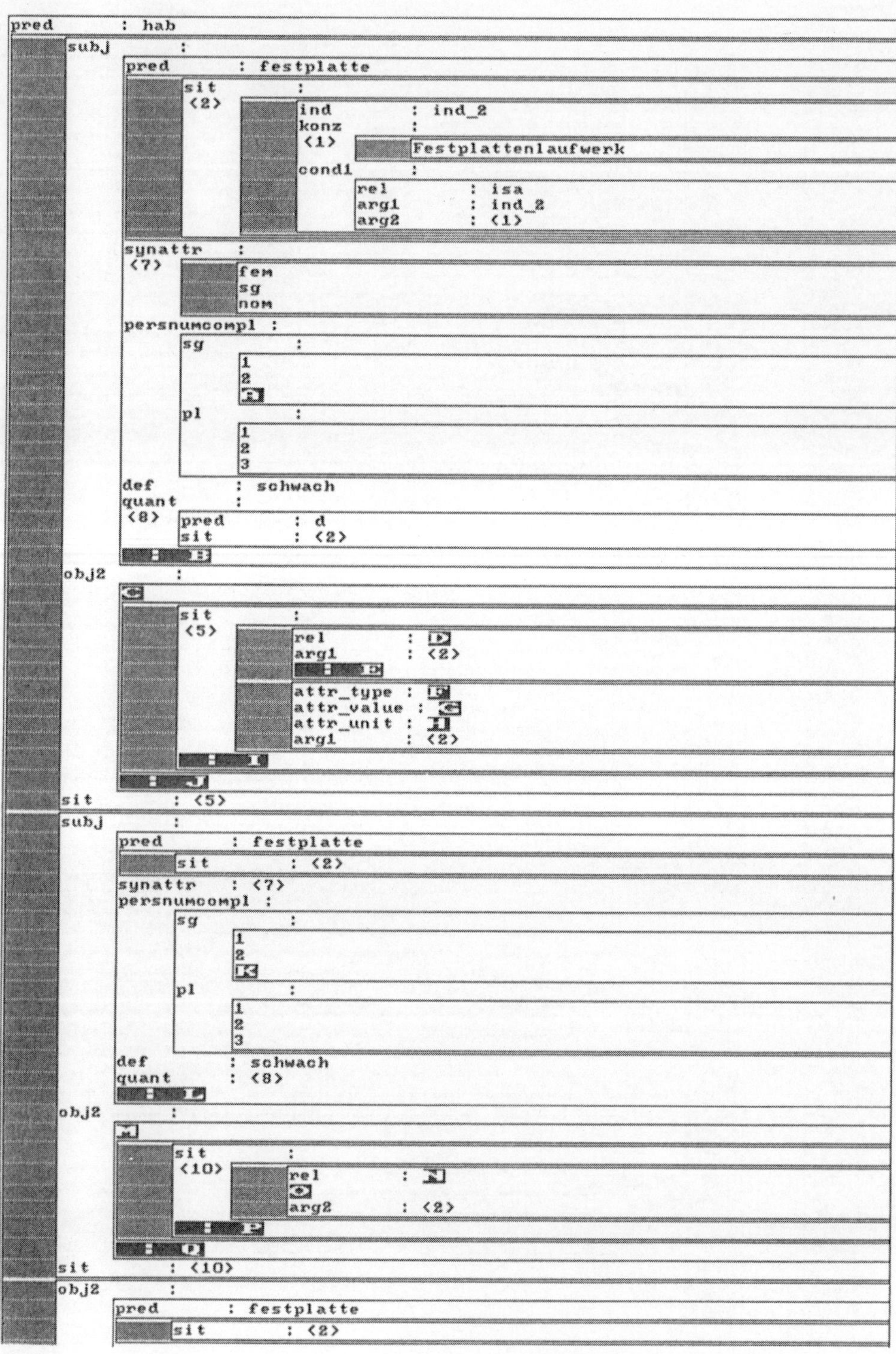

Abbildung 4-2

Abbildung 4-3

um den im 3.Abschnitt geschilderten Reduktionsprozeß und die dabei stattfindende Lokalisierung bedeutungstragender Teile des Satzes (vgl. Abschnitt 2) plastisch darzustellen.

Wenn der Parse-Prozeß unmittelbar nach der Analyse des Verbes "hat" unterbrochen wird, sieht man in der bis dahin erzeugten funktional-semantischen Struktur (vgl. Abb. 4-1), daß eine generelle Disjunktion bestehend aus vier Elementen vorliegt.[5]

Nach der vollständigen Bearbeitung der Nominalkonstituente "die Festplatte" ist die Mächtigkeit dieser Disjunktionsmenge bereits um 1 Element reduziert worden, wie man der Abbildung 4-2 entnehmen kann.

Schließlich sorgt das in der letzten Konstituente enthaltene Wissen dafür, daß die bisherige Mehrdeutigkeit aufgelöst wird. Der Abbildung 4-3 ist zusätzlich zu entnehmen, daß die Gesamtsemantik des Satzes mit der Semantik des direkten Objektes identifiziert wurde. Mit Hilfe von semantischen Kontrollgleichungen muß also dafür gesorgt worden sein, daß die Konstituente "eine Kapazität von 20 MB" als die bedeutungstragende Einheit dieses Satzes lokalisiert wurde.

Literatur

[BEA 87] Bear, J.: *Feature-Value Unification with Disjunctions*, SRI, 1987

[BRE 82] Bresnan,J./Kaplan,R.M.: *Lexical-Functional Grammar: A formal system for grammatical representation*, in: Bresnan,J. (ed): The Mental Representation of Grammatical Relations, MIT Press 1982, 173-281

[ERB 87] Erben,A.: *Ein natürlichsprachliches Dialogsystem mit Syntax-Semantik-Interaktion basierend auf der LFG-Theorie*, in: Künstliche Intelligenz (KI), 4/87

---

[5] Die grauschraffierten Zonen in der Abbildung kennzeichnen Elemente einer Disjunktionsmenge.

[FEN 85] Fenstad,J./Halvorsen,P.K./Langholm,T./Bentham,J.v:
Equations, Schemata and Situations: A framework for linguistic semantics, CSLI,
Stanford, 1985

[KAR 84] Karttunen,L.: *Features and Values*, in: Proceedings of the Tenth
International Conference on Computational Linguistics: CO-
LING 84, Stanford

[KAS 87] Kasper,R.: *A Unification Method for Disjunctive Feature Descriptions*, in: ACL-
Proceedings, 1987

[SHI 85] Shieber,S.M: *An Introduction to Unification-Based Approaches to Grammar*, Tutorial Session at the 23rd Annual Meeting of the ACL, Chicago,
1985

IN DIESEM TON LASSE ICH NICHT MIT MIR REDEN!
Einige psychologische Überlegungen zu Aufforderungsinteraktionen
zwischen Mensch und Computer

Joachim Grabowski-Gellert
Universität Mannheim, Lehrstuhl Psychologie III
Schloß EO, 6800 Mannheim

Summary. This article provides description of a number of experimental and field studies on request production, carried out by members of the Mannheim Research Group on Speech and Cognition. The results concern the following aspects: (a) Which dimensions are relevant in speakers' cognitions to select a specific variant of request? (b) Which combinations of specific values on these dimensions form typically occuring types of request situations? (c) What are typical request structures speakers use in the situations above? (d) What about the interaction of verbal and nonverbal components in requesting?

At every step of these explanations the relevance and applicability of the theoretical assumptions and reported findings to natural language processing (mainly production) in dialog systems are discussed critically.

In summary the results are organized in a flow chart, wherein (verbal and nonverbal) variants of requests can be determined and selected depending on the prevailing values of situational parameters.

1. Fragestellung: Pragmatische Aspekte natürlich-sprachlicher Simulation

Im Vergleich zur Gesamtmenge des am Menschen beobachtbaren Verhaltens, das die Psychologie zu beschreiben und zu erklären versucht, stellt sprachliches Verhalten nur einen geringen Ausschnitt dar (Herrmann, 1985). Ein Bereich, in dem kommunikatives Verhalten eine wichtige Rolle spielt, und der bislang unter sprachpsychologischen Aspekten kaum Betrachtung fand, ist der Bereich der Arbeitswelt. Führungstätigkeit beispielsweise besteht nach Jablin (1979; vgl. auch Baskin & Aronoff, 1980) zu 75% bis 90% aus interaktiver, dyadischer Kommunikation. Neuberger (1984) kommt nach Durchsicht zahlreicher Untersuchungen aus den Jahren 1956 bis 1982 zu dem Ergebnis, daß Vorgesetzte die größte Zahl von Kontakten mit ihren Untergebenen haben, diese Interaktionen meist face-to-face oder per Telefon stattfinden und selten länger als drei Minuten dauern (s. Winterhoff-Spurk & Herrmann, 1987). Ein Großteil solcher kommunikativer Interaktionen besteht in der Realisation von direktiven Sprechhandlungen, also Äußerungen des Bittens, Befehlens, Anordnens oder Aufforderns (Mahoney, Jerdee & Carroll, 1965; Winterhoff-Spurk, Geißler & Grabowski-Gellert, 1987). (Zur Verwendung der Bezeichnung *Aufforderung* als Oberbegriff s. Liedtke, 1981.)

Nun hat sich im Rahmen zunehmender Technisierung ein Teil dieser Kommunikationsabläufe auf die <u>Interaktion mit Computern</u> verlagert. (Im Zuge dieser Entwicklung sind teilweise auch zusätzliche Kommunikationsaufgaben entstanden.) Besonders bei der Benutzung interaktiver Software, auch bei der Bedienung eines Betriebssystems im Dialog besteht ein Großteil der Kommunikation aus Anweisungen und Aufforderungen, und zwar wechselseitig: von der Maschine an den Benutzer (z. Bsp.: TO START PROGRAM PRESS ANY KEY) wie auch vom Benutzer an den Rechner ("Kommandos", z. Bsp. COPY BERICHT.ALT MAKULA.TUR). Diese Interaktion vollzieht sich oft unter Verwendung natürlichsprachlicher Symbole (vor allem des Englischen).

Ein Ziel bei der Gestaltung von Mensch-Maschine-Systemen kann nun darin liegen, daß sich nicht der Benutzer den - künstlichen - Gepflogenheiten der Maschine anpassen muß, sondern daß funktionalen Oberflächen des Rechners 'humane Züge' verliehen werden. Damit ist freilich noch nichts darüber ausgesagt, welche der sinnlichen Erfahrung zugänglichen Merkmale des Computers als funktional betrachtet werden: Aus der - in der westlichen Welt ziemlich absurden - Annahme beispielsweise, die optische Fassade einer Maschine erleichtere den kommunikativen Umgang mit ihr in dem Maße, in dem sie einem Menschen ähnlich sieht, würde das Ziel resultieren, dem Gehäuse etwa die Form eines Kopfes zu verleihen. Im gegenwärtigen Zusammenhang soll nur eine Klasse kommunikativ funktionaler Oberflächeneigenschaften des Computers betrachtet werden: Die Simulation des Produzierens und Verstehens natürlicher Sprache. Dabei wollen wir das Kriterium einer adäquaten Simulation so weit fassen, daß nicht nur Syntax und Semantik keinen Regeln der Sprachnorm widersprechen, sondern darüber hinaus alle (oder zumindest einige der) jeweils <u>pragmatisch</u> relevanten Dimensionen berücksichtigt werden. Gerade für den Bereich der Aufforderungen, d.h. der Sprechhandlungen, die den angesprochenen Partner zu einer Handlung veranlassen sollen, hat sich im Rahmen sprachpsychologischer Forschungsarbeiten gezeigt, daß Varianten der sprecherseitigen Gestaltung von Äußerungen oft funktional motiviert sind. (Oder in anderer Terminologie: daß nicht nur der Weltbezug, sondern auch Sprecher- und Adressatenbezug die Ausgestaltung von (Aufforderungs-)Äußerungen determinieren; vgl. Bühler, 1934; Habermas, 1981; Herrmann, 1982.)

In einer sehr einfachen Unterscheidung beschreiben Miller, Galanter & Pribham (1973, S. 57) zwei mögliche Wege, einen Rechner zu einem Ziel zu führen: (a) "Jeder Weg zur Erreichung meines Zieles ist mir recht, aber je einfacher er ist, um so besser" (-> Künstliche Intelligenz); (b) "Ich will, daß der Computer die Arbeit so ausführt, wie Menschen sie tun würden, auch wenn es nicht nach der wirksamsten Methode aussieht" (-> Simulationsproblem). Diese programmleitenden Vorgehensweisen, die die Autoren auf die inhaltliche Bearbeitung von Aufgaben beziehen, können ebenso für die (Meta)Ebene der Kommunikationsoberfläche unterschieden werden. Wir befassen uns dabei mit dem zweitgenannten Weg. Es soll jedoch nicht ausgeschlossen werden, daß sich unter bestimmten Bedingungen, beispielsweise wenn Experten hoch abstrahierte Funktionen in Gang setzen wollen, gerade künstlich-sprachliche Symbole und Syntagmen als funktional erweisen können (vgl. Schraagen, 1986, S. 12ff.).

Im vorliegenden Beitrag werden also Aspekte der Simulation funktional-pragmatischen Aufforderns bei der sprachlichen Interaktion zwischen Computern (im Zustand geladener Software) und Benutzern diskutiert. Der Schwerpunkt liegt dabei auf der <u>Produktion</u> von Aufforderungen. Dabei beziehen wir uns auf eine sprachpsychologische Theorie des Aufforderns (Herrmann, 1982, 1985 u.a.), innerhalb derer auch die situative Determination von Äußerungen berücksichtigt wird. Diese Theorie wird in Abschnitt 2. kurz referiert; Untersuchungen zur empirischen und ökologischen Validierung dieser Konzeption werden exemplarisch dargestellt. In Abschnitt 3. stellen wir Befunde vor, die sich ergeben, wenn über den verbalen Teil einer Aufforderung hinaus auch nonverbale Komponenten berücksichtigt werden. Schließlich (4.) fassen wir alle bislang vorliegenden Befunde in Form eines (prinzipiell programmierbaren) Systems zur Produktion funktionaler Aufforderungsvarianten zusammen.

2. Funktionales Auffordern

2.1. Theoretische Vorklärungen

Nach sprechakttheoretischen Ansätzen können Aufforderungen nur
dann als Aufforderungen gelten, wenn sie bestimmte Bedingungen
(bei Searle (1971): preparatory und sincerity conditions) erfüllen: Der Sprecher wünscht, daß die von ihm geforderte Handlung
ausgeführt wird, und er unterstellt, daß sie noch nicht ausgeführt
ist. Er muß ferner annehmen, daß der Hörer in der Lage ist, die
Handlung auszuführen, daß der Hörer prinzipiell dazu bereit ist,
und daß dieser die Handlung nicht auch ohne die Aufforderung ausführen würde (Engelkamp, 1976, S. 61; s. Austin, 1962; Wunderlich,
1976; 1983; vgl. auch Gordon & Lakoff, 1971; Harras, 1983, S.
188ff.).

Aus der Sicht der Sprachpsychologie sollte sich eine Theorie
des Aufforderns jedoch nicht - wie in dem oben genannten und
weiteren linguistischen Ansätzen (vgl. Ervin-Tripp, 1977; Gibbs,
1981; House & Kasper, 1981) - (nur) aus einer sprachlichen bzw.
logischen Norm ableiten, sondern Kognitionen und Verhaltensweisen
von Individuen zum Ausgangspunkt nehmen und hier ihren empirischen
Gehalt einzulösen versuchen. Das impliziert nicht, daß dazu notwendigerweise substantiell andere Parameter, Bedingungsklassen
etc. gefunden oder herangezogen werden müssen (schließt es aber
auch nicht aus, wie bei der systematischen Berücksichtigung der
sprecherseitigen *Legitimation*); vielmehr unterscheiden sich die
theoretischen Bedeutungen (Gehalte) der jeweils konzeptualisierten
Parameter und die Art ihrer Einbindung in die theoretische Gesamt-
konzeption.

Ist es überhaupt erlaubt, sprachliche Phänomene, die bei
Interaktionen zwischen Mensch und Computer auftreten, als
Aufforderungen zu bezeichnen? Es erscheint in diesem Zusammenhang
müßig zu diskutieren, inwieweit ein Computer handeln kann oder ob
einem Softwareprogramm oder einem Rechner im Status der Ausführung
eines Programms intentionale Prädikate wie *wollen*, *bereit sein*
etc. zugeschrieben werden dürfen (vgl. Dennett, 1978; Searle,
1980). Für unsere Zwecke sollen hinsichtlich der oben genannten
Bedingungen für Aufforderungen folgende Annahmen genügen: Ein Benutzer kann davon ausgehen, daß der Computer eine definierte Funktion ausführen kann und diese Funktion ohne entsprechende Anwei-

sung nicht ausführen wird. Der Aspekt der *Bereitschaft* wird weiter unten diskutiert. Andererseits kann bei Aufforderungen des Computers (in der Rolle des Sprechers) das "Wünschen" so beschrieben werden, daß die geforderte Benutzerhandlung eine notwendige Bedingung für das Initiieren oder Fortführen einer Funktion des Rechners darstellt. Für den möglichen Sonderfall, daß eine Handlung bereits ausgeführt ist (bzw. ein Soll-Zustand bereits erreicht ist), ohne daß dies sprecherseitig repräsentiert ist - etwa, wenn die Botschaft 'unterwegs' verloren ging - sehen wir keine qualitativen Unterschiede zwischen Mensch-Mensch- und Mensch-Maschine-Interaktionen; in beiden Fällen liegt das Problem in der Definition der kritischen Rezeptoren. (Habe ich jemanden gegrüßt, wenn er es nicht bemerkt hat?)

2.2. Varianten von Handlungsaufforderungen

Nach der Sprachproduktionstheorie von Herrmann (1982) verfügt ein Sprecher über spezifisches Aufforderungswissen. Dieses Wissen läßt sich als kognitives Schema beschreiben, in dem die Bedingungen des Aufforderns als eine partielle Implikationsstruktur von zehn Einzelkomponenten repräsentiert sind. Dieses kognitive Aufforderungsschema besteht aus folgenden Elementen:

1. Sprecher S präferiert einen Zustand E gegenüber einem Zustand non-E.
2. S unterstellt, daß non-E vorliegt.
3. S will E.
4. S unterstellt, daß P (Partner) eine Handlung A ausführen kann.
5. S unterstellt, daß P A ausführen will.
6. S will, daß P A ausführt.
7. S unterstellt, daß es eine Regel R (soziale Norm, Konvention) gibt, nach der ein X einem Y gegenüber berechtigt ist, die Ausführung von A zu verlangen.
8. S unterstellt, daß S ein X ist.
9. S unterstellt, daß P ein Y ist.
10. S will P zu A verpflichten.

Dieses Schema dient dem Sprecher zu zweierlei: Zum einen ist er dadurch in der Lage, eine gegebene Konstellation als Aufforderungssituation zu interpretieren, zum anderen dient dieses kognitive (vorsprachliche) Schema als propositionale Basis seiner Aufforderungsäußerung. Dabei verbalisiert der Sprecher natürlich nicht die gesamte Struktur, sondern wählt einzelne Elemente aus und enkodiert unter lexikalischen, syntaktischen und prosodischen Gesichtspunkten eine verbale, beobachtbare Äußerung einer Einzelsprache. Dieses Prinzip, das Herrmann (1979, 1982) 'Pars-pro-toto-Prinzip' nennt, beinhaltet, daß das vom Sprecher Gemeinte immer mehr ist als das Gesagte. Die verbalen Realisationen der einzelnen Einträge dieses kognitiven Aufforderungsschemas können zu den folgenden Gruppen zusammengefaßt werden:

E-Aufforderungen: In ihnen thematisiert der Sprecher sein primäres Handlungsziel (1. - 3.). Beispiele: "Ich habe Durst."; "Ich hätte gern einen Kaffee."
A-Aufforderungen: In ihnen thematisiert der Sprecher sein sekundäres Handlungsziel, die Ausführung durch den Hörer (4. - 6.). Beispiel: "Sie könnten mir einen Kaffee kochen."; "Ich hätte gern, daß Sie mir einen Kaffee kochen."
V-Aufforderungen: Mittellegitimation: (7. - 9.). Beispiel: "Ich kann von meiner Sekretärin doch wohl erwarten, daß sie mir einen Kaffee kocht."
I-Aufforderungen: Mittelwahl (Imperative). Beispiel: "Kochen Sie mir jetzt einen Kaffee."

Etwa 95% der in einer Reihe von experimentellen Erhebungen und Feldstudien (z.B. Winterhoff-Spurk, Herrmann & Weindrich, 1986) beobachteten Aufforderungsäußerungen können mit dieser Taxonomie klassifiziert werden. Mangold & Herrmann (1984) beschreiben ein Verfahren zur maschinellen Klassifikation syntaktisch einfacher (Ein-Satz-)Aufforderungen. Das Programm ordnet eingegebene Aufforderungen den Komponenten des oben vorgestellten Sprechhandlungsplans zu. Die Klassifikation erfolgt durch Identifikation von Schlüsselwörtern auf der Satzoberfläche. Diese key-words werden - in der eingegebenen Wortfolge - anhand eines Lexikons durch Indizes substituiert. Es folgt ein Prozeß des Mustervergleichs, in dem die Indexfolge mit wenigen vorgegebenen Aufforderungsmustern verglichen wird. Für den Aufforderungsinhalt "Am Zeitungskiosk einen *SPIEGEL* verlangen" ergab sich eine Zuordnungsobjektivität des Verfahrens zwischen 89% und 92%.

Ein solches - relativ einfaches - maschinelles Klassifikationssystem erlaubt nicht nur die Zuordnung sprachlichen Inputs zu einer der Varianten, sondern kann in bestimmtem Umfang auch zwischen Aufforderungen und bloßen Feststellungen unterscheiden ("Ich hätte gern eine Kopie der Datei IBM.1" vs. "Ich habe eine Kopie der Datei IBM.1"). Darüber hinaus führen Mangold & Herrmann (1984) mit Verweis auf die Diskussion bei Frazier & Fodor (1978) an, daß das Verstehen sprachlicher Äußerungen (hier als die Zuordnung von Aufforderungen zu Elementen der kognitiven Aufforderungsstruktur interpretiert) nicht notwendigerweise schon in einer ersten Phase komplexe Analysen notwendig macht. Dies gilt jedoch sicherlich nur für Aufforderungsinhalte, die sowohl im Bereich des Lexikons als auch der Varianz in den gewählten Aufforderungskonstruktionen in überschaubaren Grenzen bleiben. Innerhalb dieses Rahmens allerdings könnte ein Programm natürlichsprachliche Eingaben verstehen und wäre, infolge der beschriebenen Verfahrensweise, sogar partiell gegen typographische Eingabefehler immun.

Ersichtlich fallen unter die genannten Klassen auch indirekte Aufforderungen. Hier ist eine fehlerfreie Verarbeitung jedoch zumindest dadurch bedeutend erschwert, daß indirekte Aufforderungsformulierungen oft hinsichtlich ihrer Illokution mehrdeutig sind. Mit der Eingabe "Kannst Du die Datei IBM.1 unter gleichem Namen ins Laufwerk A kopieren?" kann beispielsweise sowohl eine Aufforderung gemeint sein als auch eine echte Informationsfrage (etwa nach den dazu notwendigen Bedingungen: Gibt es eine Datei IBM.1 und gibt es im Laufwerk A nicht schon eine Datei gleichen Namens?). Da beide Lesarten - Programmaufruf wie Statusabfrage - gleichermaßen sinnvoll sind, würde selbst eine komplett installierte Repräsentation des Grice'schen Kooperationsprinzips (1979) und dessen Maximen keine Abhilfe schaffen. Allerdings könnte, wie im Falle zwischenmenschlicher Interaktion auch, eine solche Mehrdeutigkeit erkannt und zur Vereindeutlichung an den Sprecher zurückgewiesen werden. (Wobei der Benutzer dem Computer nach dessen Meldung "Ja, das kann ich. Soll ich es auch tun?" vermutlich ans imaginäre Schienbein tritt oder ihn zumindest einen Blödmann schilt.) Bei der Klassifikation von Mangold & Herrmann wurde - in für praktische Zwecke wahrscheinlich zu simpler Weise -

bereits vorausgesetzt, daß es sich bei allen zu klassifizierenden Sätzen um Aufforderungen handelt.

Wir wollen darauf hinweisen, daß es sich bei den vorgestellten Möglichkeiten, eine Aufforderung zu äußern, um Varianten des <u>propositionalen Gehalts</u> von Aufforderungsäußerungen handelt. Modifizierungen durch Einschub von Partikeln (*bitte*, *vielleicht*), Verwendung des Konjunktivs etc., die natürlich auftreten, ändern nichts an der klassifikatorischen Zuordnung.

2.3. Auswahl einer Komponente

Bis hierhin bleibt offen, nach welchen Gesichtspunkten Sprecher aus den zur Verfügung stehenden Aufforderungsvarianten ihre Auswahl vornehmen. Hier sind zumindest zwei Kriterien zu beachten, nach denen ein Sprecher seine Äußerung im Hinblick auf den Hörer gestaltet: <u>Informativität</u> und <u>Instrumentalität</u> (Grice, 1979; Herrmann, 1982, 1985). Ein Sprecher will nicht nur, daß der Hörer das von ihm Gesagte versteht, sondern auch, daß er die Ziele, die er mit der Äußerung verfolgt, erreicht. Die vorgestellten Varianten unterscheiden sich hinsichtlich ihrer Direktheit und damit in Bezug auf ihre (Un)Mißverstehbarkeit. I-Aufforderungen ("Kochen Sie jetzt Kaffee!") sind, wie auch explizit performative Konstruktionen, sehr direkt und können kaum mißverstanden werden. Insofern ist die Informativität dieser Äußerung für den Hörer voll gewährleistet. Da durch eine solche Äußerung der Handlungsfreiraum des Hörers eingeengt wird, entsteht jedoch zugleich die Gefahr der Reaktanzprovokation seitens des Hörers; statt der Aufforderung Folge zu leisten, geht der Hörer wortlos ab oder antwortet: "Wie reden Sie eigentlich mit mir?" (Zur Theorie der Reaktanz s. Brehm, 1966; Grabitz & Gniech, 1973; Wicklund, 1974). Die - zwar maximal informative - I-Aufforderung beinhaltet also zugleich minimale Instrumentalität. Diesem Risiko kann der Sprecher dadurch begegnen, daß er seine Aufforderung in einer Weise manifestiert, daß sie einerseits zwar den Partner zur Ausführung der Handlung A bewegt, ihm andererseits aber - zumindest dem Anschein nach - die Entscheidung darüber beläßt, ob und wie er die Äußerung des Sprechers verstehen und befolgen will. Dies kann durch Wahl einer indirekten E-Aufforderung gelingen ("Ich habe großen Durst."). Dadurch entsteht jedoch, nun bei maximaler Instrumentalität, das

Risiko, daß der Partner die Äußerung tatsächlich oder vorgeblich nicht als Aufforderung, sondern als Behauptung oder Mitteilung versteht (und antwortet "Schon wieder?" oder "Ich auch.") Direkte I-Aufforderungen gehen somit mit einem Maximum an Informativität bei gleichzeitigem Minimum an Instrumentalität einher, während indirekte E-Aufforderungen ein Maximum an Instrumentalität bei gleichzeitigem Minimum an Informativität haben.

Hier zeigt sich, daß das Verstehen und das Produzieren natürlicher Sprache beim Computer keine komplementären Prozesse sind. Sowie das System einen Input versteht (und die notwendigen Randbedingungen vorliegen), war der Benutzer erfolgreich: Funktionalität und Identifizierbarkeit von Aufforderung und Aufforderungsinhalt fallen zusammen. Andersherum: Die Ausführung einer 'Handlung' des Computers hängt allein davon ab, daß das Kriterium der Informativität erfüllt ist. Der an den Benutzer gerichtete Output garantiert jedoch, wenn sein Inhalt und sein Aufforderungscharakter verstanden wird, deshalb noch nicht, daß der aufgeforderte Benutzer das Gewünschte ausführt. Ist das der Grund, weshalb Maschinen gegenüber dem Menschen für effizienter gehalten werden? - gleichwohl wäre ein System programmierbar, das etwa folgenden Output erzeugt: "Ich verstehe sehr wohl, daß Du mit COPY AUFF.1 AUFF.2 meinst, ich solle die Datei AUFF.1 einmal kopieren und diese Kopie AUFF.2 nennen. Aber in diesem Ton lasse ich nicht mit mir reden. Wenn schon, dann PLEASE COPY!"

Im Siemens BS 2000 beispielsweise sind Aufforderungen des Betriebssystems an den Benutzer dann mit *PLEASE* versehen, wenn der Benutzer noch keine Funktion initiiert hat und das System ihm (gleichsam infolge eines bis dahin undifferenzierten Partnermodells) Möglichkeiten nur anbieten kann (PLEASE ENTER NET COMMAND; PLEASE ACKNOWLEDGE).

2.4. Situative Determination

Nach den Überlegungen des vorigen Abschnitts läge die optimale Strategie in der Verbalisation einer Aufforderung mittlerer Direktheit, also einer A-Aufforderung. Nun zeigt sich aber, daß diese Variante nicht in allen Situationen ausschließlich oder bevorzugt verwendet wird. Aufforderungsvarianten sind demnach nicht per se instrumentell, vielmehr variiert ihre Funktionalität in Abhängigkeit von situativen Charakteristika.

Um Aufschlüsse darüber zu bekommen, welche Variablen von Sprechern in Aufforderungssituationen berücksichtigt werden, ließen Winterhoff-Spurk, Mangold & Herrmann (1982) Versuchspersonen den kognitiven Weg von einer Ausgangssituation zu einer vorgegebenen Äußerung rekonstruieren. Ein Beispiel: "Der Student S sitzt in der Vorlesung. Er sagt zu seinem Nachbarn: Mich stört dein Zigarettenqualm." Aufgabe war, den fehlenden Teil der Geschichte einzubauen - wie es zu dieser Äußerung kommt. Die Autoren fanden, daß die Versuchspersonen im wesentlichen die folgenden vier spezifischen Situationsparameter rekonstruierten: sprecherseitige Dringlichkeit des Handlungsziels (DRIN), Legitimation des Sprechers zur Aufforderung (LEG), sprecherseitig kognizierte Bereitschaft des Hörers (BER), der Aufforderung nachzukommen, sowie Fähigkeit des Hörers, die Aufforderung zu befolgen (KÖN). Diese Parameter können jeweils die Ausprägung '+' (hoch) oder '-' (gering) haben. (Liegt ein Merkmal nicht vor, so fordert ein Sprecher nicht auf.) Nach diesen Befunden können Aufforderungssituationen nach dem Vorliegen spezifischer Kombinationen von Ausprägungen der vier Parameter DRIN, LEG, BER und KÖN klassifiziert werden.

Dabei ist besonders zwischen drei Situationsklassen zu unterscheiden (empirische Stützung bei Herrmann, 1982; Winterhoff-Spurk & Frey, 1983; Herrmann, Winterhoff-Spurk, Mangold & Nirmaier, 1984; Winterhoff-Spurk, 1985; Grabowski-Gellert & Winterhoff-Spurk, 1986a,b; Winterhoff-Spurk & Grabowski-Gellert, 1987b): In <u>Standardsituationen</u> können Sprecher mit hoher Wahrscheinlichkeit davon ausgehen, daß LEG+, BER+ & KÖN+ vorliegen. Beispiele für solche Situationen sind der Kauf einer Zeitung am Zeitungskiosk oder routinisierte betriebliche Anweisungen eines Vorgesetzten. In <u>reaktanzgefährdeten Standardsituationen</u> ist der Sprecher ebenfalls hoch legitimiert, geht jedoch mit hoher Wahrscheinlichkeit davon aus, daß der Hörer zur Ausführung des Geforderten nur wenig Bereitschaft zeigt. Darunter fallen beispielsweise Führerscheinkontrollen oder unangenehme Anweisungen eines Vorgesetzten. In <u>Nichtstandardsituationen</u> hat der Sprecher keine gesicherten Annahmen über die Ausprägung der Parameter; dies ist z.B. der Fall, wenn man einen Passanten nach dem Weg oder der Uhrzeit fragt oder jemanden um einen Gefallen bittet.

2.5. Welche Aufforderung in welcher Situation: empirische Befunde

Im folgenden werden zwei der Untersuchungen zur situativen Determination der Wahl einer Aufforderungsvariante vorgestellt. Die dargestellten - und weitere - Befunde werden in Abschnitt 4. systematisch zusammengefaßt.

In einem <u>Detektiv-Experiment</u> (Herrmann, 1982) - einem experimentellen Zwei-Personen-Spiel in der Art des bekannten Monopoly - befanden sich die Spielpartner (144 männliche Versuchspersonen zwischen 16 und 23 Jahren) in der Rolle von Detektiven, die Aufträge auszuführen hatten. Durch eine von der Versuchsperson nicht bemerkte Manipulation kam diese in die Lage, ihren Partner (einen Konfidenten des Versuchsleiters) sprachlich zur Hergabe einer Spielpistole auffordern zu müssen. Die partnerseitige Bereitschaft zur Hergabe wurde dadurch variiert, daß der Partner die Pistole in einer Bedingung des Experiments selbst benötigte (= BER$^-$), während er sie in einer anderen Bedingung nicht selbst benötigte (= BER$^+$). Die Legitimation wurde durch unterschiedliche Besitzverhältnisse variiert: Bei hoher Legitimation gehörte die Pistole dem Sprecher, der sie vorher seinem Partner ausgeliehen hatte, während sie bei niedriger Legitimation dem Partner gehörte. Es zeigte sich, daß bei BER$^-$ & LEG$^+$ nur 32% der Versuchspersonen A-Aufforderungen produzierten; es dominierten die V- und I-Varianten. Bei BER$^-$ & LEG$^-$ stieg der Anteil der A-Aufforderungen hingegen auf 68%. (Der Unterschied ist statistisch signifikant.) Bei hoher Bereitschaft wurden unabhängig von der Ausprägung der Legitimation überwiegend A- und E-Aufforderungen verbalisiert.

Bei der Feldstudie an einem <u>Zeitungskiosk</u> (Winterhoff-Spurk & Frey, 1983) wurden die Aufforderungen zum Verkauf von Zeitungen an die Verkäuferin unbemerkt registriert. Dabei interpretierten die Autoren den Kauf einer gängigen Zeitschrift zu einem üblichen Zeitpunkt als Standardsituation, wurden hingegen ungewöhnliche Zeitungen (z.B. Fachzeitschriften oder regional entferntere Blätter) und/oder Produkte zu ungewöhnlichen Zeitpunkten verlangt (z.B. der SPIEGEL, der montags erscheint, schon am Sonntagabend), so wurde nach den obenstehenden Überlegungen vom Vorliegen einer Nichtstandardsituation ausgegangen. Von den 452 Aufforderungen in der Standardsituation waren 374 Ellipsen ("Den SPIEGEL, bitte") und 59 E-Aufforderungen, aber nur 12 A- und 7 I-Aufforderungen. In der Nichtstandardsituation hingegen standen nur 12 Ellipsen und zwei E-Aufforderungen 58 A-Aufforderungen gegenüber. Mit einer ähnlichen Untersuchung am <u>Fahrkartenschalter</u> (= Standardsituation) fanden die Autoren bei 250 Äußerungen 199 Ellipsen, 50 E-Aufforderungen, nur eine A- und keine V- oder I-Aufforderung.

Bei der hier vorgestellten Klassifikation von Aufforderungsvarianten finden nur einfache ("Ein-Satz"-)Aufforderungen Berücksichtigung. Solche Aufforderungen treten in der Tat auch in vielen Fällen auf. In unseren laufenden Untersuchungen, in denen wir zunehmend mehr relevante Situationsparameter berücksichtigen, zeigt sich jedoch, daß Sprecher ihre Aufforderung auch in anderen als den hier dargestellten Richtungen variieren. Grabowski-Gellert & Winterhoff-Spurk (i. Dr.) ließen Versuchspersonen in einem Rollenspiel als Abteilungsleiter ihre Sekretärin dazu auffordern, ihnen einen Kaffee zu kochen. Dabei sollte die Aufforderung in einem Satz erfolgen. Unter der Bedingung, in der der Sprecher wußte, daß die Sekretärin (eine eingeweihte Mitspielerin) dies auch gerne tut (= BER[+]), produzierten die Probanden auch jeweils einfache Äußerungen. Mußten die Probanden jedoch davon ausgehen, daß die Sekretärin nur ungern Kaffee kocht, veränderten sich ihre Äußerungen in zweierlei Hinsicht: Entweder bauten sie syntaktisch komplexere Konstruktionen ("Es wäre sehr freundlich von Ihnen, wenn Sie mir eine Tasse Kaffee kochen könnten."), oder sie übertraten die Einschränkung der Einsatzaufforderung und produzierten Äußerungssequenzen ("Das war aber ein anstrengender Tag heute. Könnten Sie mir einen Gefallen tun? Ich hätte jetzt gern einen Kaffee.") Dabei zeigten sich zwischen den beiden Parameterkonstellationen signifikante Unterschiede. Unter einer anderen Bedingung hatten die Versuchspersonen die Aufforderung über eine Wechselsprechanlage zu äußern. Das führte zu ähnlichen Äußerungen wie unter der BER[-]-Bedingung. In kommunikativ "schwierigen" Situationen nehmen Personen also auch andere Varianten zu Hilfe als einfache Äußerungen unterschiedlicher Direktheit (vgl. Mikula, 1978). Die Auffüllung von Aufforderungssätzen durch (Höflichkeits-)Partikel wie "bitte", "noch", "jetzt" erscheint dagegen als beliebig.

2.6. Technisierte Kommunikation

Ist die eingangs getroffene Aussage, nach der sich kommunikative Abläufe mit dem Computer bei entsprechender Zielsetzung prinzipiell an natürlicher Kommunikation zwischen menschlichen Interaktanten orientieren können, überhaupt haltbar? Sicherlich kann eine Maschine alles simulieren, wenn sie nur gut genug konstruiert und programmiert ist; sowie das sprachliche Aufforderungsverhalten beim Menschen hinreichend beschrieben und erklärt ist, kann es auch 'nachgebaut' werden. Aber gestalten denn Menschen ihren kommunikativen Umgang mit technischen Apparaten nach denselben Mustern, wie sie in natürlichen Face-to-face-Interaktionen gelten?

Fragestellungen dieser Art sind bislang weitgehend ungeklärt (Williams, 1977); zugleich wurden jedoch viele Stimmen laut, die eine Verschlechterung, Verarmung etc. der Kommunikation schlechthin infolge zunehmender Technisierung vorhersagen. In einem Pilotexperiment stellten Grabowski-Gellert & Harras (1988) fünf alte (Face-to-face, Telefon, Brief) und neue (Bildtelefon, Bildschirmschreiber) Kommunikationskanäle bereit. 25 Teilnehmerinnen, je Bedingung fünf, sollten im Rahmen eines Rollenspiels über jeweils einen der Kanäle eine eher schwierigere Kommunikationsaufgabe bewältigen: Sie sollten eine gute Bekannte (eine Konfidentin des Versuchsleiters) dazu auffordern, mit ihrem Auto zu einer bestimmten Uhrzeit zur Universität zu kommen, sie dort abzuholen und sie zu einer außerhalb gelegenen Werkstatt zu fahren, wo die Probandin ihr eigenes Auto nach erfolgter Reparatur wieder abholen möchte. Textanalysen mithilfe kognitiv begründeter (sprechakttheoretischer und textfunktionaler) Kategorien ergaben keine Unterschiede zwischen den On-line-Kanälen (d.h. mit Ausnahme von Brief); auch nicht im Vergleich zur Face-to-face-Bedingung. Als einzige Einschränkung fanden wir, daß das kanalspezifische Turn-Taking geregelt sein muß und die Kanalstrecke für die Teilnehmer vertraut und/oder nachvollziehbar ist. Dieses Ergebnis gilt auch für die Bildschirmschreiber-Anordnung, die im Grunde mit einem Computerbildschirm im Dialogbetrieb identisch ist (wobei ein menschlicher Textproduzent 'dahinter steckt').

Nach diesen Befunden erscheint eine nicht nur syntaktisch-semantische, sondern auch pragmatisch-instrumentelle Modellierung natürlicher sprachlicher Interaktion auch in dialogischen Mensch-Computer-Systemen durchaus als angezeigt. In der Screen-writer-

Bedingung gaben die Versuchspersonen an, daß sie - trotz der on-line-Kommunikation - nicht entscheiden könnten, ob die auf dem Bildschirm erscheinenden Kommunikationsbeiträge wirklich von einem on-line kommunizierenden Menschen stammen oder der Output eines guten Konversationsprogrammes seien. Auch dies spricht im hier dargestellten Zusammenhang <u>für</u> die maschinelle Outputgestaltung nach supra-semantischen Kriterien.

3. Nonverbale Komponenten des Aufforderns

Die bisher dargestellten Befunde beziehen sich ausschließlich auf die Gestaltungsmöglichkeiten des <u>verbalen</u> Teils von Aufforderungsäußerungen. Dies steht im Einklang mit den Darstellungsweisen rezenter Sprachproduktionstheorien (etwa Butterworth, 1980; Levelt, 1985; Schlesinger, 1977), die das Verbale auch in funktionaler Hinsicht als die entscheidende Determinante beim Kommunizieren ansehen und nonverbalen Äußerungsweisen eher abtönende, modifizierende Funktionen zuweisen (s. Winterhoff-Spurk & Grabowski-Gellert, 1987b). Für die umfassenden kommunikativen Vorgänge der Eindrucksbildung, Personenwahrnehmung, interpersonalen Attraktion, Bewerberauswahl oder Zuschreibung von Führungseigenschaften zeigten jedoch Untersuchungen von Sozialpsychologen (Knapp, 1983; Patterson, 1983; Scherer, 1982; Scherer & Ekman, 1982; Zosel, 1982), Ethologen (Grammer, 1985) und Sprachwissenschaftlern (Bolinger, 1980), daß auch das nonverbale Kommunikationsverhalten große funktionale Bedeutung einnimmt.

Winterhoff-Spurk & Grabowski-Gellert haben den Zusammenhang von verbalen und nonverbalen Komponenten beim Auffordern, hier besonders <u>Lächeln</u> und <u>Intonationsverlauf</u>, zunehmend auch Kopf- und Körperhaltung, in einigen Experimenten untersucht, deren Ergebnisse im folgenden kurz beschrieben werden. In der zusammenfassenden Darstellung aller Ergebnisse in Abschnitt 4. werden dabei nur die Befunde zur Intonationsvariation berücksichtigt werden; ein zukünftiger Fortschritt für die Kommunikation zwischen Computer und Benutzer dürfte darin liegen, die Verwendung von natürlicher Sprache nicht nur schriftlich, sondern auch vokal zu gestalten.

N = 124 Versuchspersonen wurden per Videoband Äußerungen zur Beurteilung vorgegeben (Winterhoff-Spurk & Grabowski-Gellert, 1987a; Grabowski-Gellert & Winterhoff-Spurk, 1986a,b), die aus je drei unterschiedlichen Aufforderungsvarianten (verbal), drei Intonationsmustern und drei Lächelvariationen bestanden und in unterschiedliche situative Kontexte eingebettet waren (vgl. 2.4.). Beurteilungskriterien für diese 3x3x3=27 Äußerungen waren Ratings zur Verwendungswahrscheinlichkeit und Direktheit (sprecherseitig) sowie zur Befolgenswahrscheinlichkeit und -motivation (hörerseitig). Eine Anwendung von Conjoint-Measurement-Verfahren ergab eine (partiell) multiplikative Verknüpfung zwischen den Variablen als beste Modellanpassung; d.h. zwischen verbalen und nonverbalen Komponenten besteht eine funktionale Interaktion. Das spricht gegen die Annahme einer lediglich abtönenden Wirkung nonverbaler Komponenten. Darüber hinaus zeigte sich, daß besonders der Intonationsverlauf auf allen vier Bewertungsdimensionen den größten Einfluß hatte.

Für diese Variable der Satzintonation (unter Mißachtung des Wortakzents) unterscheiden wir zwischen drei Verläufen: Bei der Aussageintonation liegt ein ausgeglichenes Level der Grundfrequenz (F_0) vor, ohne besondere positive oder negative Steigungen. Frageintonation ist gekennzeichnet durch ein Ansteigen der F_0 am Satzende. Bei der Befehlsintonation fällt die Tonhöhe vom Satzanfang zunehmend ab und erreicht am Satzende ihren Tiefpunkt. Diese Variante geht mit stärkerer Lautstärke einher. Nach unseren Ergebnissen ist besonders zu beachten, daß die Ausgestaltung einer Äußerung mit einer Intonationsstruktur in weiten Grenzen beliebig ist; es ist nicht etwa so, daß zu einem bestimmten Satzbau auch nur annähernd fixe Betonungsregeln existieren (vgl. Klein, 1980). Diese Ergebnisse konnten in einem weiteren Experiment untermauert werden (Winterhoff-Spurk & Grabowski-Gellert, 1987b). Die Annahme untergeordneter Funktionen nonverbaler Äußerungskomponenten, wie sie in vielen Sprachproduktionstheorien besteht, muß nach diesen Befunden zurückgewiesen werden. Das besondere Gewicht der Intonation läßt eine auch vokale Simulation sprachlicher Kommunikationsprozesse wünschenswert erscheinen.

Auch in den Experimenten, in denen nonverbale Komponenten berücksichtigt wurden, zeigte sich wiederum, daß die Wahl und Bewertung einer Äußerung in hohem Grade situationsabhängig erfolgt. Über die in Abschnitt 2.4. eingeführte Situationsvariation hinaus zeigte sich wiederholt der Befund, daß Personen offensichtlich auch Äußerungen befolgen würden, deren Verwendungsadäquatheit sie nicht besonders hoch einschätzen, dies dann jedoch nicht mit hoher Motivation. Wir führen das darauf zurück, daß Sprecher auch <u>situationsübergreifende</u> Ziele bei der Gestaltung ihrer Äußerung mitberücksichtigen. Deshalb haben wir in unseren Experimenten zunehmend auch diesen Aspekt systematisch variiert, indem wir unterscheiden zwischen Situationen, in denen dieselben Personen dieselben oder ähnliche Interaktionen immer wieder ausführen (z.B. betriebliche Anweisungen; Aufforderungen von Vorgesetzten) und Situationen, deren Wiederholbarkeit keine Rolle spielt (einen Passanten nach dem Weg fragen; einen Autofahrer dazu auffordern, sein Fahrzeug woanders abzustellen). In den erstgenannten Situationen wird ein Sprecher beispielsweise vermeiden wollen, daß der Hörer zu einer negativen Einschätzung seiner Person gelangt und unter Umständen in anderen, nicht eindeutig definierten Situationen geforderte Handlungen dann nicht mehr ausführt. Wir fanden, daß auch dieser Unterscheidungsaspekt zwischen Situationen die Produktion einer Äußerung determiniert.

Wir haben einige unserer Arbeiten zum Auffordern dargestellt und dabei besonders den Aspekt ihrer Anwendung für eine Simulation betont, welche die Produktion von Aufforderungsvarianten ermöglichen soll, die den empirischen Gegebenheiten entsprechen. Besonders für Aufforderungen in betrieblichen Interaktionen, sei es zwischen Menschen oder im Mensch-Computer-Dialog, halten wir die Kenntnis und Berücksichtigung der Determinanten funktionaler Äußerungen für wichtig. Hinsichtlich des grundlagenwissenschaftlichen Interesses, das wir mit unseren Untersuchungen gleichfalls verbinden, kommen wir zu folgender Schlußfolgerung: Die Produktion von Äußerungen ist ein <u>interaktiver Prozeß</u> der Planung und Ausführung verbaler und nonverbaler Äußerungskomponenten. Ausgangspunkt ist die zur Mitteilung anstehende sprachfreie Struktur (vgl. Herrmann, 1985); sie wird mit Hilfe <u>aller</u> für die Übermittlung zur Verfügung stehenden Äußerungsmodi ("Module") geäußert. (Bei einer Computersimulation sind dies *Wortwahl*, *Satzgestaltung* und ggf. *Intonationsverlauf*.) Wir halten dabei weder eine "verbal-first"- noch eine "nonverbal-first"-Auffassung des Zusammenhangs verbaler und nonverbaler Komponenten für zutreffend und schließen uns der Auffassung von einem <u>Konfigurationsmodell</u>, die Scherer, Ladd & Silverman (1984) vertreten, an, dessen situations- und sprechhandlungsspezifische Realisierungen (etwa für das Auffordern) im Detail zu untersuchen und zu beschreiben sind. Den <u>situationsspezifischen</u> Einfluß sehen wir beim Auffordern vor allem bei der Auswahl von Varianten der genannten (und sicherlich weiterer) Komponenten. Diese Auswahl erfolgt in Abhängigkeit der sprecherseitigen Kognitionen über situationsimmanente wie -übergreifende Zustände und Ziele, über soziale Konventionen, über Erfahrungen bei früheren Kommunikationsabläufen, über partnerseitige Dispositionen u.a.

4. Zusammenfassung der Befunde

Im folgenden System zur Produktion von Aufforderungsvarianten sind alle unsere bisherigen Befunde, soweit sie für eine Simulation im hier besprochenen Kontext relevant sind bzw. werden können, zusammengestellt; es enthält (nomologisch abgesicherte) Zusammenhangsannahmen von sprecherseitig (resp. computerseitig) kognizierten Situationsmerkmalen und verbalen sowie nonverbalen Äußerungskomponenten des Aufforderns. Es ist hinsichtlich der berücksichtigten determinierenden Variabeln vollständig; d.h. jede Abfrage führt zum Ziel. Ersichtlich behaupten wir nicht, daß das Ablaufschema irgendwelche zeitlichen Strukturen bei der Aufforderungsproduktion von Menschen abbildet. Auch enthält das System keine Spezifikation detaillierter sprachlicher Oberflächenstrukturen (Partikeleinschub, Verbmodus, Sprachschichtniveau). Ausgangspunkt ist die sprecherseitige Entscheidung, *sprachlich* zu handeln (und die gewünschte Handlung nicht etwa selbst auszuführen); nicht berücksichtigt werden darin diejenigen Fälle, in denen das Aufforderungs-Produktions-Programm vor einem erfolgten Output abgebrochen wird. Das ist im Rahmen der Herrmannschen Theorie zur Aufforderungsproduktion (1982) dann der Fall, wenn einer der aufforderungsrelevanten Parameter (LEG, BER, KÖN, DRIN) die Ausprägung Null erhält.

JEMANDEN ZU ETWAS AUFFORDERN

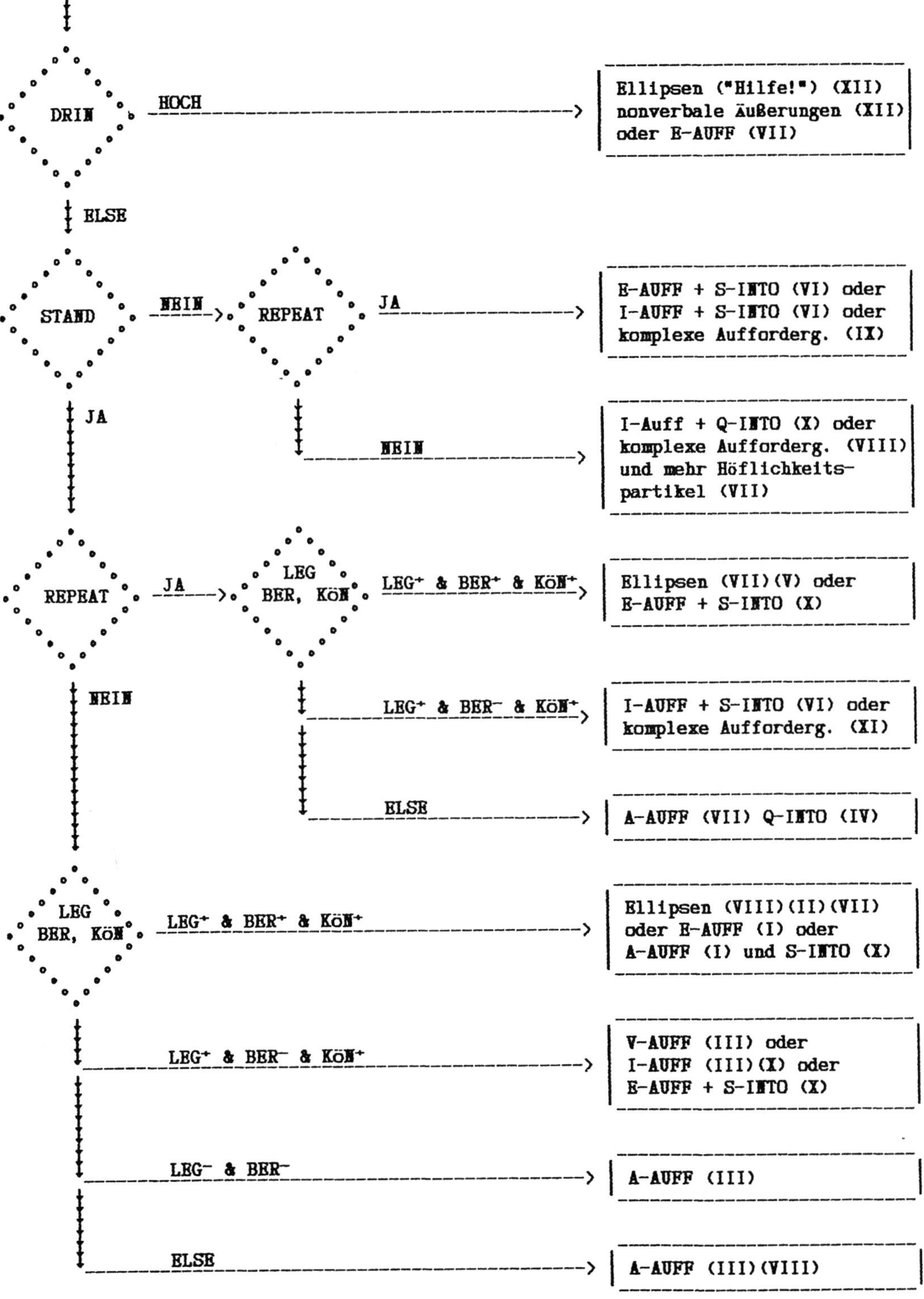

<u>Legende</u> (vgl. Text):
DRIN   = Sprecherseitige Dringlichkeit des Zielzustandes
LEG   = Sprecherseitige Legitimation zur Aufforderung
KÖN   = Hörerseitige Fähigkeit, die geforderte Handlung auszu-
         führen
BER   = Hörerseitige Bereitschaft, die Handlung auszuführen
         (die Ausprägungen dieser Parameter ('+' oder '-') sind
         als Sprecherkognitionen konzipiert; KÖN beispielsweise
         bezieht sich darauf, was der Sprecher/Sprachproduzent
         über das Können des Hörers annimmt oder weiß.)
STAND = Standardisierungsgrad; d.h. hat der Sprecher sichere
         Annahmen über die Ausprägungen der Parameter
REPEAT = ein Situationsmerkmal, welches vorliegt, wenn eine Auf-
         forderungsinteraktion zwischen denselben Partnern wie-
         derholt stattfindet, so daß auch situationsübergreifende
         Ziele berücksichtigt werden.
(Diese beiden Variablen können die Ausprägungen JA oder NEIN
annehmen.)

Verbale Varianten: ·
E-AUFF: Verbalisierung der Bedingungskomponenten 1.-3. (z.B. "Ich
bin durstig."; "Ich hätte gern einen Kaffee.")
A-AUFF: Verbalisierung der Bedingungskomponenten 4.-6. (z.B.
"Könnten Sie mir einen Kaffee kochen."; "Würden Sie mir einen
Kaffee kochen.")
V-AUFF: Verbalisierung der Bedingungskomponenten 7.-9. (z.B. "Von
Ihnen kann ich doch wohl erwarten, daß Sie mir einen Kaffee
kochen.")
I-AUFF: Imperative (z.B. "Kochen Sie jetzt bitte Kaffee.")

Intonationsvarianten:
S-INTO: Aussageintonation
Q-INTO: Frageintonation
I-INTO: Befehlsintonation

Die römischen Ziffern beziehen sich auf die Literaturangaben, in
denen die jeweiligen Befunde nachgewiesen sind. Es bedeuten:
(I):   Laucht, 1979
(II):   Winterhoff-Spurk & Herrmann, 1981
(III):   Herrmann, 1982
(IV):   Winterhoff-Spurk, 1983
(V):   Winterhoff-Spurk & Frey, 1983
(VI):   Grabowski-Gellert & Winterhoff-Spurk, 1986a
(VII):   Winterhoff-Spurk, 1986
(VIII): Winterhoff-Spurk, Herrmann & Weindrich, 1986
(IX):   Grabowski-Gellert & Harras, 1988
(X):   Winterhoff-Spurk & Grabowski-Gellert, 1987b
(XI):   Neue Ergebnisse, Veröffentlichung i. Vorb.
(XII):   vermuteter Zusammenhang

Das System in der vorliegenden Form wurde aus Darstellungsgründen
als flow chart skizziert. Es dürfte jedoch prinzipiell
programmierbar resp. implementierbar sein. Der zentrale Programm-
teil - die Zuweisung von Klassen von (propositionalen) Varianten
zu (sprecherseitig bzw. systemintern repräsentierten) Konstellationen von Situationsparametern, die uns aus der Sichtweise der

Sprachproduktionspsychologie besonders interessiert - muß im Prinzip lediglich ein reguläres Durchlaufen von Bedingungspfaden ermöglichen und ist selbst in simplen "Vor-KI"-Programmiersprachen realiserbar (etwa durch IF - GOTO - Strukturen). Für die abgefragten Situationsparameter müßten jeweils aktuelle Werte definiert bzw. zugewiesen werden; die jeweiligen Output-Varianten müßten zu einem Generator konkreter Oberflächenformen geführt werden, etwa in Form von Satzbauplänen mit lexikalischen Variablen. Denkbar wäre auch eine - einen erweiterten Systembereich abdeckende - Implementierung in Form eines Produktionssystems, in dem die Operationen (1) des 'Erkennens' vorliegender situativer Merkmale, (2) des Zuweisens propositionaler und ggf. intonatorischer Aufforderungsvarianten sowie (3) des Generierens sprachlicher Oberflächenstrukturen aufeinander bezogen werden. Der Datenspeicher, mit dessen Einträgen die jeweiligen Wenn-Teile der Produktionen abzugleichen wären, enthielte Informationen (d.h. Repräsentationen) über systeminterne und -externe Gegebenheiten. Ein Beispiel für eine Produktion des Bereiches (1), die einem Situationsmerkmal eine konkrete Ausprägung zuweist, könnte beispielsweise die folgende sein:

```
WENN es eine Regel gibt, die besagt, daß ein X ein Y zu Z
     auffordern darf
     und Du bist ein X
     und der Hörer ist ein Y
     und die auszuführende Handlung fällt unter die Klasse Z
DANN trage in den Datenspeicher das Ergebnis ein, daß Deine
     Legitimation, den Hörer zu dieser Handlung aufzufor-
     dern, hoch ist.
```

Im Falle der Darstellung und Implementierung als Produktionssystem wäre jedoch besonders im psychologisch zentralen Teil der Zuweisung propositionaler Varianten in Abhängigkeit von der situativen Konstellation das Problem des gewählten Auflösungsgrads der Regelformulierung (grain size) zu diskutieren (vgl. Opwis, 1988).

Für den Bereich einfacher Handlungsaufforderungen wäre nach allem die Möglichkeit gegeben, die Produktion von Aufforderungen in Abhängigkeit von situativen Determinanten 'realitätsnah' im Rahmen der vorliegenden Ergebnisse zu simulieren; d.h. z.B. auch in Mensch-Computer-Dialogen nicht nur Syntax und Semantik, sondern auch pragmatisch-funktionale Aspekte von Äußerungen zu berücksichtigen. Eine zunehmende Erweiterung des Geltungsbereiches unserer

Befunde versuchen wir dadurch zu erreichen, daß wir in der momentanen und geplanten Fortführung unserer Forschungsarbeiten auch sequentielle (komplexe) Aufforderungen in 'schwierigen' Kommunikationssituationen systematisch berücksichtigen. Dabei wird auch die situative Determination zunehmend spezifiziert werden können.

<u>Literatur</u>

Austin, J.L. (1962). *How to do things with words*. Oxford: University press.

Baskin, O.W. & Aronoff, C.E. (1980). *Interpersonal communication in organizations*. Santa Monica: Goodyear.

Bolinger, D. (1980). Accents that determe stress. In M. Key (Ed.), *The relationship of verbal and nonverbal communication* (S. 37-47). The Hague: Mouton Publishers.

Brehm, J.W. (1966). *A theory of psychological reactance*. New York: Academic press.

Bühler, K. (1934). *Sprachtheorie*. Jena: Gustav Fischer.

Butterworth, B. (1980). *Language production. Vol. 1: Speech and talk*. London: Academic press.

Dennett, D.C. (1978). *Brainstorms*. Hassades: Harvester.

Engelkamp, J. (1976). *Satz und Bedeutung*. Stuttgart: Kohlhammer.

Ervin-Tripp, S. (1977). Wait for me, roller skate. In S. Ervin-Tripp & C. Mitchell-Kernan (Eds.), *Child discourse* (S. 165-188). New York: Academic press.

Frazier, L. & Fodor, J.D. (1978). The sausage machine: A new two-stage parsing model. *Cognition, 6*, 291-325.

Gibbs, R.W. (1981). Your wish is my command. *Journal of Verbal Learning and Verbal Behavior, 20*, 431-444.

Gordon, D. & Lakoff, G. (1971). Conversational postulates. *Papers from the 7th regional meeting of the Chicago Linguistic Society, Chicago* (S. 63-84).

Grabitz-Gniech, G. & Grabitz, H.J. (1973). Psychologische Reaktanz: Theoretisches Konzept und experimentelle Untersuchungen. *Zeitschrift für Sozialpsychologie, 4*, 19-35.

Grabowski-Gellert, J. & Harras, G. (1988). Über Regeln kooperativen Handelns. In R. Weingarten & R. Fiehler (Hrsg.), *Technisierte Kommunikation* (S. 31-42). Opladen: Westdeutscher Verlag.

Grabowski-Gellert, J. & Winterhoff-Spurk, P. (1986a). *Sprechen, Betonen, Lächeln. Teil I. Zur Interaktion verbaler und nonverbaler Äußerungskomponenten beim Auffordern* (Arbeiten der Forschergruppe "Sprechen und Sprachverstehen im sozialen Kontext" Heidelberg/Mannheim, Bericht Nr. 5). Mannheim: Universität, Lehrstuhl Psychologie III.

Grabowski-Gellert, J. & Winterhoff-Spurk, P. (1986b). *Sprechen, Betonen, Lächeln. Teil II. Modelldiagnose mit 'Conjoint-Measurement'-Verfahren* (Arbeiten der Forschergruppe "Sprechen und Sprachverstehen im sozialen Kontext" Heidelberg/Mannheim, Bericht Nr. 6). Mannheim: Universität, Lehrstuhl Psychologie III.

Grabowski-Gellert, J. & Winterhoff-Spurk, P. (i.Dr.). Your smile is my command. Interaction between verbal and nonverbal components of requesting specific to situational characteristics. *Journal of Language and Social Psychology.*

Grammer, K. (1985). *Verhaltensforschung am Menschen.* Seewiesen: Max-Planck-Institut für Verhaltensphysiologie, Forschungsstelle für Humanethologie.

Grice, H.P. (1979). Logik und Konversation. In G. Meggle (Hrsg.), *Handlung, Kommunikation, Bedeutung* (S. 243-265). Frankfurt: Suhrkamp.

Habermas, J. (1981). *Theorie des kommunikativen Handelns. Band 1: Handlungsrationalität und gesellschaftliche Rationalisierung.* Frankfurt: Suhrkamp.

Harras, G. (1983). *Handlungssprache und Sprechhandlung.* Berlin: deGruyter.

Herrmann, Th. (1979). *Die Situationsabhängigkeit des Sprechens und das Pars-pro-toto-Prinzip* (Arbeiten der Forschungsgruppe Sprache und Kognition, Bericht Nr. 10). Mannheim: Universität, Lehrstuhl Psychologie III.

Herrmann, Th. (1982). *Sprechen und Situation.* Heidelberg: Springer.

Herrmann, Th. (1985). *Allgemeine Sprachpsychologie.* München: Urban & Schwarzenberg.

Herrmann, Th., Winterhoff-Spurk, P., Mangold, R. & Nirmaier, H. (1984). Auffordern und Informationsnutzung. *Sprache & Kognition, 3,* 41-53.

House, J. & Kasper, G. (1981). Politeness markers in English and German. In F. Coulmas (Ed.), *Conversational routines* (S. 157-185). The Hague: Mouton Publishers.

Jablin, F.M. (1979). Superior-subordinate communication: The state of the art. *Psychological Bulletin, 86,* 1201-1222.

Klein, W. (1980). Der Stand der Forschung zur deutschen Satzintonation. *Linguistische Berichte, 68,* 3-33.

Knapp, M. (1972). *Nonverbal communication in human interaction.* New York: Holt, Rinehart & Winston.

Laucht, M. (1979). Untersuchungen zur sprachlichen Form des Aufforderns. In W. Tack (Hrsg.), *Bericht über den 31. Kongreß der Deutschen Gesellschaft für Psychologie* (S. 89-91). Göttingen: Hogrefe.

Levelt, W. (1985). *Lectures on language production*. Brüssel: ESF Summer Course in Psycholinguistics (unveröffentl.).

Liedtke, F. (1981). Zur Semantik von Auffordern. In G. Hindelang & W. Zillig (Hrsg.), *Sprache: Verstehen und Handeln* (S. 79-88). Tübingen: Niemeyer.

Mahoney, T.A., Jerdee, Th.H. & Carroll, S.J. (1965). The job(s) of management. *Industrial Research, 2,* 97-110.

Mangold, R. & Herrmann, Th. (1984). *Zur maschinellen Klassifikation von Aufforderungen* (Arbeiten der Forschergruppe "Sprechen und Sprachverstehen im sozialen Kontext" Heidelberg/Mannheim, Bericht Nr. 1). Mannheim: Universität, Lehrstuhl Psychologie III.

Mikula, G. (1978). *Appeals for help and helping behavior*. Weimar: Paper presented for the general meeting of the European Association of Experimental Social Psychology.

Miller, G., Galanter, E. & Prabham, K. (1973). *Strategien des Handelns*. Stuttgart: Klett.

Neuberger, O. (1984). *Führung*. Stuttgart: Enke.

Opwis, K. (1988). Produktionssysteme. In H. Mandl & H. Spada (Hrsg.), *Wissenspsychologie* (S. 74-98). Weinheim: PVU.

Patterson, M.L. (1983). *Nonverbal Behavior. A functional perspective*. New York: Springer.

Scherer, K. (Hrsg.). (1982). *Vokale Kommunikation*. Weinheim: Beltz.

Scherer, K. & Ekman, P. (Eds.). (1982). *Handbook of methods in nonverbal behavior research*. Cambridge: University press.

Scherer, K., Ladd, D. & Silverman, K. (1984). Vocal cues to speaker affect: Testing two models. *Journal of the Acoustical Society of America, 76,* 1346-1356.

Schlesinger, I.M. (1977). *Production and comprehension of utterances*. Hillsdale: Erlbaum.

Schraagen, J. (1986). *Expert-novice differences and their implication for knowledge elicitation techniques* (Report Nr. IZF 1986-34). Soesterberg: TNO Institute of Perception.

Searle, J.R. (1971). *Sprechakte*. Frankfurt: Suhrkamp.

Searle, J.R. (1980). Brains, Minds, and Programs. *The Behavioral and Brain Sciences, 3,* 417-457.

Wicklund, R.A. (1974). *Freedom and reactance*. Potomac: Erlbaum.

Williams, E. (1977). Experimental comparisons of face-to-face and mediated communication: A review. *Psychological Bulletin, 84,* 963-976.

Winterhoff-Spurk, P. (1983). *Die Funktionen von Blicken und Lächeln beim Auffordern*. Frankfurt: Lang.

Winterhoff-Spurk, P. (1985). Die Mimik von Aufforderung und Bericht. Zum Zusammenhang verbaler und nonverbaler Kommunikation. *Zeitschrift für Semiotik, 7,* 155-174.

Winterhoff-Spurk, P. (1986). Psychologische Untersuchungen zum Auffordern. *Studium Linguistik, 19,* 48-60.

Winterhoff-Spurk, P. & Frey, C. (1983). *Auffordern am Zeitungskiosk. Eine Feldstudie* (Arbeiten der Forschungsgruppe Sprache und Kognition, Bericht Nr. 28). Mannheim: Universität, Lehrstuhl Psychologie III.

Winterhoff-Spurk, P., Geißler, J. & Grabowski-Gellert, J. (1987). Vom Lob der Direktheit: Wirkungen sprachlicher Merkmale des Führungsverhaltens. *Zeitschrift für Arbeits- und Organisationspsychologie, 31,* (N.F.5), 55-62.

Winterhoff-Spurk, P. & Grabowski-Gellert, J. (1987a). Nonverbale Kommunikation und die Direktheit von Direktiva: Der Ton macht die Musik. *Sprache & Kognition, 6,* 138-149.

Winterhoff-Spurk, P. & Grabowski-Gellert, J. (1987b). *"... the sauce of the sentence ...?" - Ein Experiment zur suppletorischen Funktion nonverbaler Komponenten bei der Sprachproduktion* (Arbeiten der Forschergruppe "Sprechen und Sprachverstehen im sozialen Kontext" Heidelberg/Mannheim, Bericht Nr. 13). Mannheim: Universität, Lehrstuhl Psychologie III.

Winterhoff-Spurk, P. & Herrmann, Th. (1981). *Auffordern bei der Gewinnaufteilung* (Arbeiten der Forschungsgruppe Sprache und Kognition, Bericht Nr. 20). Mannheim: Universität, Lehrstuhl Psychologie III.

Winterhoff-Spurk, P. & Herrmann, Th. (1987). Sprache in der Führung. In A. Kieser, G. Reber & R. Wunderer (Hrsg.), *Handwörterbuch der Führung* (S. 1873-1881). Stuttgart: Poeschel.

Winterhoff-Spurk, P., Herrmann, Th. & Weindrich, D. (1986). Requesting rewards: A study of distributive justice. *Journal of Language and Social Psychology, 5,* 13-31.

Winterhoff-Spurk, P., Mangold, R. & Herrmann, Th. (1982). *Zur kognitiven Rekonstruktion von Aufforderungssituationen* (Arbeiten der Forschungsgruppe Sprache und Kognition, Bericht Nr. 23). Mannheim: Universität, Lehrstuhl Psychologie III.

Wunderlich, D. (1976). *Studien zur Sprechakttheorie*. Frankfurt: Suhrkamp.

Wunderlich, D. (1983). Was sind Aufforderungssätze? In G. Stickel (Hrsg.), *Pragmatik in der Grammatik. Jahrbuch 1983 des Instituts für deutsche Sprache* (S. 92-117). Düsseldorf: Schwann.

Zosel, J.M. (1982). Untersuchungen zur Aggressionsschwelle der Unterhaltungssprache. *Audiologische Akustik, 21,* 48-89.

Effiziente Analyse natürlicher Sprache mit TAGs

Karin Harbusch

FB 10 - Informatik IV
Universität des Saarlandes
Im Stadtwald 15
D - 6600 Saarbrücken
Telefon : (0681) 302-2865
Eunet : harbusch@sbsvax.uucp
DFN : harbusch@fb10vax.informatik.uni-saarland.dbp.de

Abstract :

Natural language parsing places three main demands upon a grammar formalism. Its rules should be easy to write and comprehend, the formalism should be powerful enough to enable the encoding of diverse linguistic problems, and the parsing process should be efficient.

I will now introduce a formalism which meets all of the requirements mentioned above - the **Tree Adjoining Grammar (TAG)**. Here, simple structures of sentences are written as trees, each of which being able to be combined. TAGs are more powerful than context-free languages - belonging to the class of *'mildly context-sensitive Grammars'*. Given that n is the length of the input sentence, the time complexity of the parsing algorithm is $O(n^4)$.

This article contains a theoretical and a practical section. In the former, a description of the formalism is given and, in using a well known context-sensitive grammar, its power is demonstrated. Primary emphasis though is placed upon describing my parsing algorithm for TAGs with time and space complexity $O(n^4)$ because, up to now, only one requiring time complexity of $O(n^6)$ was known. In the following section, the linguistic adequacy of the formalism is confirmed by defining a restricted German grammar for some linguistic phenomena such as, for example, verb raising.

Parsing natürlicher Sprache stellt an einen Grammatikformalismus drei Hauptforderungen. Die Regeln sollen einfach zu schreiben bzw. zu verstehen sein, der Formalismus soll ausreichend mächtig sein zur Formulierung verschiedener linguistischer Probleme und die Laufzeit für eingegebene Sätze soll möglichst klein sein.

Ich möchte hier den Formalismus der **Tree Adjoining Grammar** (im folgenden mit TAG abgekürzt) vorstellen, der die drei obigen Kriterien erfüllt. Man beschreibt elementare Satzstrukturen als Teilbäume, die kombinierbar sind. Die Mächtigkeit von TAGs ist größer als kontextfrei; sie gehören zu den *'mildly context-sensitive Grammars'*. Die Laufzeit zur Ableitung für einen Eingabesatz der Länge n ist im schlechtesten Fall $O(n^4)$.

Der Artikel gliedert sich in einen theoretischen und einen praktischen Teil. Im ersten Teil wird der Formalismus vorgestellt und am Beispiel einer aus der Informatik bekannten kontextsensitiven Sprache die Mächtigkeit demonstriert. Insbesondere möchte ich auf meinen Algorithmus zum Parsen von TAGs in Zeit- und Platzkomplexität $O(n^4)$ eingehen. Dieser Aspekt bildet den Schwerpunkt des Beitrages, da bisher nur ein Algorithmus mit der Laufzeit $O(n^6)$ bekannt war.

Im praktischen Teil wird die Aussage der einfachen Kodierbarkeit von linguistischen Problemen anhand einer kleinen Beispielgrammatik für Phänomene im Deutschen, wie etwa das Verbraising, untermauert.

1 Einleitung

Der Formalismus der Tree Adjoining Grammars wurde ursprünglich von A. K. Joshi, L. S. Levy und M. Takahashi 1975 vorgestellt ([JOSHI, LEVY, TAKAHASHI 75]) und bildet seither die Grundlage für verschiedenste theoretische und praktische Betrachtungen.

Ganz intuitiv stellt man sich TAGs als Bäume mit terminalen Blattwörtern vor (*initiale Bäume*). Um neue nicht explizit in der Grammatik kodierte Bäume zu bilden, braucht man noch eine Menge spezieller Bäume, die in die initialen Bäume eingefügt werden können.
Diese zweite Baummenge, die Menge der *auxiliaren Bäume*, hat im Blattwort genau einen Nichtterminalknoten (*Fußknoten*), der mit dem gleichen Nichtterminal wie der Wurzelknoten des Baumes beschriftet ist.

Das Kombinieren von Bäumen (*Adjoining* oder *Adjunktion*) ergibt sich einfach als das Löschen eines Nichtterminalknotens (im folgenden Beispiel das NP in Baum α) und das Einsetzen eines auxiliaren Baumes mit dem gleichen Nichtterminal an der Wurzel (Baum β) an Stelle des gelöschten Nichtterminals. Die in den ursprünglichen Knoten eingehende Kante geht in die Wurzel des auxiliaren Baumes ein und die aus dem Knoten ausgehende Kante geht nun aus dem Fußknoten aus.

Aus einer endlichen Menge von Strukturbeschreibungen - der Menge der initialen und auxiliaren Bäume - erreicht man so die Bildung beliebig großer Strukturen (*Ableitungen*), deren Blattwörter die *Sprache der Grammatik* definieren.

Am folgenden natürlichsprachlichen Beispiel sieht man bereits die generelle Philosophie der Beschreibung von linguistischen Phänomenen. Mit Hilfe der initialen Bäume werden die einfachen Satz- bzw. Propositionsstrukturen beschrieben, die auxiliarer Bäume dienen zur Beschreibung lokal erweiternder Konstrukte.

Beispiel :

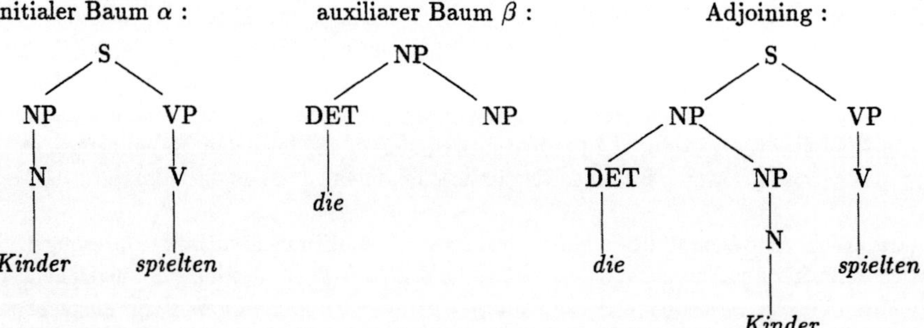

Auf der theoretischen Seite weiß man heute über TAGs z. B., daß sie mächtiger als kontextfreie Grammatiken ([JOSHI 83]), äquivalent zu Head Grammars ([VIJAY-SHANKER, WEIR, JOSHI 85]), aber nicht so mächtig wie Indexed Grammars ([WEIR 87]) sind.
Diese Mächtigkeitsaussagen werden in diesem Artikel nur informell an einem bekanntermaßen kontextsensitiven Beispiel illustriert. Der Schwerpunkt liegt auf der Beschreibung der Laufzeitverbesserung beim Parsing von $O(n^6)$ ([VIJAY-SHANKER, JOSHI 85]) auf $O(n^4)$ ([HARBUSCH 87]).

Auf der praktischen Seite stellten sich die formalen Eigenschaften, wie z. B. beschränktes Längenwachstum durch Anwendung einer Regel oder Darstellbarkeit von Abhängigkeiten (sowohl geschachtelten als auch überkreuzten), als hilfreiche Mittel zur Beschreibung einer natürlichsprachlichen Grammatik heraus. Dies soll im zweiten Teil des Beitrags durch eine deutsche Grammatik, die unter anderem das Phänomen des Verbraisings behandelt, belegt werden.

Auf neue Entwicklungen möchte ich im Schlußkapitel eingehen. Mit wachsender Anwendung von TAGs zum Parsen natürlicher Sprache fanden auch Modifikationen und Erweiterungen des Formalismus ihre theoretische Verankerung. Es zeigte sich z. B., daß TAGs in ihrer aktuellen Form nicht gut für Sprachen mit freier Wortstellung geeignet sind. Daher begann man TAGs in der Schreibweise von ID/LP Regeln zu formulieren ([JOSHI 87]).

Oder man möchte die elegante Formulierung von Agreement-Bedingungen auf einem Ableitungsbaum von den Unifikationsgrammatiken übernehmen und sie mit TAGs kombinieren.

Der Vollständigkeit halber wird in diesem Beitrag noch der Aspekt der Generierung mit Hilfe von TAGs angesprochen. Man sieht sofort, daß der Formalismus frei von einer Bearbeitungsrichtung definiert ist. Man kann also mittels Adjunktion Sätze generieren oder mittels Erkennen der adjungierten Strukturen im Eingabesatz analysieren. Die lokale Definition der Adjunktion kommt der Idee des inkrementellen Generierens entgegen.

2 Formalismus der Tree Adjoining Grammar

2.1 Definitionen

Eine ausführliche Beschreibung des Formalismus versehen mit vielen Beispielen findet sich z. B. in [JOSHI 85].

Def.1 : Eine **Tree Adjoining Grammar** (kurz : **TAG**) G ist ein 5-Tupel (N, T, S, I, A) mit :

- N ist die endliche Menge der **Nichtterminale**,
- T ist die endliche Menge der **Terminale**, wobei $N \cap T = \emptyset$,
- S ist das **Startsymbol** ($S \in N$),
- I ist die Menge der **initialen Bäume**, eine Teilmenge der endlichen Menge I' und
- A und die Menge der **auxiliaren Bäume**, eine Teilmenge der endlichen Menge A'.

Die Menge $I \cup A$ nennt man auch die **Menge der elementaren Bäume**.

Def.2 : Ein Baum α ist **in der Menge aller initialen Bäume I'** genau dann, wenn gilt :

- die Wurzel des Baumes ist mit S, dem Startsymbol, beschriftet,
- jeder innere Knoten ist mit einem Nichtterminal beschriftet und
- jedes Blattes trägt ein Terminal oder ϵ, das leere Wort, als Beschriftung.

Def.3 : Ein Baum β ist **in der Menge aller auxiliaren Bäume A'** genau dann, wenn gilt :

- die Wurzel ist mit einem Nichtterminal beschriftet,
- jeder innere Knoten ist mit einem Nichtterminal beschriftet und
- jeder Blattknoten bis auf genau einen, den **Fußknoten**, ist mit einem Terminal oder ϵ beschriftet.
- Der Fußknoten trägt als Beschriftung das gleiche Nichtterminal wie die Wurzel von β.
- Das Blattwort muß mindestens ein Terminal enthalten, d.h. es ist aus der Menge $T^+NT^* \cup T^*NT^+$.

Def.4 : Ein **Adjoining** oder eine **Adjunktion**, die Operation zum Verknüpfen von Bäumen α und β, ist wie folgt definiert :

- Sei α durch eine (ggf. leere) Folge von Adjunktionen aus einem initialen Baum entstanden. Ferner enthalte α ein Nichtterminal X (X kann auch das Startsymbol S sein) und

- β sei ein auxiliarer Baum mit Wurzel- und Fußknoten X.

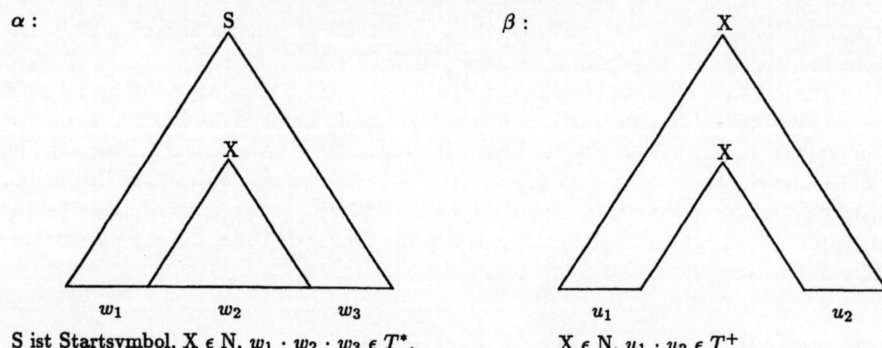

S ist Startsymbol, $X \in N$, $w_1 \cdot w_2 \cdot w_3 \in T^*$, $X \in N$, $u_1 \cdot u_2 \in T^+$

Das **Resultat der Adjunktion von** β **am Knoten X in** α sieht wie folgt aus :

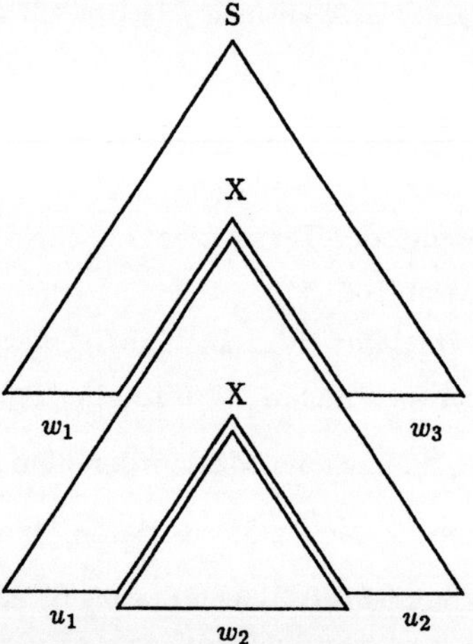

Man kann sich das Vorgehen folgendermaßen veranschaulichen :
Der Knoten X in α wird entfernt und die in ihn eingehende Kante (falls existent) endet nach der Adjunktion in der Wurzel von β und die aus X (in α) ausgehenden Kanten gehen aus dem Fußknoten von β aus.

Def.5 : Die **Baummenge T(G) einer TAG G** besteht aus allen Folgen von Adjunktionen von auxiliaren Bäumen aus A, ausgehend von einem Baum aus I.

Jede dieser Folgen nennt man auch **Ableitung**.

Def.6 : Die **von einer TAG G definierte Sprache L(G)** , auch kurz L, ist definiert als :
    $L(G) := \{w \mid w \in T^* \text{ und w ist das Blattwort eines Baumes aus T(G)}\}$.

Die Mächtigkeit des Formalismus wird anhand der Sprache $L := \{ \, w \, e \, c^n \mid n \geq 0$, w besteht aus jeweils n vielen a's und b's, wobei in jedem Präfix von w die Anzahl der a's größer gleich der Anzahl der b's ist$\}$ veranschaulicht.

L ist eine kontextsensitive, aber nicht kontextfreie Sprache. Das folgt daraus, daß der Schnitt mit $\{a^* \, b^* \, e \, c^*\}$ die wohlbekannte echt kontextsensitive Sprache $\{a^n \, b^n \, e \, c^n\}$ ergibt und man andererseits weiß, daß der Schnitt einer kontextfreien Sprache mit einer regulären Menge wieder

kontextfrei ist. Also kann **L** nicht kontextfrei sein.
Betrachten wir die folgende TAG G mit L(G) = **L** (siehe [JOSHI 85]).

$G := (\{S, T\}, \{a, b, c, e\}, S, \{\alpha\}, \{\beta_1, \beta_2\})$

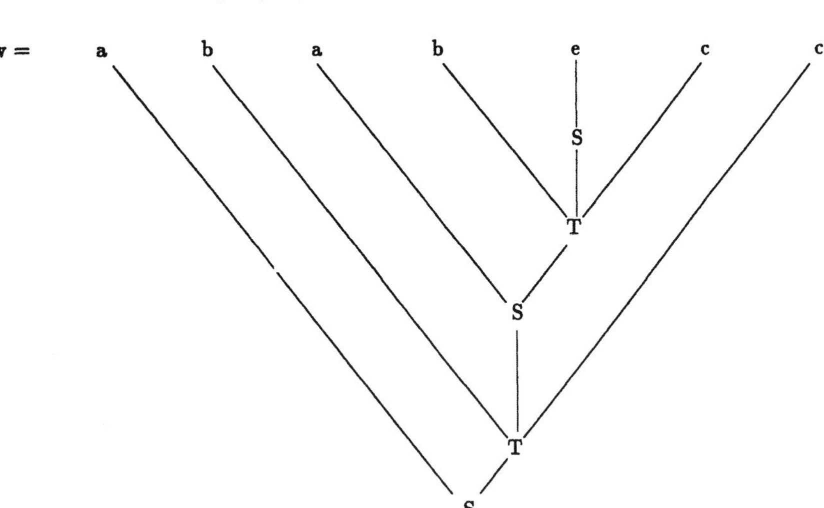

An dieser Stelle möchte ich das Beschreibungsmittel *TAGs mit Constraints* einführen. Durch die Constraints kann man in jedem Knoten explizit angeben, ob und wenn ja, welche Adjunktionen erlaubt sein sollen. Dieses Konstrukt brauchen wir später um eine TAG in Normalform zu transformieren. In der Literatur (siehe [JOSHI 85]) tauchen sie höchstens als abrundende Definition mit schreibverkürzendem Charakter auf. Aber man sollte beachten, daß das Verbieten oder obligatorische Fordern einer Adjunktion die Sprachklasse beeinflußt.

Def.7 : Eine **Tree Adjoining Grammar mit Constraints (TAGC)** ist eine TAG, wobei jedem Knoten n in jedem Baum t ∈ I ∪ A, eine Constraintmenge C(n) ⊆ A , zugeordnet ist :

- C(n) = **SA(X)** - *selektives Adjoining* bzw. *selektive Adjunktion* :
  jeder auxiliare Baum aus X (⊆ A) kann in n adjungiert werden, muß aber nicht,

- C(n) = **NA** (:= ∅) - *Null-Adjoining* bzw. *Null-Adjunktion* :
  kein Baum darf im Knoten n adjungiert werden,

- C(n) = **OA(X)** - *obligatorisches Adjoining* bzw. *obligatorische Adjunktion* :
  ein auxiliarer Baum aus X (⊆ A) muß adjungiert werden.

Illustrieren wir diese Definition mit einer Grammatik G zu $L := \{a^n\, b^n\, e\, c^n\}$:
$G := (\{S\}, \{a, b, c, e\}, S, \{\alpha\}, \{\beta\})$

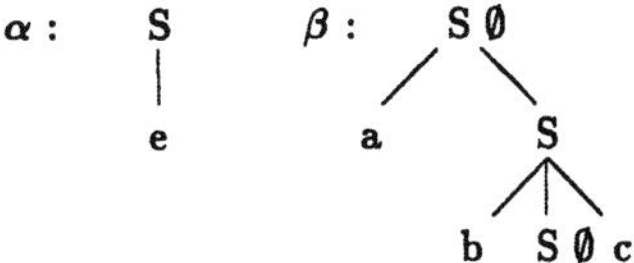

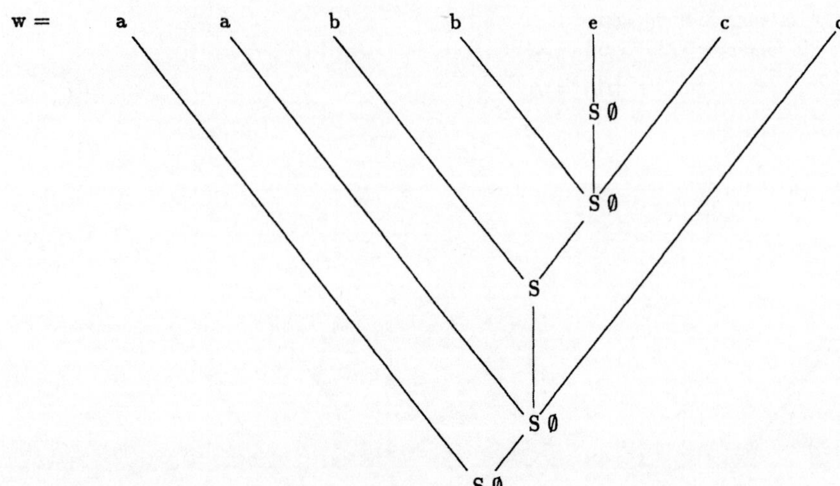

Wie man im Beispiel sieht, darf, falls die Adjunktion aller auxiliaren Bäume zu einem Nicht-terminal erlaubt ist, das Constraint an einem solchen Knoten der Einfachheit halber weggelassen werden.

Betrachtet man einen Baum einer TAG ebenenweise, so erhält man kontextfreie Regeln. Also in unserem letzten Beispiel die Menge {S → e, S → aS, S → bSc}. Aufgrund dieser Strukturverwandschaft liegt die Frage nahe, ob die von kontextfreien Grammatiken bekannten Normalformen auf TAGs übertragbar sind.

Ich möchte im folgenden nun zeigen, daß sich jede TAG in eine TAG in Normalform transformieren läßt, die der Chomsky-Normalform bei kontextfreien Grammatiken ähnelt. Dazu zuerst die aus der Literatur bekannte Definition einer *TAG in Zweiform* (vgl. [VIJAY-SHANKER, JOSHI 85]) :

Def.8 : Eine TAG ist **eine TAG in Zweiform** genau dann, wenn für jeden Knoten in jedem Baum gilt, es gehen aus ihm höchstens 2 Kanten aus.

Vijay-Shanker und Joshi haben dort auch gezeigt, daß man jede TAG G in eine TAG in Zweiform G' transformieren kann mit L(G) = L(G'). Ich möchte diese Definition dahingehend verschärfen, daß für jeden Knoten und seine Söhne, als kontextfreie Regel betrachtet, die Chomsky-Normalform-Definition erfüllt ist.

Def.9 : Eine TAG G ist in **Normalform** genau dann, wenn folgendes gilt :

   (1) ϵ, das leere Wort ist in L(G) genau dann, wenn S Ø ein initialer Baum in I ist.
   |
   ϵ

   (2) Ansonsten ist ϵ nicht als Terminalknoten erlaubt, d. h. die Grammatik ist ϵ-frei.

   (3) Für jeden Knoten in jedem Baum gilt genau eine der drei folgenden Bedingungen :

   - es gehen genau zwei Kanten aus und enden in Nichtterminalknoten,
   - es geht genau eine Kante aus und endet in einem Terminalknoten,
   - es geht keine Kante aus, falls der Knoten selbst Terminalknoten ist.

Die Definition von TAGs in Zwei- und in Normalform lassen sich natürlich auch auf TAGs mit Contstraints übertragen.

Satz : Zu jeder TAG G gibt es eine TAG mit Constraints in Normalform G' mit L(G) = L(G').

Zuerst die **Beweisidee :**
Mit der gezeigten Behauptung, daß sich jede TAG in eine TAG in Zweiform transformieren läßt, gehe ich im folgenden von einer solchen Grammatik aus.

Betrachtet man den Beweis zu dieser Behauptung, so sieht man, daß die Idee des Einfügens von Hilfs-Nichtterminalen an Knoten mit mehr als zwei ausgehenden Kanten (*OUTDEGREE* $\geq$ *3*) aus der Transformantion von kontextfreien Grammatiken in Chomsky-Normalform (siehe [HOPCROFT, ULLMAN 79]) einfach übernommen werden kann. Man könnte nun vermuten, daß sich das konstruktive Verfahren zur Transformation einer kontextfreien Grammatik in Chomsky-Normalform vollständig adaptieren ließe.

Dies ist aber nicht der Fall. Denn an allen Stellen, an denen Nichtterminale weggelassen werden (rekursives Entfernen von ϵ-Produktionen und Knoten mit OUTDEGREE = 1), muß man nun sicherstellen, daß in solchen Knoten mögliche Adjunktionen repräsentiert bleiben.

Daher besteht die generelle Philosophie des Beweises darin, alle Teile in allen Bäumen, die nicht der Normalform-Definition entsprechen, herauszuschneiden, so daß eine Grammatik in Normalform entsteht. Diese Restgrammatik ist die Basis für den Bau von neuen auxiliaren Bäumen, deren Adjunktion den gleichen Sprachumfang der beiden Grammatiken wieder herstellen. In neuen auxiliaren Bäumen werden nun die weggelassenen Konstruktionen, die ja nicht der Definition entsprachen, umschrieben. Dies erfolgt durch die Explizierung aller möglichen Adjunktionen. Damit des Verfahren endlich bleibt, wird jeder mögliche auxiliare Baum für ein Nichtterminal in allen Kombinationen mit den anderen Nichtterminalen der weggelassenen Konstruktion **genau einmal** adjungiert. Alle weiteren Adjunktionen sind dann durch die Repräsentation des Nichtterminals in der Wurzel möglich und müssen nicht explizit repräsentiert werden.

Dadurch, daß für den Bau dieser neuen auxiliaren Bäume nur Bäume, die bereits in Normalform sind, benutzt werden, ist gewährleistet, daß die Erweiterungen der Restgrammatik in Normalform bleiben.

Nun aber zu den konkreten Schritten. Für den ausführlichen Beweis sei der Leser auf [HAR-BUSCH 87] verwiesen.

Beweisskizze :
Wie oben beschrieben, gibt es einen konstruktiven Beweis, mit dessen Hilfe man jede TAG in Zweiform bringen kann. Deshalb kann ich in diesem Beweis von einer TAG in Zweiform ausgehen.

1. Schritt : *Ableitbarkeit des leeren Wortes (Bedingung (1)).*
Aus der Definition eines auxiliaren Baumes folgt, daß das leere Wort nur in der Sprache sein kann, wenn es einen initialen Baum gibt, dessen Blattwort ϵ ist. Für einen solchen Baum ergeben sich die folgenden zu (0) äquivalenten Beschreibungen (1) und (2). Es ist klar, daß, falls in den Knoten S, X_1, ..., X_n in (0) keine Adjunktion stattfinden kann, (2) wegfällt.

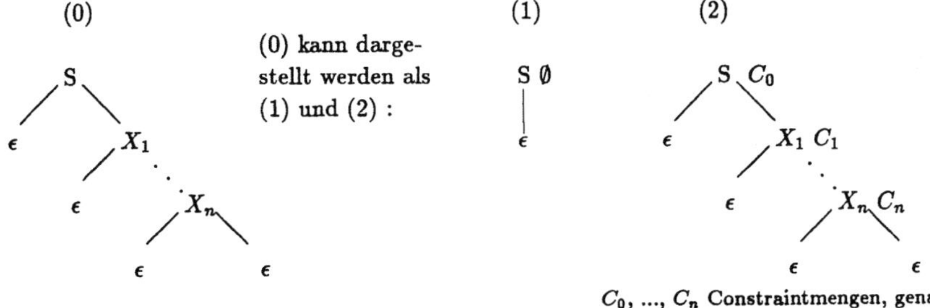

O.B.d.A. ist in (0) nur der Fall skizziert, daß ϵ bei S, X_1, ..., X_n immer der linke Sohn ist und, daß X_n zwei Söhne hat, die mit ϵ markiert sind.

Für alle in Fall (2) entstandenen Bäume führe ich alle obligatorischen Adjunktionen explizit durch, so daß die Bäume aus (2) durch sie ersetzt werden können. Diese neuen Bäume genügen dem allgemeinen Fall für einen Baum α mit dem leeren Wort im Blattwort, den ich im folgenden nur noch betrachten muß.

Solch ein Baum α hat als Wurzel ein Nichtterminal, alle seine inneren Knoten sind Nichtterminale und seine Blätter bestehen aus Terminalen (mindestens einem), ϵ's (mindestens einem) und genau einem Nichtterminal als Fußknoten, falls α ein auxiliarer Baum ist.

2. Schritt : *Streichen aller ϵ's aus den Bäumen.*
Dabei können Bäume entstehen, die nicht der Definition von initial und auxiliar genügen. Dieser Fall tritt auf, wenn das ϵ im kontextfreien Sinn keinen Bruder hat oder dieser war auch ϵ.

Diese Konstruktionen, bei denen ein Nichtterminal im Blattwort steht, das nicht der Fußknoten ist, werden nach oben verfolgt, bis es einen Bruder gibt, der den Fußknoten oder mindestens ein Terminal ableitet. Solch ein Bruder muß existieren, denn :

- ist der Baum ein auxiliarer Baum, leitet er per Definition mindestens ein Terminal ab,

- ist der Baum ein initialer Baum, so gibt es wieder zwei Fälle :

  1. es ist ein initialer Baum, der durch die Explizierung des obligatorischen Adjoinings entstanden ist, dann folgt die Behauptung aus der Adjunktion eines auxiliaren Baumes,

  2. es ist ein initialer Baum, der nicht ϵ ableiten kann, dann leitet er also mindestens ein Terminal ab.

Dieser gesamte Teilbaum, der nur ϵ als Blattwort hat, wird aus dem ursprünglichen Baum eliminiert und als Adjunktion im Vaterknoten der oben beschriebenen Bruderkonstruktion dargestellt. Das Aufbauen dieser neuen auxiliaren Bäume stelle ich einstweilen zurück und argumentieren nur über die restliche Grammatik. Man sieht, daß zu diesem Zeitpunkt nun alle Bäume ϵ-frei und definitionsgemäß bezüglich der TAG-Definition sind und der Fall, daß keine Adjunktionen im eliminierten Unterbaum auftreten, abgedeckt ist. Da kein bisheriger Schritt den OUTDEGREE erhöht hat, ist die Grammatik auch weiterhin in Zweiform.

3. Schritt : *Transformation zur Beschränkung des OUTDEGREEs gemäß Bedingung (3).*
Ich betrachte diese Transformation als eigenen Prozeß, der als Eingabe eine ϵ-freie TAG in Zweiform und als Ausgabe, eine TAG in Normalform hat.

Diesen Prozeß wende ich auf die oben entstandene Grammatik an. Da die Grammatik in Zweiform ist, können nur die folgenden Fälle für einen inneren Knoten auftreten :

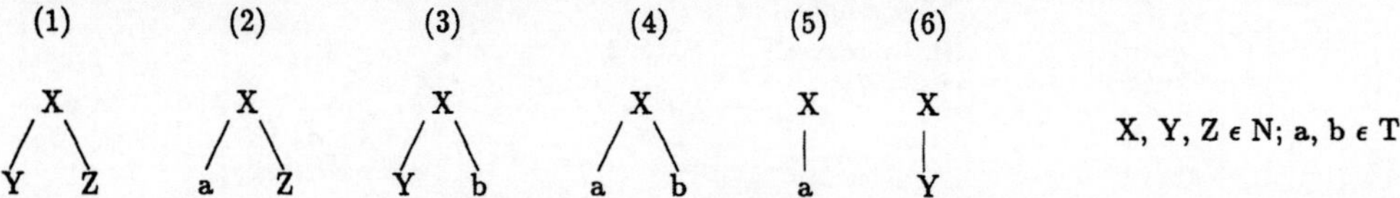

Fall (1) und (5) genügen der Definition. Für Fall (2), (3) und (4) wird für jedes Terminal ein neues Nichtterminal eingefügt, unter dem das Terminal hängt. In diesen neuen Nichtterminalen ist keine Adjunktion möglich. Da ich hier nur das Verfahren zur Transformation von kontextfreien Grammatiken in Chomsky-Normalform angewandt habe (wie es auch bei der Transformation in Zweiform verwandt wird), ist die Korrektheit klar. In Terminalknoten ist keine Adjunktion definiert, also gilt die kontextfreie Argumentation.

Es bleibt Fall (6), die Bildung von Ketten. Bei dieser Transformation wird jede mögliche Adjunktion in einem Kettenglied explizit dargestellt. Man hat aber dadurch die Kette nur separiert, noch nicht eliminiert! Dies geschieht durch Verschmelzung der Übergänge zwischen den Adjunktionen.

Ich werde im folgenden nur die Fälle (1) bis (4) aus der nächsten Abbildung exemplarisch herausgreifen, da alle nach dem gleichen Prinzip ablaufen. Bei den Fällen (5) bis (7) muß man bei der Namenswahl zusätzlich beachten, daß der Wurzel- bzw. Fußknotenname nicht verschwinden darf. Eine Kette (im Bild Y_1 bis Y_n) kann in folgenden Zusammenhängen auftreten :

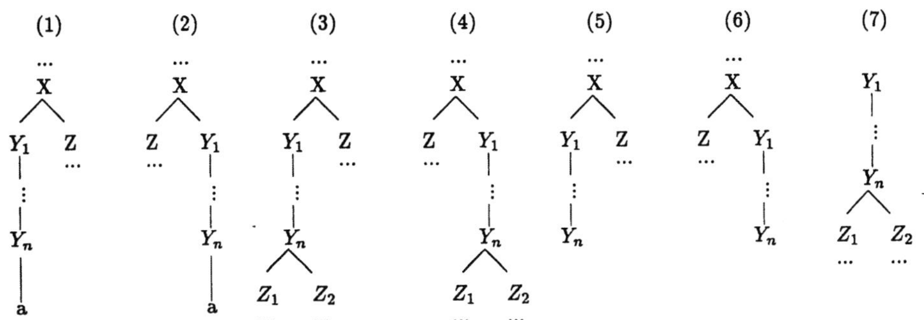

$X, Z, Z_1, Z_2, Y_1, ..., Y_n \in N$, $n > 1$, $a \in T$, in Fall (5) und (6) ist Y_n der Fußknoten des Baumes, in Fall (7) ist Y_1 die Wurzel des Baumes.

Die Kettenglieder, bei denen keine Adjunktion möglich ist, sind unproblematisch und dürfen weggelassen werden (wie im kontextfreien Fall). Seien also in allen Kettenglieder Adjunktionen möglich. Ich ersetze alle obigen Bäume durch die folgenden kettenfreien Bäume :

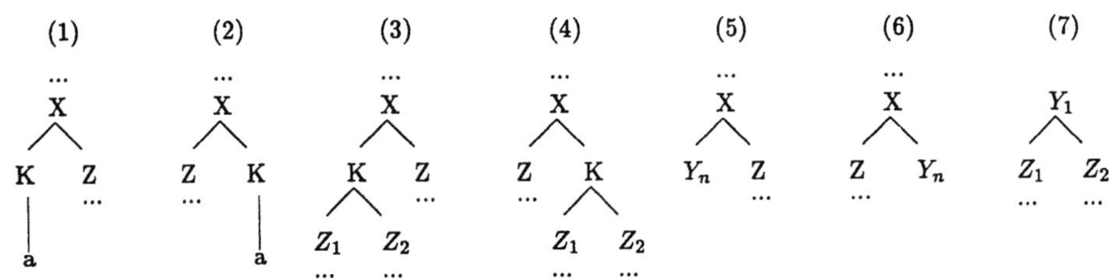

$X, Z, Z_1, Z_2, Y_1, Y_n \in N$, $a \in T$, K neues Nichtterminal (d. h., $\{K\} \cap N = \emptyset$, $N := \{K\} \cup N$), in Fall (5), (6) ist Y_n Fußknoten, in (7) Y_1 Wurzel im Baum explizit dargestellt.

Die Bäume sind nun alle in der gewünschten Normalform, ich muß nun noch die Repräsentation der Ketten definieren. Wichtig ist, daß ab jetzt bei der Benutzung von Bäumen aus der Grammatik, die Normalform-Eigenschaft nicht mehr verloren geht.
Der Definition von K liegt folgende Idee zugrunde. Alle Kombinationen von Adjunktionen in verschiedenen Knoten werden explizit gebildet, also :

(1) In allen Bäumen, die in Y_i ($1 \leq i \leq n$), adjungierbar sind, wird die Wurzel durch K ersetzt. Die Wurzel erhält als Constraint die selektive Adjunktion aller Bäume, die durch Ersetzung von Wurzel- und Fußknoten Y_i in allen auxiliaren Bäumen durch K neu als Elemente von A entstehen.

(2) Diese Bäume faßt man in einer Menge M zusammen, $L := \emptyset$, $R := \emptyset$.

(3) Für jeden Baum aus M wird der Fußknoten durch K ersetzt, der als Constraint am Fußknoten die Null-Adjunktion erhält, damit die zyklische Adjunktion der Kette verhindert wird. Diese Bäume werden zu R hinzugefügt.

(4) Für jeden Baum in M wird aus dem Fußknoten eine Kante zu dem Knoten Y_j (i+1 $\leq$ j $\leq$ n) gezogen, und für diesen alle seine möglichen Adjunktionen durchgeführt. Diese Konstruktionen füge zu L.

(5) Iteriere das Verfahren mit M := L, L := $\emptyset$, goto (3), bis keine neuen Bäume zu R hinzugefügt werden.

Im folgenden Bild in (1) ist die konkrete Situation, daß in Y_j und Y_k die Adjunktionen expliziert wurden, beschrieben. Aber man sieht, daß die Kette durch das Explizieren der Adjunktionen noch nicht verschwunden ist, sondern nur separiert wurde. Die einzelnen Kettenglieder werden nun dadurch eliminiert (siehe (2)), daß jeweils der Fuß- und der Wurzelknoten, d. h. der Start- und der Endknoten der Kettenkante zusammengefaßt werden. Der resultierende Knoten erhält das Nichtterminal des Endknotens und als Constraint die selektive Adjunktion von Y_j.

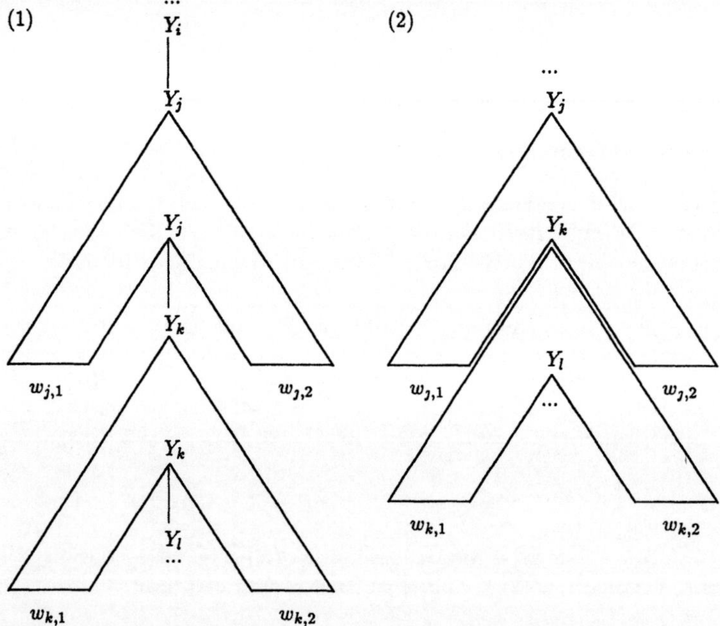

$Y_i, Y_j, Y_k, Y_l \in N$ sind Kettenglieder mit $1 \leq i < j < k < l \leq n$, $w_{m,1} \cdot w_{m,2} \in T^+$, $m \in \{j, k\}$

An dieser Stelle muß man sich klar machen, daß die Reihenfolge von Adjunktionen keine Rolle spielt. Es ist von daher keine Reduktion des Sprachumfanges, den Fußknoten wegzulassen. Der explizit dargestellte auxiliare Baum stellt quasi die 'unterste' Adjunktion dar. Alle Kombinationen von Adjunktionen können sich aus ihm entwickeln.

4. Schritt : *Repräsentation der eliminierten ϵ-Konstruktionen.*
Machen wir uns die Situation noch mal am nachfolgenden Bild klar. Der Sohn von X war ϵ und wurde eliminiert. Die Punkte zwischen X und Z in (0.1) und (0.2) beschreiben beliebige Nichtterminalkonstrukte, die der Zweiform-Definition genügen und in deren Blättern ebenfalls ϵ entfernt wurde. Damit ist der Fall abgedeckt, daß beliebig viele benachbarte ϵ-Konstruktionen sich zu Z reduziert haben und nun in U dargestellt werden müssen.

Die neuen auxiliaren Bäume (im folgenden Bild (2.1) bzw. (2.2)) werden wie folgt definiert : Wurzel und Fußknoten ist Z; U, die Repräsentation der eliminierten Konstruktion wird auf der Seite des Fußknotens eingehängt, auf der t Bruder von Y war; U kann alle möglichen Kombinationen von Adjunktionen in verschiedenen Knoten des eliminierten Teilbaumes sein, bei denen die Fußknoten weggelassen werden.

Durch das Sicherstellen, daß nur Bäume in Normalform eingesetzt werden, kann man die Fußknoten entfernen, ohne die TAG-Definintion zu verletzten. Es entstehen allerdings wieder Ketten, die mit dem Prozeß aus **Schritt 3** entfernt werden müssen.

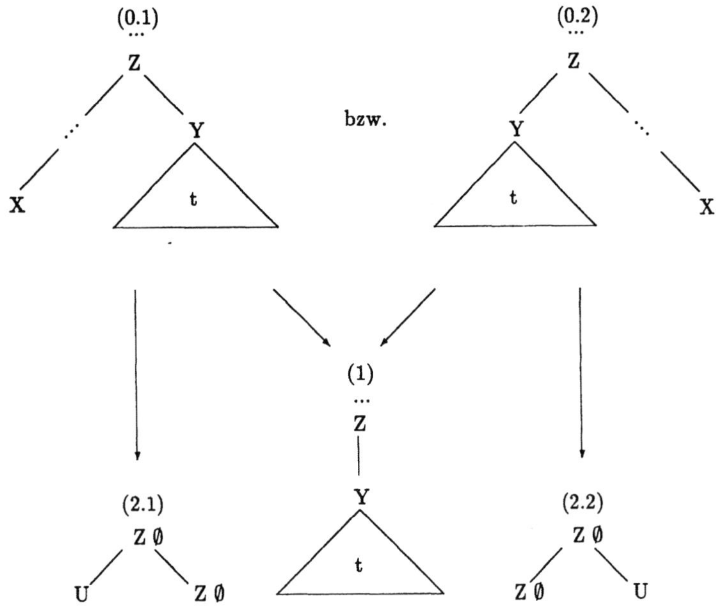

X, Y, Z ϵ N, t Unterbaum mit mindestens einem Terminal oder dem Fußknoten, U ist Baum, der alle Adjunktionen zwischen Z und X darstellt.

Zuvor müssen aber noch die Constraints hinzugefügt werden, die die zyklische Adjunktion verhindern. Dies geschieht, indem der Wurzel- und der Fußknoten der neuen Bäume das Null-Constraint haben. Durch selektive Adjunktion genau dieser Bäume wird beschrieben, daß nur die Bäume eines direkt folgenden Iterationsschrittes adjungiert werden können.

5. Schritt : *Neu entstandene Nichtterminalketten entfernen.*
Nun schicken wir die Grammatik noch einmal durch den Prozeß aus **Schritt 3**, der Ketten entfernt.

Damit haben wir eine Grammatik in Normalform erhalten, die den gleichen Sprachumfang hat, wie die Ursprungsgrammatik.

Diesen Satz kann man auch für TAGs mit Constraints formulieren. Der Beweis dazu ist aber ungleich schwieriger, da die Reihenfolgeunabhängigkeit von Adjunktionen nicht mehr gewährleistet ist. Man muß also eine endliche Berechnung für alle erlaubten 'untersten' auxiliaren Bäume als explizite Repräsentanten der Adjunktion beschreiben. Dies beschieht mittels einer speziellen Vereinigungsdefinition für Constraints. Dieser Fall ist ebenfalls in [HARBUSCH 87] ausgeführt.

Mit obigem Satz gehe ich ab jetzt nur noch von TAGs in Normalform aus. Diese bilden die Basisstruktur des im folgenden beschriebenen Parsing-Algorithmus.

Abschließend kann man sich noch die kritische Frage stellen, wie sehr die Baummengen der Grammatik angewachsen sind. Die Antwort darauf ist im Moment nicht sehr ermutigend (Sei die Tiefe der binären Bäume aus I $\cup$ A $\leq$ m, ein solcher binäre Baum der Tiefe m kann 2^i Ketten der Länge m-i enthalten. Also ist die Größe der Grammatik $\leq$ max(Anzahl der Bäume $\cdot$ Konstante $\cdot$ $(2^{i-1} \cdot$ (m-i) $\cdot$ (m-i+1))) für $0 \leq i \leq$ m.

Aber man muß bedenken, daß hier die maximale Anzahl an Ketten in einer Grammatik abgeschätzt wurden. In einer Grammatik zu einem aktuellen Problem findet man aber nie dieses Extrem. Außerdem gehe ich davon aus, daß sich ähnliche Verbesserungen wie bei der Greibach-Normalform-Transformation finden lassen werden. Eine Idee in diese Richtung ist die Definition von obligatorischen Constraints statt der Explizierung von Adjunktionen.

Für die nachfolgenden Überlegungen ist es aber erst einmal wichtig, ein konstruktives Verfahren zu haben.

2.2 Parsing von TAGs in $O(n^4)$

Bisher war in der Literatur der Algorithmus von [VIJAY-SHANKER, JOSHI 85] mit einer Laufzeit von $O(n^6)$ bekannt bzw. einige gescheiterte Versuche der Verbesserung (siehe [JOSHI, YOKO-MORI 83]). Ich möchte an dieser Stelle einen Algorithmus in der Laufzeit von $O(n^4)$ skizzieren. Die Hauptidee des Algorithmus ist, zuerst eine komplette kontextfreie Analyse der TAG, ebenenweise als kontextfreie Grammatik beschrieben, zu machen. Im kontextfreien Ergebnis sind auch alle korrekten TAG-Ergebnisse kodiert (leider nicht nur!). Auf einer graphisch adäquaten Darstellung, die gleiche Teile von verschiedenen Ableitungen gemeinsam repräsentiert, werden nun iterativ alle Adjunktionen gesucht und eliminiert bis man nur noch initiale Bäume erhält.

Man kann die Laufzeitverbesserung vielleicht so erklären, daß durch die Kodierung aller korrekten Lösungen nicht mehr so viele falsche Hypothesen aufgestellt werden müssen wie im strengen Bottom-Up-Verfahren wie es Vijay-Shanker und Joshi entlang der CKY-Analysepfade vorschlagen.

Mein Verfahren besteht aus 6 Schritten, wobei Schritt 5 n-1 mal iteriert werden kann (n = Länge der Eingabe).

2.2.1 Schritte der Analyse

1. Schritt : *Behandlung des leeren Wortes.*
Den Fall, daß ϵ in der Sprache ist, fange ich gesondert ab :
Falls w = ϵ und ϵ in der Sprache, genau dann wird das Wort akzeptiert. ACCEPT := true. Goto **Schritt 6.**
Also kann ab jetzt die Grammatik ohne die ϵ-Produktion betrachtet werden.

2. Schritt : *Vergabe von eindeutigen Knotennummern.*
Ich definiere nun eindeutig Knotennamen auf allen Bäumen aus I $\cup$ A, die auch die Stellung des Knotens im Baum widerspiegeln. Dadurch kann man während des Analyseprozesses ausgehend von einer Knotennummer kn Hypothesen über die noch benötigten Knotennummern und ihre Lage in Bezug zu kn aufstellen, um einen ganzen Baum zu erkennen.

- jeder elementare Baum erhält eine Nummer (t), wobei die Numerierung bei Null beginnt,

- die Wurzel eines Baumes erhält :
  kn := Baumnummer konkateniert mit Null (t0),

- der linke bzw. einzige Sohn der Wurzel erhält :
  kn := Baumnummer konkateniert mit Eins (t1),

- der rechte Sohn der Wurzel (falls existent) erhält :
  kn := Baumnummer konkateniert mit Zwei (t2),

- jeder linke bzw. einzige Sohn eines Knotens n (n nicht Wurzel) erhält :
  kn := Nummer des Vaterknotens konkateniert mit Eins (ti1, i ϵ $\{1,2\}^+$ Nummer des Vaters),

- jeder rechte Sohn eines Knotens n (n nicht Wurzel) erhält :
  kn := Nummer des Vaterknotens konkateniert mit Zwei (ti2, i ϵ $\{1,2\}^+$ Nummer des Vaters).

Betrachten wir unser Beispiel aus der Einleitung :
Die Kategorien werden hier als Terminale behandelt (*'Präterminale Kette'*), d. h. beim Parsing wird der Schritt der Lexikonsuche, bei dem jedem Wort des Eingabesatzes seine Kategorien zugeordnet werden, als ausgeführt ansehen. Die Transformation in Normalform sei ebenfalls bereits durchgeführt.

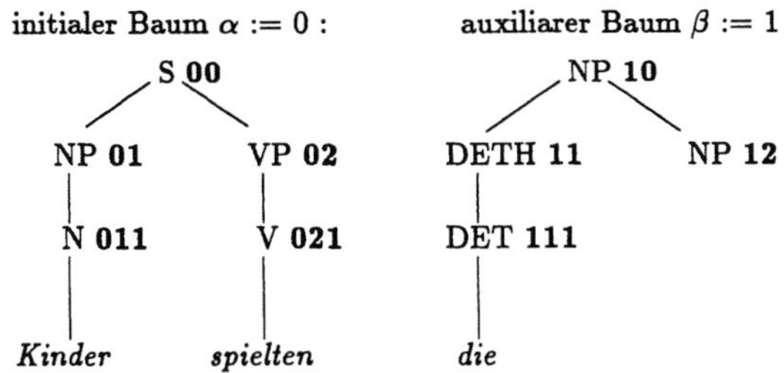

3. Schritt : *Bestimmung des kontextfreien Kerns der TAG.*
Hier wird die zu einer TAG korrespondierende kontextfreie Grammatik konstruiert, der *kontextfreie Kern der TAG.* Dabei wird jeder innere Knoten eines Baumes linke Seite einer kontextfreien Regel und sein Sohn bzw. seine Söhne bilden die rechte Seite. Die Nummern bzw. Constraintmengen an einem Knoten werden dabei als Annotation an den Knoten geschrieben.

In unserem Beispiel :
S(00) $\longrightarrow$ NP(01) VP(02)
NP(01) $\longrightarrow$ N(011)
VP(02) $\longrightarrow$ V(021)
NP(10) $\longrightarrow$ DETH(11) NP(12)
DETH(11) $\longrightarrow$ DET(111)

Um den kontextfreien Parsingprozeß effizienter zu machen, werden Regeln, die sich nur in den Nummern unterscheiden, zusammengefaßt, indem die Nummern in Nummernmengen gesammelt werden. Man sieht leicht, daß die Größe dieser Mengen eine Grammatikkonstante ist. Die CKY-Analyse muß also nicht jede kontextfreie Regel gemäß ihrer unterschiedlichen Knotennummerannotation wiederholen.
Mit unserer Normalform-Definition für TAGs ist auch die korrespondierende kontextfreie Grammatik in Chomsky-Normalform.
Diese Grammatik ist die Basis einer CKY-Analyse ([KASAMI 65], [YOUNGER 67]).

4. Schritt : *CKY-Analyse des kontextfreien Kerns.*
Das Verfahren baut eine Dreiecksmatrix auf, in der ein Nichtterminal in einer Zelle (i,j) (i ist Zeilen-, j ist Spaltenindex) dieser Matrix die Ableitbarkeit des Teilwortes $w_j...w_{j+i-1}$ beschreibt. Damit bedeutet S in der Zelle (n,1) die Ableitbarkeit des Eingabewortes. Dieses Verfahren braucht $O(n^3)$ Zeiteinheiten. Ich lege dabei im folgenden immer das **uniforme Komplexitätsmaß** für Zeit und Platz, wie in [PAUL 78] definiert, zugrunde.
Ich möchte dieses Verfahren leicht modifizieren, so daß einerseits die oben definierten Nummern, sowie die Constraintmengen an den Knoten und andererseits die Zusammenhänge zwischen linken

und rechten Seiten einer Regel explizit durch jeweils eine Kante von der linken Seite zu den einzelnen Knoten der rechten Seite repräsentiert werden. Dadurch erhöht sich der Speicherplatzbedarf von $O(n^2)$ auf $O(n^3)$. Der leichteren Lesbarkeit halber wird die Nummer des Zielknotens an die Kante selbst geschrieben. Man erhielte ansonsten maximal n-1 verschiedene Nummern an einem Knoten, die seine jeweilige Rolle als Wurzel- oder Fußknoten im Adjunktionsprozeß beschreiben (im folgenden Beispiel hätte NP in Zeile 1, Spalte 2 als Nummer 12 und 01).

Betrachten wir den Eingabesatz *'Die Kinder spielten'* mit der Präterminalkette 'DET N V' und den zu unserer Beispielgrammatik aus der Einleitung korrespondierenden kontextfreien Kern. Es wird die folgende (n+1)-zeilige und n-spaltige Dreiecksmatrix aufgebaut.

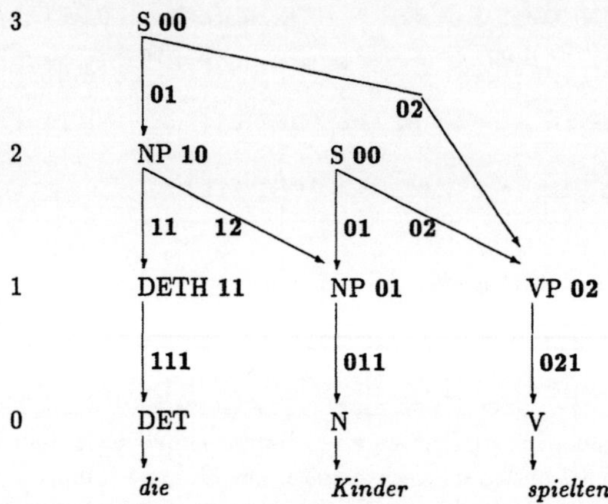

In dieses Verfahren kann man auch noch das Auffinden der innersten Bäume der ersten Stufe integrieren.

Def.10 : Ein **innerster Baum i-ter Stufe** $(i \geq 1)$ ist ein auxiliarer Baum, in dem i-1 komplette Adjunktionen stattgefunden haben.

Dabei werden die Nummer-Position eines Knotens um die drei folgenden Aussagen (ba, ibz, fkp) erweitert. Es wird so dargestellt, daß der Unterbaum, gemäß des zur aktuellen Knotennummer korrespondierende (Teil-) TAG-Baum, vollständig vorhanden ist. Bei der Definition dieser Positionen ist die Aussagekraft der Knotennummer nun sehr hilfreich.
Auf den einzelnen Positionen steht :

1. ba, die Abkürzung für *Baumart*, $\in \{$**LA, LI, TA, TI**$\}$, wobei gilt :

   - ba := **LA** oder *lokal-auxiliar* genau dann, wenn der Knoten zu einem auxiliaren Baum gehört, aber nicht der Wurzelknoten des auxiliaren Baumes ist,
   - ba := **LI** oder *lokal-initial* genau dann, wenn der Knoten zu einem initialen Baum gehört, aber nicht der Wurzelknoten des initialen Baumes ist,
   - ba := **TA** oder *total-auxiliar* genau dann, wenn der Knoten Wurzel eines auxiliaren Baumes ist und
   - ba := **TI** oder *total-initial* genau dann, wenn der Knoten die Wurzel eines initialen Baumes ist.

2. Auf der zweiten Position, in ibz, dem *Zähler innerster Bäume*, wird vermerkt, ein innerster Baum welcher Stufe der aktuelle (Teil-)Baum ist, also wieviele Adjunktionen bereits in ihm eliminiert wurden.

3. Auf der dritten Position, in fkp, dem *Fußknoten-Pointer*, steht ein Pointer auf den Fußknoten, falls er in diesem Unterbaum liegt, bzw. nil, falls nicht oder falls der Baum initial ist.

Die einzelnen Nummernpositionen sind folgendermaßen definiert :

- Induktionsverankerung :

    1. Die Terminale in Zeile 0 haben die erweiterte Nummern-Position (num, x, 0, nil), wobei x = LA, falls num die Knotennummer des Terminals in einem auxiliaren, x = LI, falls num die Nummer in einem initialen Baum ist.

    2. Jeder Knoten, der die Nummer num eines Fußknotens in einem TAG-Baum trägt, erhält die erweiterte Knotennummer (num, LA, 0, Pointer auf diesen Knoten).

Diese erweiterten Nummern werden aus oben genannten technischen Gründen an die einlaufende Kante geschrieben. Zur besseren Veranschaulichung argumentiere ich aber über Start- und Zielknoten einer Kante.

- Induktionsschritt :
  Während der Analyse wird für jeden Knoten k, der in einer höheren Zeile entsteht (, d. h. linke Seite einer Regel ist), die erweiterte Nummern-Position $(num_k, ba_k, ibz_k, fkp_k)$ folgendermaßen aus bereits berechneten Nummern der rechten Seiten der Regel mit der folgenden Fallunterscheidung definiert :

    - die rechte Seite der Regel besteht aus einem Terminal a mit der erweiterten Knotennummer $(num_a, ba_a, ibz_a, fkp_a)$:

        1. nach der Definition einer Knotennummer ist $num_k = num_a$ ohne das rechteste Zeichen, das eine 1 ist (abgekürzt als : - last(:= 1)),
        2. $ba_k = ba_a$, falls k nicht die Wurzel des gesamten TAG-Baumes ist bzw. $ba_k = $ TA oder TI, je nach dem, ob k die Wurzel eines auxiliaren oder initialen Baumes ist,
        3. $ibz_k = ibz_a = 0$, da in einem Terminalknoten keine Adjunktionen möglich sind und
        4. $fkp_k = fkp_a = $ nil, da ein Terminal nicht Fußknoten sein kann.

    - die rechte Seite der Regel besteht aus zwei Nichtterminalen l und m mit den erweiterten Knotennummern :
      $(num_l, ba_l, ibz_l, fkp_l)$ und dem Constraint C_l und $(num_m, ba_m, ibz_m, fkp_m)$ und dem Constraint C_m, wobei gilt :

        * num_l - last(:= 1) = num_m - last(:= 2),
        * $ba_l = ba_m$,
        * $ibz_m, ibz_l \geq 0$ und
        * mindestens einer von fkp_m und fkp_l ist nil.

      Die neue erweiterte Knotennummer sieht wie folgt aus :

        1. das neue Element entsteht nur, falls die Constraintmengen **von nicht Fußknoten** ungleich der obligatorischen Adjunktion sind,
        2. $num_k = num_m$ - last(:= 2),
        3. $ba_k = ba_m$, falls k nicht Wurzelknoten des Baumes ist, sonst $ba_k = $ TA oder TI, je nach dem, ob k die Wurzel eines auxiliaren oder inialen Baumes ist,
        4. $ibz_k = ibz_m + ibz_l$, falls k nicht Wurzelknoten des Baumes ist, sonst $ibz_k = ibz_m + ibz_l + 1$ und
        5. $fkp_k = fkp_m$, falls dieser ungleich nil ist und $fkp_k = fkp_l$, falls dieser ungleich nil ist, sonst $fkp_k = $ nil.

Diese Modifikationen am CKY-Algorithmus kosten nicht mehr Zeit als der ursprüngliche Algorithmus, da jeder Knoten nur konstant (bezüglich definierter Grammatik) viele Nummern haben kann. Falls das Eingabewort nicht kontextfrei akzeptiert wird, kann es auch nicht als korrektes Wort in der Sprache einer TAG liegen. In diesem Fall muß keine weitere Analyse stattfinden, ACCEPT := false, Goto **Schritt 6**.

5. Schritt : *Finden aller innersten Bäume.*
Diese innersten Bäume erster Stufe sind nun der Ausgangspunkt für das Finden von weiteren Adjunktionen höherer Stufe. Dabei werden Wurzel- und Fußknoten der innersten Bäume als identifiziert betrachtet, d. h. man macht die Adjunktion rückgängig. Dadurch sind neue Nachbarschaften entstanden. Das Verfahren zum Finden innerster Bäume mittels Betrachtung der Nummern von Kanten wird nun iteriert. Abbruchkriterium ist die Frage, ob in (n,1) der Matrix das Startsymbol S mit einer erweiterten Nummer der Form (initiale-Baumnummer0,TI,i,nil) mit $1 \leq i \leq$ n-1 steht.

Die Iteration terminiert nach spätestens n-1 Läufen, da Wurzel und Fußknoten immer in verschiedenen Zeilen stehen müssen, d. h. höchstens n-1 Adjunktionen übereinander stattfinden können.

Detailierten Beschreibung der Iteration :
In MAB, der *Menge der aktiven Bäume*, stehen nach der kontextfreien Analyse alle auxiliaren Bäume erster Stufe; NEUMAB1 und NEUMAB2 sind leere Mengen, Zähler := 1.

Für alle Bäume in MAB im i-ten Iterationsschritt ($1 \leq i \leq$ n-1) gilt :

(0) Falls in (n,1) zu S, eine erweiterte Beschreibung der Form (initiale-Baumnummer0, TI, j, nil) steht, akzeptiere das Eingabewort, ACCEPT := true und stoppe (Goto **Schritt 6**).

(1) Falls Zähler = Länge der Eingabe, akzeptiere die Eingabe nicht, ACCEPT := false und stoppe (Goto **Schritt 6**).

(2) Für alle Bäume in MAB, deren Wurzel TA ist, füge im Wurzelknoten die erweiterten Beschreibungen des Fußknotens mit LA, LI, oder TI hinzu, wobei die Position der Stufe um i erhöht wird (d. h., korrekte Unterbäume werden nach oben propagiert). Diese Beschreibungen und alle LA-Bäume seien in NEUMAB1 gespeichert.

(3) Für alle Knoten aus NEUMAB1, verlängere die Konstruktion um ein elementares Kantenpaar. D. h., suche eine im Knoten eingehende Kante mit einer Nummer, die eine Fortsetzung der Nummer im Knoten ist (Nummer ($+1 \vee +2$)) und deren Bruder auch lokal-auxiliar fertig ist (LA) für die Nummer($+2 \vee +1$). In die Wurzel der Fortsetzung schreibe, gemäß der Definition der erweiterten Knotennummern, die Repräsentation des neu berechneten Unterbaumes. Diese Knoten füge zu NEUMAB2.

(4) Für alle Knoten aus NEUMAB1, verlängere die Konstruktion durch Kombination mit Adjunktionen, die ihren Fußknoten in diesem Knoten haben. In der Wurzel dieser Adjunktionen füge die neu berechnete erweiterte Knotennummer hinzu. Diese Nummern werden zu NEUMAB2 ebenfalls hinzugefügt.

(5) Setze MAB auf NEUMAB2, NEUMAB1 und NEUMAB2 auf die leere Menge, Zähler auf Zähler+1, goto (0).

Machen wir uns den **5. Schritt** noch einmal graphisch klar. Zum Zeitpunkt START sind die Mengen MAB, NEUMAB1 und NEUMAB2 wie oben beschrieben initialisiert.

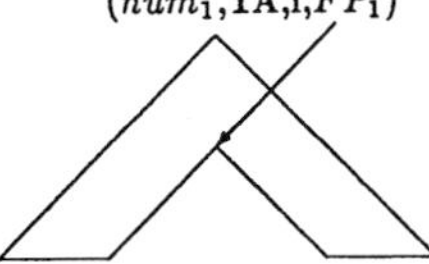

Schritt (2) :

$\forall$ auxiliare Bäume in MAB :

und ihre Untergeschichten unter dem Fußknoten (d.h. LA, LI, TI im Fußknoten) :

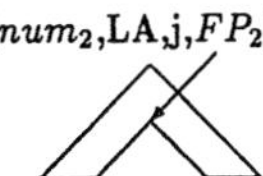

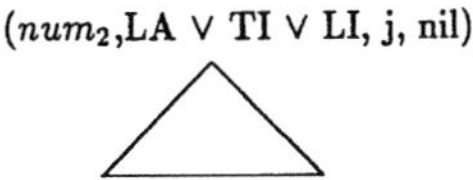

propagiere die Untergeschichten-Information vom Fuß- an den Wurzelknoten :

Ergebnisse und alle Bäume aus MAB mit Wurzel LA kommen nach NEUMAB1.

Schritt (3) (in a)), **Schritt (4)** (in b)):

Verlängerung nach oben für Elemente aus NEUMAB1 :

a) um elementares Kantenpaar, wobei die   b) um eine ganze Adjunktion :
Bruderkante einen fertigen Unterbaum be-
sitzt, d. h. $num_4 \cdot 1 = num_2$,
$num_4 \cdot 2 = num_3$,
o.B.d.A. $\text{last}(num_2) := 1$.

Ergebnisse nach NEUMAB2.

Schritt (5) : NEUMAB2 wird zu MAB, alle andern Mengen werden auf $\emptyset$ gesetzt.

Initialtest (**Schritt (0)**) und Abbruch nach n-1 Schleifendurchläufen (**Schritt (1)**).

START

6. Schritt : *Ausgabe des Ergebnisses.*

Gib als Ergebnis der Analyse den Wert von ACCEPT aus.

An diesen Schritt anschließend kann man sich die Rekonstruktion der Ableitungsbäume vorstellen. Diese ist natürlich nicht mehr in Zeit $O(n^4)$ möglich. Dafür aber eine automatische
Rücktransformation in die ursprüngliche Form der Grammatik, so daß ein Benutzer von der
effizienten Interndarstellung gar nichts bemerken muß.

Bisher habe ich im Algorithmus die Behandlung von Contstraints völlig außer acht gelassen.
Man kann sich jedoch leicht klar machen, daß die Überprüfung ihrer Korrektheit lokal am
Knoten stattfindet zum Zeitpunkt der Elimination einer Adjunktion. Man erreicht also nur
eine weitere Einschränkung der Kandidaten in MAB. Von daher muß dieser Test in der
Untersuchung des Rechenzeitverbrauches im schlechtesten Fall (Worst-Case-Analyse) nicht
berücksichtigt werden.

Ausserdem kostet ein solcher Test konstante Zeit pro zu betrachtendem Knoten, da die Anzahl der Elemente einer Constraintmenge konstant ist.

2.2.2 Korrektheit und Laufzeit

Ich möchte an dieser Stelle nur informell die Korrektheit und obere Laufzeitschranke beschreiben, da die exakten Beweise hier zu weit führen würden. Diese finden sich in [HARBUSCH
87].

Im Beweis der Korrektheit muß man zuerst zeigen, daß in der Dreiecksmatrix nach der
kontextfreien Analyse alle korrekten TAG-Ableitungen stehen. Dies ist aber intuitiv klar,
wegen der Zerlegbarkeit von TAG-Bäumen in kontextfreie Regeln.

Eine weitere generelle Feststellung, die für die Argumentation im Beweis wichtig wird, ist,
daß die erweiterte Knotennummer jeweils das Vorhandensein eines korrekten TAG-(Teil-)-
Baumes beschreibt. Hat ein Knoten also die Nummer (num, TA∨TI, ..., ...), so existiert
ein auxiliarer bzw. initialer Baum im Graphen. Diese Aussage folgt aber sofort aus der
rekursiven Definition der Knotennummern. Ich muß aber noch über den Kontrollfluß zeigen,
daß alle Berechnungen von Teilbäume auch nach oben fortgesetzt werden.

Eine ebenso wichtige Überlegung ist, daß der Graph nach Entfernen einer Adjunktion immer
noch die korrekten Lösungen enthält. Dies macht man sich durch die folgenden Aussagen
klar. Erstens werden keine Kanten oder Knoten im Graph explizit gelöscht. Zweitens beschreibt das Propagieren von Untergeschichten des Fußknotens an die Wurzel, daß diese
Konstruktionen über der Wurzel fortgesetzt werden können.
Da eine Bottom-Up-Analyse bemacht wird, genügt es, die Informationen nach oben zu propagieren.

Ich muß im folgenden nun noch klar machen, daß alle Teilkonstruktionen, die zum Ergebnis
beitragen können, auch betrachtet werden.
Dazu werde ich alle Fälle der Akzeptanz bzw. Nichtakzeptanz durchgehen :

1. Das leere Wort wird in seiner Sonderbehandlung korrekt analysiert.

2. Der Fall, daß keine Adjunktion stattfindet, d. h. der ganze Baum besteht aus einem initialen Baum, wird durch (0) abgedeckt. Die erweiterte Nummerndefinition wird
   während der kontextfreien Analyse rekursiv aus bereits berechneten Nummern zu Teilbäumen entlang der kontextfreien Regeln angewandt. Damit ist das Auffinden aller
   möglichen Bäume sichergestellt.

3. Falls nun Adjunktionen auftreten, muß es eine innerste Adjunktion (erster Stufe) geben. Dies wird durch die Überprüfung der korrekten Nachbarschaften gemäß der Numerierung festgestellt. Die Argumentation über die Knotennummern wie im initialen Fall gilt auch hier. Also werden alle innersten Bäume erster Stufe gefunden. Alle inneresten Bäume erster Stufe sind in MAB. Es ist klar, daß nur diese Bäume neue Lösung erzeugen können. Sie werden gemäß ihrer Untergeschichten nach oben verlängert, so daß Bäume höherer Stufe entstehen. Dabei treten die beiden folgenden Fälle auf :

(a) Dies war die einzige Adjunktion in der Lösung, d. h. er muß jetzt nur noch mit einem initialen Baum verbunden werden. Dann muß gemäß der Knotennummerberechnung im Fußknoten des auxiliaren Baumes (, der in MAB ist,) ein Teilbaum des initialen Baumes geschrieben sein. Diese Information wird in den Wurzelknoten des auxiliaren Baumes propagiert und mittels Iteration über **Schritt (3)** zum initialen Baum zusammengebaut und in **Schritt (0)** auf Korrektheit getestet.

(b) Es sind weitere Adjunktionen zu finden. Sie können in verschiedenen Teilbäumen liegen, direkt (d. h., Wurzel des unteren Baumes ist Fußknoten des oberen Baumes) oder indirekt (d. h., es können elementare Kanten zwischen Wurzel des unteren und Fußknoten des oberen Baumes liegen) über einander liegen oder beliebige Kombinationen dieser Fälle bilden.

For jeden unteren Baum (in MAB) wird die Untergeschichte an die Wurzel propagiert (Schritt einerseits elementar nach oben verlängert (**Schritt (3)**) zur Darstellung von indirekten Verbindungen bzw. von Adjunktionen in verschiedenen Teilbäumen, wenn im Bruder-Unterbaum diese bereits eliminiert wurden; andererseits um eine ganze Adjunktion verlängert (**Schritt (4)**), falls es im Wurzelknoten den Fußknoten einer anderen ganzen Adjunktion gibt. Die Iteration stellte das Finden aller oben beschriebenen Kombinationen von Adjunktionen sicher bis die Wurzel des Baumes erreicht wird. Ist ein kompletter Baum gefunden, wird wie in Fall (a) argumentiert.

Ich muß jetzt noch darüber argumentieren, weshalb keine Lesarten vergessen werden. Es kann sein, daß eine Teilkonstruktion aus MAB verschwindet, obwohl sie zu einer Lösung beiträgt. Dieser Fall kann nur auftreten, falls die korrespondieren Teilkonstruktion noch nicht aufgebaut wurde. Sobald aber diese entsteht, wird sie zu MAB hinzugefügt und in der nächsten Iteration die bereits gelöschte Konstruktion als Partner benutzen.

Damit sollte die Korrektheit intuitiv klar sein. Ich habe die Bottom-Up-Idee in zwei in einander geschachtelten Prozessen verwandt. In der inneren Schleife werden komplette TAG-Bäume gesucht. Diese werden zu verbinden versucht. Ich nutze dabei aus, daß die Untergeschichten immer vollständig berechnet sind und dadurch bekannt ist (anhand der Knotennummern) nach welcher Verlängerung gesucht wird.

Der Beweis der Laufzeitschranke führt über einige technische Lemmata, die Eigenschaften des Graphen vor und während der Bearbeitung durch den Algorithmus beschreiben. Ich möchte hier aber eine mehr intuitive Erklärung geben, die die Unterschiede zum Algorithmus von [VIJAY-SHANKER, JOSHI 85] aufzeigt. Ich orientiere mich dabei am Kontrollfluß. Da ich ebenfalls Bottom-Up unter Berücksichtigung der bereits gebauten Teilkonstruktionen vorgehe, ist klar, daß ich nicht länger brauche. Wenn man vergleicht, welche Versuche der Verlängerung von Teilkonstruktionen ich einsparen kann, fallen genau alle Versuche, die zur Konbination von fertigen Teilkonstruktionen mit darüberliegenden Adjunktionen während der Konstruktion aller Kandidaten der oberen Adjunktionen weg. Ich spare also die Kombinatorik mit falschen Zwischenresultaten ein.

Nun etwas detaillierter am Algorithmus argumentiert. Nach der kontextfreien Analyse können

$O(n^2)$ innerste Bäume erster Stufe gefunden worden sein, da jede Nummer an einem Knoten nur eine Rolle im Graphen spielen kann. Diese werden um höchstens k Untergeschichten erweitert (k ist eine Grammatikkonstante, die die maximale Anzahl an Nummern zu einem Nichtterminal oder Terminal angibt). Solch eine Untergeschichte ist eine erweiterte Knotennummer im Fußknoten, d. h. sie beschreibt halbfertige Unterbäume (LIVLA). Die Fortsetzungsmöglichkeiten nach oben können zu diesem Zeitpunkt aber bereits $O((n-i)^2)$ sein (i die Nummer der Zeile im Graphen). Dies ist aber auch der maximale Indegree eines Knotens in Zeile i. Andererseits werden aber von jeder Adjunktion mindestens ein Zeilenniveau überwunden, so daß die Anzahl der Fortsetzungen mit jedem Iterationsschritt sinkt. Man kann dieses Verhältnis durch eine dreifach geschachtelte Summenformel beschreiben, deren Abschätzung $O(n^4)$ ist. In den einzelnen Summen ist ausgedrückt, daß die Untergeschichten immer mehr Niveaus überspannen, die Anzahl der Niveaus, die eine Adjunktion überspannt immer grösser wird und die Anzahl der eingehenden Kanten in einen Knoten je höher das Niveau ist immer weniger werden. Den ausführlichen Beweis über technische Lemmata findet man in [HARBUSCH 87].

3 Linguistische Anwendbarkeit des Formalismus

Das linguistische Beispiel aus der Einleitung gibt einen ersten Eindruck der Einsetzbarkeit der TAGs zur Kodierung von natürlichsprachlichen Grammatiken. Aber dieses Beispiel bereitet auch einer kontextfreien Grammatik noch keine größeren Schwierigkeiten. Ich möchte daher auf linguistische Probleme eingehen, die mit einer kontextfreien Grammatik nicht mehr ohne weiteres zu bewältigen sind. Ausführliche Beschreibungen über die linguistische Relevanz von TAGs finden sich z. B. in [KROCH 85], [KROCH, JOSHI 85] oder [KROCH, SANTORINI 86].

In diesem Beitrag möchte ich mich bei der Argumentation der linguistischen Adäquatheit nur auf die Analyse-Seite beschränken. TAGs werden aber auch bei der Generierung eingesetzt ([MCDONALD, PUSTEJOVSKY 85] oder [JOSHI 87]).

Hier kommt die Lokalität der Adjunktionen besonders bei der inkrementellen Generierung zum tragen. Eine Planungsinstanz kann entscheiden, ob in einem Ableitungsbaum noch eine Adjunktion ausgeführt werden soll oder auf den nächsten Satz verschoben wird, ohne den Aufbau des aktuellen Satzes zu unterbrechen.

Die nun folgende Grammatik ist nicht in Normalform. Die Normalform-Transformation wird für den Benutzer unsichtbar und automatisch durchgeführt. Will der Benutzer nach der Analyse eine Auflistung der Lesarten, kann man sich eine automatische Rückumwandlung in das ursprüngliche Format leicht vorstellen (man merkt sich Korrespondenzen während der Transformation). Damit ist ʳ Grammatikschreiber frei von jedem Formatzwang.

Ich möchte hier eine Grammatik für einige linguistische Phänome, z. B. geschachtelte Abhängigkeiten oder Verbraising, im Deutschen vorstellen.

Nehmen wir die einfache Grammatik aus der Einleitung und erweitern sie um einige Sprachkonstrukte. Die Grammatik kann zu diesem Zeitpunkt nur Sätze mit einem intransitiven Verb bilden. Transitivität bzw. Präpositionalobjekte werden durch die auxiliaren Bäume β_1 und β_2 beschrieben :

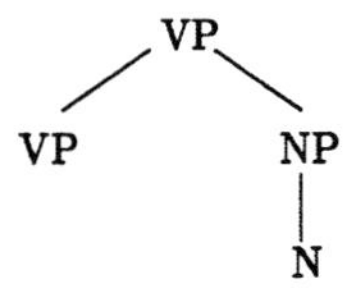

auxiliarer Baum β_1 :

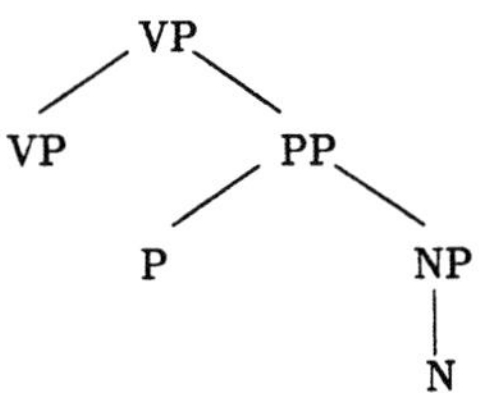

auxiliarer Baum β_2 :

Ohne Abbildung seien auch die Bäume β_1' und β_2' definiert, die sich von β_1 und β_2 nur dadurch unterscheiden, daß der Fußknoten auf der anderen Seite liegt. Mit diesen Bäume werden (Präpositional-)Objekte vor dem Verb beschrieben.

Betrachten wir nun die Ableitung eines Beispielsatzes, der ein Modalverb und eine Infinitivkonstruktion enthält : *'Paul glaubt Maria zu sehen.'*

initialer Baum α_1 :

auxiliarer Baum β_3 :

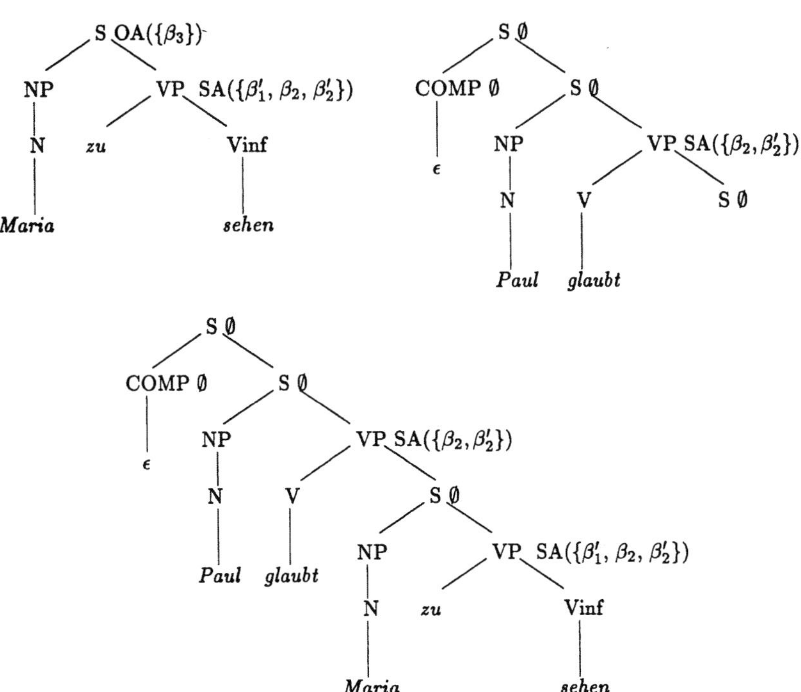

Man sieht hier auch, daß man sich um die Definition der bereits eingeführten Konstrukte (z. B. Präpositionalobjekte) bei Erweiterungen nicht explizit kümmern muß. Sie sind durch die Wahl des Knotennamens, in dem Adjunktionen möglich sind, bzw. der Constraintmenge, falls Einschränkungen gewünscht sind, automatisch adjungierbar. Ich kann also auch Sätze wie *'Paul glaubt Maria auf dem Berg zu sehen.'* oder *'Paul glaubt Maria zu sehen mit dem Fernglas.'* analysieren.

Das letzte Beispiel erzeugt zwei Ableitungsbäume. Einmal wird β_2 im VP-Knoten, der *glaubt* dominiert, adjungiert und einmal im VP-Knoten, der *zu sehen* dominiert.

Kommen wir nun zu dem klassischen Beispiel für geschachtelte Abhängigkeiten :
'Paul hofft, daß Hans Peter Maria schwimmen lassen sah.'

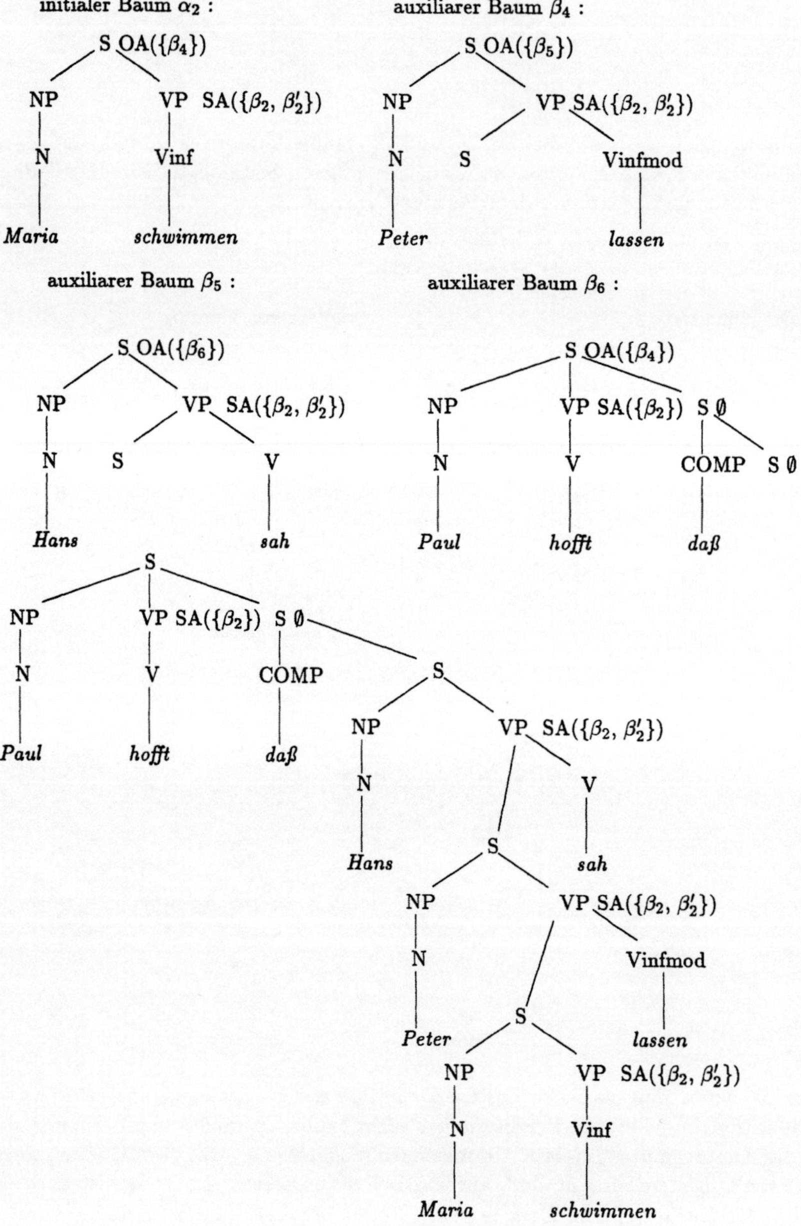

Man sieht, daß die korrespondierenden abhängigen Komponenten jeweils im gleichen elementaren Baum geschrieben werden. Dies wird von der Lokalitätseigenschaft der Adjunktion
gefordert. Man sah dieses Vorgehen bereits beim Beispiel von $a^n b^n c^n$. Es wurde von einem

auxiliaren Baum jeweils genau ein a, b und c gleichzeitig abgeleitet.

Man kann diese Forderung dahingehend abschwächen, daß man sich noch eine Darstellung über geschickt gewählte Constraint-Mengen denken kann (eine Komponente erfordert per obligatorischer Adjunktion den Partner, der eine Null-Adjunktion als Constraint hat).

Durch den Einsatz von Constraints ist auch die Kombinierbarkeit von Modalverben beschrieben. Hierbei ist zu bemerken, daß dies nicht der einzige und für eine große Grammatik sicher nicht geeignete Weg ist. Als Alternative kann man sich etwa eine feinere Kategorisierung, die damit auch differenziertere Adjunktionen erlaubt, vorstellen.

Abschließend zu bemerken ist, daß auch die überkreuzte Abhängigkeit wie im Niederländischen mit TAGs zu beschreiben ist (siehe [KROCH, SATORINI 86]).

Mit dieser kleinen Grammatik hoffe ich einen Eindruck der linguistischen Mächtigkeit von TAGs gegeben zu haben.

Mit dem Anspruch der linguistischen Adäquatheit eines Formalismus, dessen Algorithmus implementierbar ist, erwächst der Wunsch eine angenehme Programmierumgebung zur Unterstützung der Grammatikeingabe und Modifikation, zum Parsen von Beispielsätzen oder beim Finden von Fehlern zu haben. Dies sind grob die Ansprüche an eine Werkbank, wie sie z. B. für den PATR-Formalismus, einer Sprache zur Spezifikation von Unifikationsregeln [KARTTUNEN 86], existiert. Man versucht damit, dem Linguisten ein Mittel an die Hand zu geben, seine Grammatik zu realisieren ohne allzuviele Vorkenntnisse bei der Bedienung der Maschine mitbringen zu müssen.

Auch für TAGs gibt es eine solche Werkbank, die genau auf die graphischen Belange der initialen und auxiliaren Bäume zugeschnitten ist (siehe [SCHIFFERER 88]). Man kann dort die elementaren Bäume graphisch entwickeln, wird auf Verletzungen der Definition hingewiesen, kann testweise Adjunktionen durchführen lassen, ganze Sätze analysieren lassen und wird bei der Fehlersuche unterstützt.

4 Erweiterungen des Formalismus

Ich möchte in diesem Abschnitt hauptsächlich auf Erweiterungsmöglichkeiten genauer eingehen, die linguistisch motiviert sind.

Der TAG-Formalismus in seiner jetzigen Form eignet sich genauso wenig wie kontextfreie Grammatiken für Sprachen mit freier Wortstellung. Daher sind TAGs in einer ID/LP-Kodierung entworfen worden. Viele Details darüber finden sich in [JOSHI 87]. Auch hier werden zuerst alle Bäume mit eindeutigen Nummern versehen wie ich es im Parsing-Algorithmus beschrieben habe. Dann wird jedem Baum eine LP-Menge, die die Ordnung unter sich nicht dominierenden Verwandten festschreibt, definiert.

Zur Illustration nehme ich noch einmal das Beispiel aus der Einleitung und schreibe eine LP-Menge, die die Wortstellung eindeutig festlegt : $\{01 \leq 02, 11 \leq 12\}$

Ob es ein direktes Parsingverfahren wie für ID/LP-TAGs gibt, ist in der Literatur bisher noch nicht untersucht worden. Der Ansatz findet derzeit viel Interesse bei der Generierung.

Ähnlich wie bei der Kombination von TAG- und ID/LP-Formalismus, erwuchs die Idee der Kombination mit Unifikation aus der genauso umständlichen Kodierung von Subkategorien wie bei kontextfreien Grammatiken. Man möchte z. B. den Test auf Numerus-, Genus-

und Kasusgleichheit innerhalb einer Nominalphrase nicht mittel Beschreibung aller Kombinationen von möglichen Belegungen erkaufen. Die Unifikationsgrammatiken (Einführung in [SHIEBER 87]) geben da einen eleganten Formalismus vor, bei dem man unabhängig von der aktuellen Belegung die Gleichheit von Subkategorien fordern kann.

Von daher lag die Verknüpfung dieser beiden Formalismen nahe. Ein möglicher Weg wurde von [VIJAY-SHANKER 86] vorgeschlagen. Jedem TAG-Baum wird eine Unifikationsstruktur, ein **DAG** (für *Directed Acyclic Graph)* zugeordnet. Bei Adjunktion werden auxiliare Bäume als Funktionen betrachtet, die Feature-Strukturen in Feature-Strukturen überführen. Die Unifikation ist bei ihm soweit eingeschränkt, daß nur Information propagiert werden darf und auf Values abgefragt werden kann.

Wir haben uns die Frage gestellt, ob eine Definition von TAGs mit Unifikation ohne diese Einschränkungen und mit mehr Gewicht auf der TAG-Definition möglich ist bzw. welche Eigenschaften dann verloren gehen. Ein elementarer Unterschied zu Unifikation mit kontextfreien Regeln ist der Verlust der Monotonie-Eigenschaft, da eine Adjunktion wie ein modifizierender Filter wirkt. Details über die exakten Definitionen, sowie Erfahrungen mit einer Implementierung finden sich in [BUSCHAUER, POLLER, SCHAUDER, HARBUSCH 88].

Die letzten Erweiterungen, auf die ich in diesem Zusammenhang eingehen möchte, sind von der Art, den Sprachumfang von TAGs zu erweitern. Bisher hat man nur die Möglichkeit Adjunktionen an einer Stelle zuzulassen oder nicht. Möchte man nun beschreiben, daß mehrere Adjunktionen in einem Baum stattfinden sollen ohne darzustellen, in welchen speziellen Knoten. Man möchte sagen, daß wenn im Knoten x der Baum t adjungiert wurde, dann muß in Knoten y der Baum t' adjungiert werden. Oder es soll die Adjunktion von auxiliaren Bäumen, in denen bereits Adjunktionen stattgefunden haben, möglich sein.

All diese Aussagen laufen der Idee der Lokalität von Adjunktionen entgegen. Von daher klingt es nicht weiter verwunderlich, daß TAGs, bei denen man lokale Entscheidungen in Abhängigkeit setzt, die Mächtigkeit von Indexed Grammars erreichen. Die ausführlichen Definition dieser Erweiterungen finden sich in [WEIR 87].

5 Schluß

Mit dem Formalismus der Tree Adjoining Grammar hat man einen Formalismus, der in seiner Grundform einen effizienten Analysealgorithmus mit einer Zeitkomplexität von $O(n^4)$ besitzt. Seine Mächtigkeit als 'mildly contextsensitive Grammar' erlaubt die Kodierung vieler linguistischer Probleme. Der Beweis der Aussage, daß diese Mächtigkeit immer ausreichend ist zur Grammatikspezifikation kann nur empirisch erbracht werden. Ich hoffe, obige kleine Grammatik hat einen gewissen intuitiven Eindruck der Adäquatheit vermittelt.

Die Verweise auf aktuelle Arbeiten auf dem Gebiet der TAGs zeigen, daß der Formalismus immer bekannter wird. Das zeigt sich daran, daß immer häufiger TAGs als Mächtigkeitsmaßstab jenseits der kontextfreien Sprachen dienen. Diese Rolle spielten bisher die Indexed Grammars. Mit den am Ende des letzten Kapitels beschriebenen Erweiterungen ist die Skala zwischen kontextfreien und Indexed Grammars feiner geworden und es hat sich gezeigt, daß TACs mit Erweiterungen äquivalent zu Indexed Grammars sind.
Diese Einteilungen sind insofern wichtig, daß immer mehr Anstrengungen unternommen werden, für einen neuen Formalismus die Äquivalenz zu bestehenden zu zeigen.

Danksagung

Ich möchte Matthias Hecking und Jan Messerschmidt für Anmerkungen zu früheren Versionen des Artikels danken.

Literatur

Buschauer, B., P. Poller, A. Schauder, K. Harbusch (1988) : *Parsing von TAGs mit Unifikation*, erscheint als Memo in der Reihe KI-Labor, Fachbereich Informatik, Universität des Saarlandes, Saarbrücken

Harbusch, K. (1987) : *Parsing TAGs in Time Complexity $O(n^4)$*, unveröffentlichte Vorversion der Dissertation am Lehrstuhl Informatik IV der Universität des Saarlandes, Saarbrücken

Hopcroft, J. E., J. D. Ullman (1979) : *Introduction to Automata Theory, Languages, and Computation*, Addison-Wesley Publishing Company, Inc., Reading, Massachusetts

Joshi, A. K. (1983) : *Factoring Recursion and Dependencies : An Aspect of Tree Adjoining Grammars (TAG) and a Comparison of Some Formal Properties of TAGs, GPSGs, PLGs and LFGs*, in 21. ACL Proceedings

Joshi, A. K., T. Yokomori (1983) : *Parsing of Tree Adjoining Grammars*, Technical Report, Department of Computer and Information Science, Moore School, University of Pennylvania, Philadelphia

Joshi, A. K. (1985) : *An Introduction to Tree Adjoining Grammars*, Technical Report, Department of Computer and Information Science, Moore School, University of Pennylvania, Philadelphia

Joshi, A. K. (1987) : *Word Order Variation in Natural Language Generation*, in AAAI Proceedings

Joshi, A. K., S. Levy, M. Takahashi (1975) : *Tree Adjoining Grammars*, in Journal of Computer Systems and Science

Karttunen, L. (1986) : *D-PATR : A Development Environment for Unification Grammars*, CSLI - Stanford, Report, Stanford

Kasami, T. (1965) : *An Efficient Recognition and Syntax Algorithm for Context-Free Languages*, Scientific Report, Air Force Cambridge Research Lab., Bedford, Massachusetts

Kroch, T. (1985) : *Unbounded Dependencies and Subjacency in a Tree Adjoining Grammar*, in **Alexis Manaster-Ramer** (ed.) : Proceedings of the First Conference on the Mathematics of Language

Kroch, T., A. K. Joshi (1985) : *Linguistic Relevance of Tree Adjoining Grammars*, Technical Report, Department of Computer and Information Science, Moore School, University of Pennylvania, Philadelphia

Kroch, T., B. Santorini (1986) : *A Derived Constituent Structure of the West Germanic Verb Raising Construction*, in **R. Freidin** (ed.) : Proceedings of the Princeton Workshop on Comparative Grammar, MIT Press

McDonald, D. D., J. D. Pustejovsky (1985) : *TAGs as a Grammatical Formalism for Generation*, in 23. ACL Proceedings

Paul, W. J.(1978) : *Komplexitätstheorie*, Teubner Studienbücher : Informatik, Stuttgart

Schifferer, K. (1988) : *TAGDevEnv - Eine Werkbank für TAGs*, Diplomarbeit am Lehrstuhl Informatik IV der Universität des Saarlandes, Saarbrücken

Shieber, S. M. (1987) : *An Introduction to Unification-Based Approaches to Grammar*, CSLI - Stanford, Lecture Notes, Stanford

Vijay-Shanker, K., A. K. Joshi (1985) : *Some Computational Properties of Tree Adjoining Grammars*, in 23. ACL Proceedings

Vijay-Shanker, K., D. J. Weir, A. K. Joshi (1985) : *The Relationship between of Tree Adjoining Grammars and Head Grammars*, Technical Report, Department of Computer and Information Science, Moore School,, University of Pennylvania, Philadelphia

Vijay-Shanker, K. (1986) : *A Study of Tree Adjoining Grammars*, Technical Report, Department of Computer and Information Science, Moore School, University of Pennylvania, Philadelphia

Weir, D. J. (1987) : *From Context-Free Grammars to Tree Adjoining Grammars and Beyond*, Dissertation Proposal, Department of Computer and Information Science, Moore School, University of Pennylvania, Philadelphia

Younger, D. H. (1967) : *Recognition and Parsing of Context-Free Languages in Time n^3*, in Information and Control 10 : 2

A mathematical model for the CAT framework of Eurotra

Theo M.V. Janssen
Depts. of Mathematics and Computer Science
University of Amsterdam
Nieuwe Achtergracht 166
1018 WV Amsterdam
The Netherlands

1. Introduction

Eurotra is the machine translation project of the EEC. The basic ideas for the design of the system are given by the CAT framework, which is, together with various relaxations, presented in several publications (e.g. Arnold 1985, 1986 e.a., des Tombes e.a. 1985, Arnold & des Tombes 1987). In the present paper a mathematical model for the CAT framework will be developed. This will be a model of the structural aspects of the framework, such as the structure of the grammars and of the translation steps. The model uses notions and results from universal algebra; a branch of mathematics which deals with structures and their relations. The model is in a certain sense the same as the CAT framework, but it is build with different tools. Eurotra is a project of ongoing research with continuous practical experience, and this might cause changes in the original framework. Since the present paper is mainly based upon the publications mentioned above, it does not necessarily describe the present situation correctly (for your information, the author is not personally involved in the project). The aim of this paper is, however, not to present some version of Eurotra, but to argue for a more abstract and more mathematically based approach to Eurotra (and other machine translation systems). It will be shown that there are several advantages of such a mathematical approach. It brings new insights in the framework (see sections 4 and 5), and gives us a new appreciation of certain Eurotra proposals (see sections 6 and 7). Furthermore, the mathematical model for Eurotra will, I expect, be a good starting point for investigating later stages of the Eurotra system.

The aspects of the Eurotra system that are relevant for the discussion of the present paper are the following. It is a transfer system that translates sentences. In the course of this translation process the sentence is analysed in different ways according to different criteria. Each of these analyses is considered as an expression in some analysis language. The process of translating a sentence is a process which transputs the sentence through the several analyses for the source language, and next in reversed order for the target language. Each of these steps from analysis language to analysis language is considered as a translation step of the same nature as the 'real' transfer step from the last source language analysis to the first target language analysis.

The different analysis languages are mentioned below (using the terminology from Arnold & des Tombes 1987). In the Eurotra publications the discussion usually is restricted to the analyses

3, 4 and 5, and so will be done in the present paper.

1. *ENT (=Eurotra normalized text)*

The input and output of the system are unanalysed expressions, presented in some normalized form.

2. *EMT (=Eurotra morphologically analysed text)*

At this level the words of the expressions are morphologically analysed. So instead of *works* a expression will contain something like *work*[third person singular present tense].

3. *ECS (=Eurotra Constituent Structures)*

Constituent structures are assigned to morphologically analysed expressions. The order of the words in the structure is the same as in the surface expression.

4. *ERS (=Eurotra Relational Structures)*

The syntactic relations of an expression are given in a labelled tree. The surface order needs not to be respected; for instance a direct object of a verb is connected immedeately with the verb it belongs to.

5. *IS (=Interface Structures)*

The semantic relations of a phrase are given by means of a labelled tree.

2. Algebras as syntax

Several considerations have influenced the design of the CAT framework. One of these is the principle of compositionality of translation. It reads, in my formulation, as follows:

The translation of an expression is a function of the translations of its parts

and of the way they are syntactically combined.

This principle I will take as point of departure for the development of a mathematical model. The other considerations will not be mentioned here, since the compositionality principle is sufficient for that purpose.

The principle of compositionality speaks about the parts of an expression. So there has to be in the model a formal source for determining what the parts of an expression are. The information on how expressions are formed is given by the syntax of a language, and consequently the rules of the grammar determine in our model what the parts of an expression are. This means that the rules build new expressions from old expressions, and we will call these old expressions *parts*.

Let us consider an example. Suppose that a rule, called S_1, builds *John takes the apple away* from *John* and *take away* and *the apple*. Then these three expressions are the (immediate) parts of this sentence. If one would prefer to consider this sentence as consisting of two parts, then one should not have rule S_1 in the grammar, but a rule S_1' that builds this sentence from the two parts *John* and *take the apple away*.

A syntax with the kind of rules as described above is a very specific example of what is called in mathematics 'an algebra'. Informally stated, an algebra is a set with functions defined on that set. After the formal definitions some examples will be given.

Definitions.

A an **Algebra** *A*, consists of a set A called the **carrier** of the algebra, and a set F of functions defined on that set. So A = <A,F>. The elements of carrier are called the **elements of the algebra**. A function is called **n-ary** if it takes n arguments. Instead of function, we often use the name **operator**. If an operator is not defined on the whole carrier, it is called a **partial operator**. If $F(E_1,E_2, ..,E_n)$=E, then E_1,E_2, .., and E_n are called **parts of E**.

The notion *set* is a very general notion, and so is the notion *algebra* which has a set as one of its basic ingredients. I will give three examples of a completely different nature. The first is the algebra with as carrier the set N of natural numbers {0, 1, 2, 3, ... } and with addition and multiplication as operators. The second example has a more linguistic character. The carrier is the set of all finite strings of words which can be formed from the entries in a given dictionary, and the operator is concatenation. A third example consists of the set of trees (consituent structures) and as operation making a new tree from two old ones by giving them a common root. In order to avoid the misconception that everything is an algebra, finally a non-example. Take the second algebra (finite strings of words with concatenation), and add an operator that counts the length of a string. Then it is not an algebra any more, since the lenghts (natural numbers) are not elements of the algebra.

As argued above, it is a consequence of the principle of compositionality of translation that the grammars have to be algebras. And indeed, in the CAT framework for Eurotra all grammars are algebras (although this terminology is not used). The first two levels of analysis in Eurotra (unanalysed sentences and morphologically analysed sentences) are algebras with concatenation as operator. The three other levels (ECS, ERS and IS) concern labelled trees and the operators mostly combine two or more trees to a new tree by providing them with a new common root.

In the linguistic examples we have met operators of different nature. In the second example of the above paragraph the operator was concatenation of strings, whereas in the example in the beginnings of this section it was a substitution: *the apple* is placed between *take* and *away*. An operator which introduces a new word, viz. a determiner, is the Eurotra operator S_{def} that produces *the apple* from *apple* . We have defined the notion *part of E* as the inputs of the operator producing E. Hence, according to rule S_1, *take away* is a part of *John takes the apple away,* whereas it does not occur as substring of that sentence. And *the*, which intuitively might be considered as a part, is according to S_{def} not a part of *the apple* . Rules that involve unification are frequently used in Eurotra. They give us other examples of rules that build a compound expression from parts that are not parts in the naive sense. These examples show that *part* is a now a theoretical notion and not an empircal one; the formal notion and the intuitive notion coincide if the syntactic rules are concatenation rules.

Next we will meet a subclass of the algebras, viz. the finitely generated algebras. All Eurotra algebras belong to this class. To give an example, consider in the subset {1} in the algebra of natural numbers defined above. By application of the operator + to elements in this subset, that is by calculating 1 + 1, one gets 2. From the then obtained set one can produce 3 (by 2+1, or 1+2), and in this way the whole carrier can be obtained. Such a subset is called a *generating set* for the algebra. If an algebra has a finite generating set, the algebra is called *finitely generated*. If we have in the same algebra the subset {2}, then only the even numbers can be formed. Therefore the subset {2} not a generating subset of the algebra of natural numbers. On the other hand, the even numbers form an algebra. This fact that can be explained as follows. If one starts with some set, and add all elements that can be produced from the given set and from already produced elements, then one gets a set that is closed under the given operators. Hence it is an algebra. This method can be applied to any subset in any algebra.

Definitions

Let A = <A,F> be an algebra, and H be a subset of A. Then <[H],F> denotes the smallest algebra containing H, and is called the by H **generated subalgebra**. If <[H],F> = <A,F>, then H is called a **generating set** for A. The elements of H are called **generators**. If H is finite, then A is called a **finitely generated algebra**.

So for the first example of an algebra, a finitely generated algebra, holds <N, {+, ×}> = <[{1}], {+, ×}>. Another example of an algebra was the set of all strings of entries in a lexicon; this algebra is finitely generated with the lexicon as generating set. An algebra that is not finitely generated is <N, × >, the natural numbers with multiplication.

The terminology of Eurotra is different from the algebraic terminology. They use the name *constructor* instead of *operator*, *atom* instead of *generator*, and write <C,A> where we would write <[A],C>. If we may understand T as an abbreviation for translation, the name CAT framework (or <C,A>-T framework) can now be understood.

3. Terms as production processes

The compositionality principle states that the translation of an expression is determined by the translations of its parts and the way in which they are syntactically combined. The latter clause accounts of course for the the fact that the same parts can be used in different ways, yielding different expressions (e.g *John loves Mary* vs *Mary loves John*). So from compositionality it follows that this 'way of production' is crucial for the purpose of translating. Therefore it is useful to have a representation for such a production process or derivational history. Below an example of a derivational history and its representation will be given.

Consider the sentence *John finds the apple* . According to the Eurotra rules this sentence is formed as follows. The operator C_{def} is applied to the noun *apple,* forming the noun phrase *the apple*. Next the operator C_{VP} is applied to the just formed noun phrase and the verb *find,* yielding the verb phrase *finds the apple*. Finally C_S is applied to this verb phrase and *John* . This production process is represented by the following sequence of symbols:

$$C_S(John,(C_{VP}(find, C_{Def}(apple)))).$$

This method for representing a formation process, viz. by means of bracketing, operator symbols and generators, can be used in any algebra. Such expressions are called *terms*.

Definition

Let B = <[B], F> be an algebra. Introduce for each element in B a distinct symbol b, and for each operator in F a distinct symbol f. Then $T_{B,F}$, the set of **terms** over <[B], F> is defined as follows

1) for element in B the corresponding symbol $b \in T_{B,F}$

2) if f corresponds with an n-ary operator, and if $t_1, t_2, \ldots t_n \in T_{B,F}$,

then $f(t_1, t_2, \ldots t_n) \in T_{B,F}$.

In case we do not want to be explicit about the set of constants, we may use the algebra itself as subscript (as in T_B).

Terms can be combined to form new terms. An example was the combination of the term CDef(*apple*) with *findto* form the term C_{VP}(*find*, C_{Def}(*apple*)). Thus the terms over an algebra form an algebra again, and this algebra is called a *termalgebra*. There is a simple relation of the terms to the elements in the original algebra. With the term C_{Def}(*apple*) corresponds an element which is found by evaluating the term, i.e. executing the operator on its arguments. Note that different terms may evaluate to the same element, and the evaluation of a term can be very different from the term itself.

As I argued, it follows from the principle of compositionality of translation that the terms give the relevant information for translation. And indeed, the translations between the analysis languages of Eurotra are defined not between the algebras for ECS etc. themselves, but on the corresponding termalgebras. Hence translations are mappings from termalgebras to termalgebras; such mappings will be considered in the next section. The evaluation of term in such an termalgebra (in Eurotra) is a linguistic analysis tree. A difficulty with the role of terms in the Eurotra framework is that linguists are not used to them, and have therefore no intuitions about their linguistic acceptability. They probably prefer to read evaluated terms, called *inspection trees* by the proposers of the CAT framework. But in the translation process itself such inspection trees play no role.

4. Homomorphisms as compositional translation

The principle of compositionality of translation does not only tell us which objects are to be translated, but also in which way this translation has to be performed. Suppose we have an expression obtained by application of operation f_A to arguments $a_1, \ldots, a_n$. Then the translation into B should be obtained from the translations of its parts, hence by application of an operator g_B (corresponding with f) to the translations of $a_1, \ldots, a_n$. So, if we let T denote the translation function, we have

$$T(f_A(a_1, \ldots, a_n)) = g_B (T(a_1), \ldots T(a_n)).$$

In Eurotra such a translation mapping is called a *strictly compositional translation*, and in algebra it is called an *homomorphism*. In the CAT-framework the translations indeed are homomorphisms between termalgebras.

A homomorphism h from an algebra A to algebra B is, intuitively speaking, a mapping which respects the structure of A in the following way. If in A an element a is obtained by means of application of an operator F , then the image of *a* can be obtained in *B* by application of an operator corresponding with F. The structural difference that may arise between *A* and *B* is that two distinct elements of A may be mapped to the same element of B, and that two distinct operators of *A* may correspond with the same operator in *B*.

Definition

Let <A,F> and <B,G> be algebras. A mapping h: A $\to$ B is called a **homomorphism** if there is a mapping h': F $\to$ G such that for all f $\in$ F and all $a_1, \ldots a_n \in$ A holds $h(f(a_1, \ldots, a_n)) = h'(f)(h(a_1), \ldots, h(a_n))$.

As a matter of fact, we have already met a mapping with these properties. The operator which evaluates aterm is a homomorphism, or, in the Eurotra case, the operator that produces an inspection tree from a given derivational history. But the moreimportant in our approach is the role homomorphisms have in the translation procedure.

By the introduction of terms and homomorphisms all ingredients are present which are needed in order to define what compositional translation is. A compositional translation from algebra <A,F> to algebra <B,G> is an homomorphism from $T_{<A,F>}$ to $T_{<B,G>}$. So the translation of an element $a \in$ A is obtained by first finding its derivational history in $T_{<A,F>}$, then homomorphically translating it into $T_{<B,G>}$ and finally evaluating the thus obtained expression. This process is summarized in figure 1.

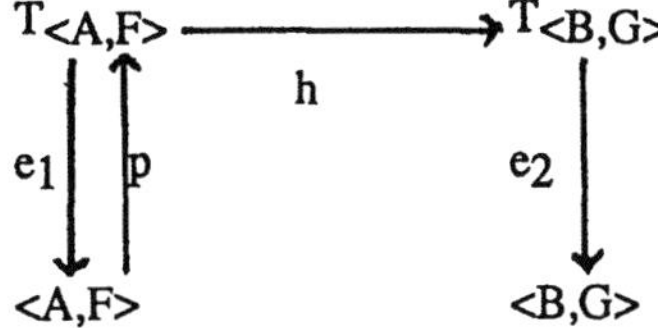

h : translation homomorphism; e_1, e_2: evaluation homomorphisms,

p: parsing, finding a corresponding term for a given element in <A,F>

Figure 1. *The basic model for compositional translation*

Indeed, in the CAT framework all translation steps are homomorphisms. It requires, however, some further steps to arrive at the model for the CAT framework when starting from the above model for compositional translation. An obvious difference is that compositionality speaks about translating from one language to the other, whereas in a Eurotra translation several analyses languages are involved. In building the model, we need a mathematical result, stating that the composition of two homomorphisms is again an homomorphism.

Theorem

Let <A, F>, <B, G> and <C, H> be algebras, and let g: A $\to$ B and h: B $\to$ C be homomorphisms. Let the composition g$\cdot$h : A $\to$ C be defined by g$\cdot$h(a) = h(g(a)).

Then g•h is a homomorphism from <A, F> to <C, H>.

This theorem allows us to extend the model as presented in figure 1 with a second translation step, see figure 2. The theorem states that executing the two translations consecutively amounts to a homomorphic translation from <A, F> to <C, H>. The decomposition of this translation into two steps as well as the use of the intermediate language B, can be considered as auxiliary. In principle the intermediate stage could be eliminated and the the homomorphism g•h could be defined directly without reference to B.

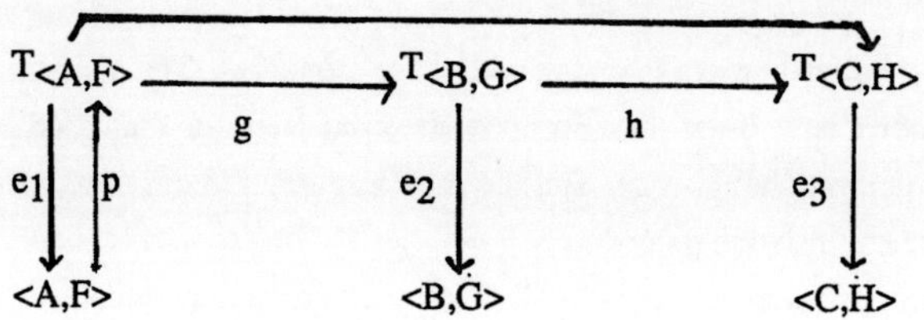

g,h : translation homomorphisms; e_1,e_2,e_3: evaluation homomorphisms,
p: parsing, finding a corresponding term for a given element in <A,F>

Figure 2. *Compositional translation with one intermediate language*

In the CAT framework of Eurotra all translations are homomorphisms between termalgebras. And the theorem we have applied once, can be applied again: composing several homomorphisms to a single one. The many translation steps in Eurotra define together one translation homomorphism. All intermediate translation steps can be considered as auxiliary means for defining the translation from source to target. Our mathemtical model shows that the CAT framework is in essence a framework for obtaining a compositional translation (a conclusion that is not explicit in the Eurotra publications). The mathematical model for the CAT framework is given in figure 3. The main result from the algebraic theory is the presence of the uppermost arrow: the direct translation homomorphism.

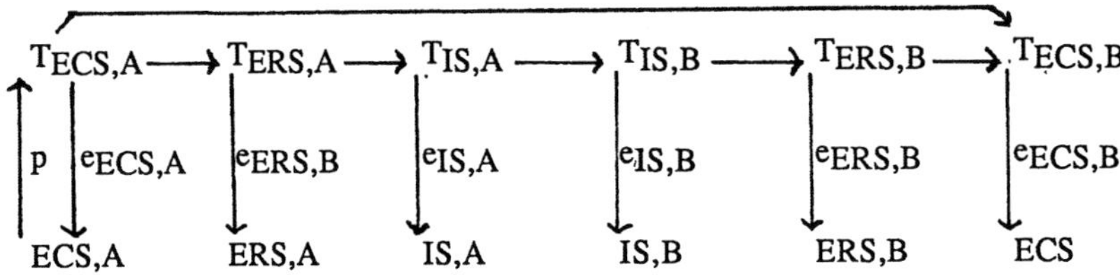

A: source language, B: target language

$e_{ECS,A}$, $e_{ERS,B}$, $e_{IS,A}$, $e_{IS,B}$, $e_{ERS,B}$, $e_{ECS,B}$: evaluation homomorphisms,

p: parsing, finding a corresponding term for a given element in ECS,A

figure 3. *The mathematical model of the CAT framework,*
for translating from source language A to target language B.

5. Polynomials as relaxations

Up till now there was a parallelism between the mathematical model and the Eurotra CAT framework. We obtained a new perspective and have seen some features that were hidden in the framework. But in the present section we will investigate a proposal where the mathematical model leads us to a different appreciation. This proposal might be considered as a reflection of the Eurotra opinion that compositional translation is a beautiful ideal, but unattainable in practice. One is willing to take it as a starting point, but relaxations are considered as indispensable. In the present section the proposal will be investigated, and it will turn out that the proposed relaxations are, with one exception, relaxations that fit completely into the mathematical model. Hence they are no relaxation at all of the notion of a compositional translation.

The relaxations that will be discussed below are proposed in several Eurotra publications. We will follow the formulation in Arnold e.a. 1985. Immediately after the introduction of the notion 'strictly compositional' translation (= homomorphic translation) the relaxation is introduced. For the ease of the discussion, the relevant passage is quoted.

A translation relation T between $G_i = <C_i,A_i>$ and $G_j = <C_jA_j>$ is strictly compositional if T maps A_i into A_j, and there is a mapping t from C_i into C_j such that if exp $= c[u_1, . . u_n]$ then the translation of exp is: $t(c)[T(u_1), . . ,T(u_n)]$. In addition to strict compositionality the following relaxations are allowed:

1) The number and/order of arguments of c and t(c) may differ

2) Rather than being a an actual member of the constructors for a given G, either c, or t(c) may be a function made up of variables, and atoms, and constructors of G.

In order to discuss this proposal, the algebraic theory has to be developed somewhat further. What is needed is a method to define new operators in a given algebra. A simple example of an operator defined from given operators is *composition*: if f and g are operators which take one argument then f∘g is defined by first applying f to the argument, and next applying g to the result. So for all a f∘g(a) = g(f(a)). A less elementary example concerns the algebra of natural numbers with + and × as operators. The new operator takes two arguments and is represented by the expression $x_1 \times x_1 + x_2 \times x_2$. The operator assigns to the arguments 1 and 2 (given in this order) the value $1 \times 1 + 2 \times 2$, i.e. 5, and it assigns to the arguments 2 and 3 the value $2 \times 2 + 3 \times 3$, i.e. 13. An expression like $x_1 \times x_1 + x_2 \times x_2$ is called a polynomial. Given two arguments, the resulting value is obtained by substituting the first argument for x_1, the second argument for x_2, and performing the calculations which are indicated in the expression. Informally stated, a polynomial is a term with variables, and it defines an operator. This method of defining new operations by means of polynomials can be used in every algebra, the relevant formal definition are given below.

Definitions.

The set $Pol^n_{<[B],F>}$ of n-ary **polynomial symbols**, shortly **polynomials**, over algebra $<[B],F>$, henceforth abbreviated as Pol^n, is defined as follows.

1) For every element in B there is a distinct symbol $b \in Pol^n$. These symbols are called constants.

2) For every number i , with $1 \leq i \leq n$, the symbol $x_i \in Pol^n$. These symbols are called variables.

3) For every operator in F there is a distinct symbol f. If F is a m-ary operator, and we have that if $p_1, p_2, \ldots, p_m \in Pol^n$ then also $f(p_1, \ldots, p_m) \in Pol^n$.

The set Pol of **polynomial symbols** over algebra $<[B],F>$ is defined as the union for all n of the n-ary polynomial symbols, i.e. by $Pol = \cup_n Pol^n$.

A polynomial symbol $p \in Pol^n$ defines an n-ary **polynomial operator**; its value for given arguments is found by evaluating the term that is obtained by replacing x_1 by the first argument, x_2 by the second etc..

Given an algebra $<[B],F>$, and a set P of polynomial symbols over *A.*, we obtain a new algebra $<[B],P>$ by replacing the original set of operators by a set of polynomial operators. An algebra obtained in this way is called a **polynomially derived algebra**, or shortly a **derived algebra.**

Note that a symbol like x_1 is a member of Pol^1, Pol^2, etc, and analogously for all other symbols. The polynomial $x_1 + x_2$ might be a 3-ary polynomial, and the corresponding operator has the property that its value is independent of its third argument. This polynomial illustrates that the form of a polynomial does not determine completely the arity of the corresponding operator. If it is necessary to mention explicitly the number of arguments a polynomial takes, this can be done by a superscript indicating the arity (but in most contexts the arity will be evident).

The relaxation presented in the beginnings of this section was divided into two clauses. Each of the two can be split into several subcases. Below we will consider them separately, and show that their effects can (with one exception) be obtained by means of translating an operator into a polynomial. This means that there is a strictly compositional translation into a polynomially derived algebra, i.e. into an algebra of which the operators are defined by means of polynomials.

1a) the order of arguments of c and t(c) differs

An example of change of order of arguments arises when the translation of $c[u_1,u_2]$ is defined by $t(c)[u_2,u_1]$. The same effect can be obtained by translating operator c into the polynomial symbol $\mathbf{t(c)(x2,x1)}$.

1b) the number of arguments in t(c) is less than in c

A simple example is that $c[u_1,u_2]$ is translated into $t(c)[u_1]$. This effect is obtained by translating c into the polynomial symbol $\mathbf{t(c)(x_1)}$ from Pol^2. Recall that this corresponds with a two place operator for which the value of the second argument is irrelevant.

1c) the number of arguments in t(c) is more than in c

It is of course not meant by the proposal that $c[u_1,u_2]$ can be translated into $t(c)[u_1,u_2,u_3]$, since there is no u_3 that can serve as argument of t(c). Presumably those situations are intended where the main operator after translation has more arguments than the original operator, and the extra arguments are known. An example is reduplication, e.g. when the translation of $c[u_1,u_2]$ is defined as $t(c)[u_1,u_2,u_1]$. Another possibility is that the extra argument is a constant. An example (not from Eurotra) arises if we translate from Latin (which has no articles) into English. We might then translate $C_{NP}(pater)$ into $C'_{NP}(the, father)$. The effects of these two examples are obtained by the polynomials $\mathbf{t(\ C_{NP}\ )(x_1,x_2,x_1)}$ and $\mathbf{C'_{NP}\ (\mathit{the},\ x_1)}$ respectively.

2a) t(c)is a functionmade up of variables, and atoms, and constructors

The description of what is meant by a function, learns us that it is the same as a polynomial. In the light of the cases 1a .. 1c) we see that relaxation 1) is in fact a special case of relaxation 2b).

2b) c is a function of variables, and atoms, and constructors

A special case of this relaxation is the following: variables are allowed in c. An example arises when $c_{27}[\ 1,\ 2,\ 3]$ is translated as $c_{38}[\ 2,\ 3]$. The same effect is obtained by means of the polynomial $\mathbf{c_{38}(x_2,x_3)}$. The general case that c is a function does not fit into the idea that the relaxations are in fact homomorphisms to a derived algebra. This exception will be discussed in the next section.

The investigations in the mathemtical model show that the original Eurotra division of the relaxation into two cases is not correct. The first clause is in fact a special case of the second one. Furthermore, the relaxations allowed for in the second clause can, with one exception, be formulated by means of polynomials. So they consitute variants of the compositional framework, and do no disturbe compositionality at all.

6. Deviations

Most Eurotra relaxations can be considered as the introduction of polynomially derived operators. The single exception is that the left hand side of a translation rule can be a term. In the present section we will discuss an example this relaxation. First its linguistic background will be sketched. Sentences like

(1) *John seeks Mary*

are in Eurotra, as well as in many linguistic theories, syntactically analysed as consisting of two parts, a Noun Phrase (*John*) and a Verb Phrase(*seek Mary*) . But semantically this sentence is considered as a ternary structure, with relation *seek* and arguments *John* and *Mary*. This explains why in ECS it is given a binary structure and in ERS a ternary one. The involved operator in ECS is C_S and in ERS it is $C_{Subj/Obj}$. So one whishes to get the following translation

(2) $C_S(John, C_{VP}(seek, Mary)) ===> C_{subj/obj}(seek, John, Mary)$

For this purpose the following translation rule is proposed (e.g. Arnold, 1986),

(3) $C_S(X1, C_{VP}(X2,X3)) ===> C_{subj/obj}(X2,X1,X3)$

So one term is translated into another one. The output of an homomorphic translation rule is fully determined by the operator and the translations of its parts, whereas in this proposal the form of the parts play a crucial role. Therefore it is not a homomorphic translation. It might seem an innocent variant; however, in interaction with other rules the situation turns out to be harmful. An example of such an interaction is given below.

Consider the sentence

(4) *John gives Mary the book.*

In ECS this would probably have the structure

(5) $C_S(John, C_{VP}(C_{TVP}(give, Mary),C_{Def}(book))))$

In ERS it would probably have the structure

(6) $C_{Subj,Iobj,Obj}(give, John, Mary, C_{Def}(book)).$

The translation rule that performs this translation is

(7) $C_S(X_1, C_{VP}(C_{TVP}(X_2, X_3),X_4)) ===> C_{Subj,Iobj,Obj}(X_2, X_1,X_3,X_4).$

The aim of these two translation is obvious: sentences like (1) have to be translated by rule (3), and sentences like (4) by (7). Unfortunately, translation rule (3) is applicable to structure (5) as well. This introduces an undesired nondeterminism, which was not realized when relaxation 2b was proposed. The rules (3) and (7) themselves do not tell uniquely what has to happen when (5) is given as input. Someone writing a computer program for these translation rules has to make a decision what to do. This is of course not acceptable: what the translations is, should not be determined by the programmers, but by the designers of the rules. And this example gives just one of the possible conflicts. There certainly will be many other rules for translating sentences and there might be a competition among such rules as well. So in the context of other rules (3) does not define a translation function at all, then th is may disturbe the whole translation process.

One should not conclude from the above discussion that the proposed relaxation should be rejected completely. It is only intended to show that the relaxation is not as innocent as the other ones. There are several strategies one might follow in order to avoid the problems. One might try to reformulate (3) in such a way that it is no longer applicable to a sentence like (4). That probably requires a further relaxation: the introduction of negative conditions. And even then,there is no guarantee that no conflicts will arise. An alternative strategy is to introduce an ordering of translation rules that tells which rule has to be tried first etc.. In this way a new component is introduced into the framework. I would prefer to stay in the realm of algebra, and consider (3) and (7) as instructions for termrewriting. Then they are not considered as instructions for going from the one algebra to the other, but as instructions for obtaining a normal form within one algebra. Methods from the fields of term rewriting systems can then be used to deal with the problems of interaction. For a survey of the field of termrewriting, see Klop 1987. Further investigations might answer the question whether,with one of these strategies, compositionality can be maintained.

7. Discussion

The mathematical model for the CAT framework presented in section 4, defines a structure which is about the same as the CAT framework in Eurotra. The main difference is that our model has been build from mathematical ingredients such as homomorphisms and algebras, whereas the CAT framework is presented with ad hoc definitions. The advantages of using well known mathematical tools are manifold. First of all, the definitions are more clear and more elegant than the Eurotra definitions. Secondly, the mathematical notions carry on their sleaves a treasure of mathematical knowledge, thus enabling us to prove properties of the system. We have employed a very elementary theorem: that the composition of homomorphisms is a homomorphism. Using this, we showed that the Eurotra framework produces a homomorphic, i.e. compositional, translation from the source language to the target language.

A third advantage of the mathematical model was met in sections 6 and 7.The mathematical model describes structure of the translation system independently of the accidental linguistic information it contains, and thus the essential aspects of the system become evident. In this way relaxations of the system can be distinguished in innocent variants and fundamental changes. This discussion in sections 6 and 7 of the Eurotra relaxations can be summarized as follows. The translation relation between two Eurotra algebras A and B is a homomorphism (strictly compositional) from T_A into an algebra that is polynomially derived from T_B. Only one relaxation constitutes an exception to this statement. That relaxation cannot be added to the framework in the proposed way, but requires further changes . The mathematical model enabled us here to separate innocent variants from harmful deviations.

It is interesting to compare the above sketched situation (translating into polynomially derived termalgebras) with the situation in PTQ (Montague 1974). There one aims at translating a fragment of English into intensional logic, since that logic is used to represent meanings of English phrases. The algebraic grammar for intensional logic has its own motivation, and its operators do not correspond with the operators in the algebraic grammar for English. So a direct homomorphism from the termalgebra for English to the termalgebra for intensional logic is not possible. The meanings of operators for English correspond sometimes with complicated logical formulas containing variables where arguments have to filled in. Therefore $T_{English}$ is homomorphically translated into an algebra that is polynomially derived from the algebra for logic. This method of using polynomially derived algebras originates from Universal Grammar (Montague 1970). This observation is again an example of the benefit of a mathematical perspective: the essentials of the system become evident.

8. References

Arnold, D.J., L. Jaspaert, R.L. Johnson, S.Krauwer, M. Rosner, L. des Tombe, G.B. Varile and S. Warwick, 1985, 'A MU1 View of the <C,A>,T Framework in EUROTRA', in: *Proceedings of the Conference on Theoretical and methodological Issues in Machine translation of Natural Languages,* Colgate University, Hamilton, NY. pp. 1-14.

Arnold, D.J., S. Krauwer, M. Rosner, L. des Tombe, and G.B Varile, 1986,' The <C,A>,T framework in EUROTRA: a theoretically commited notation for MT', in *Proceedings of Coling 86,* pp. 297-303.

Arnold, D. and L. des Tombe, 1987, 'Basic theory and methodology in Eurotra', in S. Nirenburg (ed.), 1987, *Machine Translation. Theoretical and methodological issues.* Cambridge University Press pp.114-134.

Klop, J.W., 'Term rewriting systems, a tutorial', *Bull. of the European Association for Theoretical Computer Science,* 32, p. 143-182. Also CWI Note CS-N8701, Centre for MAthematics and Computer Science, Amsterdam. To appear in Abramski, Gabbay and Naibaum, Handbook of logics and Computer Science.

Montague, R., 1970, 'Universal grammar', *Theoria* 36, 373-398. Reprinted in R.H. Thomason (ed.), 1974, pp. 222-246.

Montague, R., 1973, 'The proper treatment of quantification in ordinary English', in K.J.J. Hintikka, J.M.E. Moravcsik & P. Suppes (eds), *Approaches to natural language,* Synthese Library 49, Reidel, Dordrecht, 1973, pp. 221-242. Reprinted in R.H. Thomason, 1974, pp. 247-270.

Thomason R.H. (ed.), *Formal philosophy. Selected papers of Richard Montague,* Yale Univ. Press, 1974.

Tombe, L. des, D.J. Arnold, L. Jaspaert, R.L. Johnson, S.Krauwer, M. Rosner,, G.B. Varile and S. Warwick, 1985, A preliminary linguistic framework for Eurotra, In: *'Proceedings of the Conference on Theoretical and methodological Issues in Machine translation of Natural Languages,* Colgate University, Hamilton, NY. pp. 1-14.

<u>MODELLIERUNGEN IN DER MASCHINELLEN ÜBERSETZUNG</u>

Annely Rothkegel

EUROTRA-D

Martin-Luther-Str. 14

D 6600 Saarbrücken

o.   Abstract

Machine translation (MT) as a field of application in computational linguistics can be characterized by different kinds of modeling. It is assumed that the kind of model (selections of types of knowledge) provides the framework in which the theoretical background of MT-approaches can be localized. The concept of "construction" is introduced in order to have a general perspective of comparison. Constructive principles can be specified with regard to the preferred selections concerning the different levels of representation and their links. It is shown that, on the one hand, generative grammar theories are an important source of the theoretical research in MT, but that, on the other hand, there is a need for the adaptation of theories which are relevant for the translation task. An example is given to demonstrate such an integration of the linguistic treatment of polylexicality (theory of wordformation on syntactic level) within the concept of the several representational levels of the EUROTRA-system.

1.   Fragestellung

Neben Information Retrieval und Mensch-Maschine-Komunikation ist die Maschinelle Übersetzung (MÜ) der dritte wesentliche Anwendungsbereich der Computerlinguistik. Dieser Bereich zeichnet sich dadurch aus, daß die Hauptproblematik, das Übersetzen, genuin sprachlich ist. Mit dem Vergleich einiger Prinzipien der MÜ in der Perspektive spezifischer Merkmale der Coputermodellierung soll eine Lokalisierung theoretischer Fundierungen versucht werden.

Was tun wir, wenn wir MÜ betreiben? Oder anders ausgedrückt: welche Arten von Selektionen nehmen wir bei der Modellierung des Übersetzungsprozesses vor. Unter diesem Aspekt werden im folgenden allgemeine Kriterien der Modellentwicklung (Bestimmung des Gegenstands, Idealisierung (Auslassung und Hinzufügung hinsichtlich der Realität), Selektionskriterien für die Idealisierung, Modellfunktion) mit existierenden Systemen verglichen. Die dabei aufgezeigten expliziten und/oder impliziten Selektionen geben Aufschluß über den theoretischen Status computerlinguistischer Vorgehensweisen. Im Vordergrund steht dabei das multilinguale System EUROTRA (EUROTRA-D als deutsche Komponente), andere Systeme werden hinzugezogen (zu Überblicksdarstellungen vgl. King 85, Bátori 86, Hutchins 86, Lehrberger/Bourbeau 87, Nirenburg 87; zu EUROTRA vgl. Johnson/King/des Tombe 85, Haller 87).

MÜ als Anwendungsbereich stellt einen hochkomplexen Sachverhalt dar, an dem verschiedene Theorien aus verschiedenen Disziplinen beteiligt sind, vor allem Linguistik, kontrastive Linguistik, Übersetzungswissenschaft, Informatik. In diesem Beitrag liegt der Schwerpunkt bei der Strukturierung des Themenbereichs auf der Betrachtung der Teil-Ganzes-Relation. Einzelaspekte, die sich auf Präferenzen beziehen hinsichtlich der Beschreibungseinheit (Satz vs. Text), der Beschreibungsebenen (Syntax vs. Semantik/Pragmatik) und der Problemzentrierung (Einzelsprache mit Analyse/Synthese vs. Sprachpaar(e) mit Transfer/Interlinguaansatz und Interfacestruktur) sind zu sehen im Rahmen der Organisation des Gesamtprozesses. Dieser wird als "Konstruktion" betrachtet, in der die Teile sowohl für sich und miteinander (z.B. Einzel- und Teilgrammatiken) als auch in bezug auf das Ganze (Übersetzungsaufgabe, Modellierung des Übersetzungsprozesses) organisiert sind.

Global wird der Übersetzungsprozeß gesehen als Konstruktion eines Systems von Übergängen von Repräsentationen, die für verschiedene für die Übersetzung relevanten Informationstypen sorgen und so auch häufig auf verschiedenen Theorien basieren. Es wird zu zeigen sein, daß die Konstruktion als solche eine Eigendynamik in der Weise entwickelt, daß die Verbindung mehrerer Repräsentationsebenen, d.h. mehrerer Theorien (Teiltheorien) zu Problemen führt, die möglicherweise erst in einem integrierten Übersetzungsmodell zu lösen sind.

Die hier vorgeschlagene Rasterung ist als Beitrag in Richtung auf eine solche Modellentwicklung gedacht. Zunächst wird das Konzept der "Konstruktion" als spezifisch für die MÜ eingeführt. Dieses Konzept wird im weiteren expliziert als eine Reihe von Repräsentationen und deren Überführungen, wobei die jeweiligen Bedingungen (Kategorien und Kategorienwechsel) die jeweilige Modellkonstruktion determinieren. Ausgehend von einer generativ-grammatischen Fundierung der Repräsentationen, wird schließlich - mit Bezug auf EUROTRA-D - anhand des Beispiels der Polylexikalität gezeigt, wie ein nicht-generativer Theorieansatz in die Organisationsstruktur der Repräsentationsüberführungen integriert werden kann. Dieses Beispiel soll im weiteren eine Möglichkeit aufzeigen, Verfahren der Informationsveränderung bei den Überführungen zu definieren.

2. Konstruktion als Gegenstand der MÜ

In der MÜ - so die Hypothese - stehen Deskription und Repräsentation im Dienste der Konstruktion. Die Hypothese wird gestützt durch den jeweils verschiedenen Gegenstand in Linguistik und Computerlinguistik. Während sich die Selektionen linguistischer Modellierungen auf Regularitäten von Sprache bzw. von Einzelsprachen beziehen (Struktureigenschaften im weitesten Sinne, z.B. Sprachsystem, Sprachfunktionen), sind die leitenden Selektionen bei der MÜ auf ein Produkt ausgerichtet, das als Artefakt hergestellt wird. Dieses Produkt ist zum einen ein System (Übersetzungssystem), zum andern ein Satz bzw. Text in einer von der Eingabesprache verschiedenen Einzelsprache. Das System, als Mittel zur Herstellung eines Satzes/Textes, steht im Vordergrund des Forschungsinteresses.

Diese Zielsetzung bewirkt, daß die Forschungsfragen eher auf Lösungen als auf Problemstellungen abzielen. Die Lösung eines Problems ist primär. Die Problemstellung ist daraus abgeleitet. Die Frage lautet, wie kann es gelingen, daß die Lösung x erreicht wird, oder konkreter: Wie kann man das Problem der strukturellen Nicht-Äquivalenz von Sätzen in L1 und L2 - bei semantischer Äquivalenz - bewältigen (s.u.)? Gefragt sind vor allem Strategien der Problemlösung, solche der Problemerkennung sind Mittel zum Zweck. Dieser Sachverhalt entspricht der Unterscheidung von konstruktiver vs. deskriptiver Wissenserzeugung, wie er wissenschaftssoziologisch von Knorr-Cetina (1984) für naturwissenschaftliches Arbeiten beschrieben worden ist. Konstruktive Prinzipien decken den globalen Bereich des Systemdesigns ab. Sie haben ihre Wurzeln in verschiedenen Disziplinen (Informatik (KI), Linguistik, Psychologie, u.a.). Die jeweiligen Selektionen bestimmen sich in erster Linie nach dem Lösungsansatz für das angestrebte Problem. Im Vordergrund steht die "Machbarkeit", die - so Bátori (erscheint (a)) - nicht mehr und nicht weniger als in anderen Disziplinen - als realistische, d.h. den Ressourcen angepaßte Möglichkeit der Realisierung eines Lösungswegs eine wichtige Rolle spielt. Nicht gemeint ist, daß "Machbarkeit" die Forschungsfrage ersetzt (etwas wird in Angriff genommen wird, weil es machbar ist, nicht weil es eine offene, relevante Frage ist). Zu solchen Ressourcen gehören vorhandene Theorien und Methoden, die in Analogie zum neuen Problem angewendet werden. Im weiteren können für die Selektion lokale und institutionelle Gegebenheiten eine Rolle spielen (hardware, software, Personen, Interessen, Forschungspolitik).

Konstruktion im Sinne der CL bedeutet Konzeptualisierung von Komponenten, Verarbeitungsschritten und deren Organisation in einem durch das Gesamtziel determinierten Zusammenhang. Die Konstruktionsstrategien werden in den Systembeschreibungen in der Regel nur implizit und in Einzelaspekten thematisiert, z.B. "syntaxbasiert", "semantikbasiert", "Transferansatz", "Interlingua-Ansatz", usw. Mit solchen Charakterisierungen ist zumeist eine umfassende Übersetzungsstrategie gemeint, ohne daß die damit verbundenen theoretischen Hypothesen und Implikationen mitgenannt sind. Ansätze zu allgemeineren Kennzeichnungen finden sich u.a. in King (81) und - in bezug auf die Konstruktion von Textgenerieungssystemen - in Mann (1987).

Die in der theoretisch fundierten MÜ generell geltende Annahme, die den linguistischen Hintergrund begründet, ist die Annahme, das Problem des Übersetzens durch beschreibungssprachliche Mittel (Beschreibung von objektsprachlichen Mitteln) zu lösen. Man geht davon aus, daß für den Transport (Vermittlung) von Information (i.w.S.) objektsprachliche und beschreibungssprachliche Repräsentationen verwendet werden können (vgl. Zeichenfunktion von Sprache). Beschreibungssprachliche, z.B. formale Repräsentationen werden herangezogen, um spezifische Informationen eindeutig (kontextunabhängig) zu explizieren, die in objektsprachlichen Repräsentationen kontextabhängig und so ambig sind. Der zweite Gesichtspunkt ist die Bindung der Information an Eigenschaften von Einzelsprachen, die korreliert werden müssen.

Übersetzen heißt in dieser Perspektive: bei invarianter Information den Übergang von einer Einzelsprache L1 in eine Einzelsprache L2 durch Übergänge zwischen formalen Repräsentationen zu organisieren. Diese Organisation dient der Strukturbildung, d.h. der Herstellung der zielsprachlichen Einheit. Was als invariante Information zu gelten hat, wird im vorhinein festgelegt. Pause (86) nennt die Invarianz von Form, Bedeutung und Funktion. In den gängigen MÜ-Systemen gilt allgemein die Bedeutung als Invariante: "Ein System nimmt Sätze/Texte in der Sprache L1 auf und gibt Sätze/Texte in der Sprache L2 aus, wobei die Bedeutung der Sätze/Texte jeweils gleich bleibt" (Nirenburg 87:2).

120

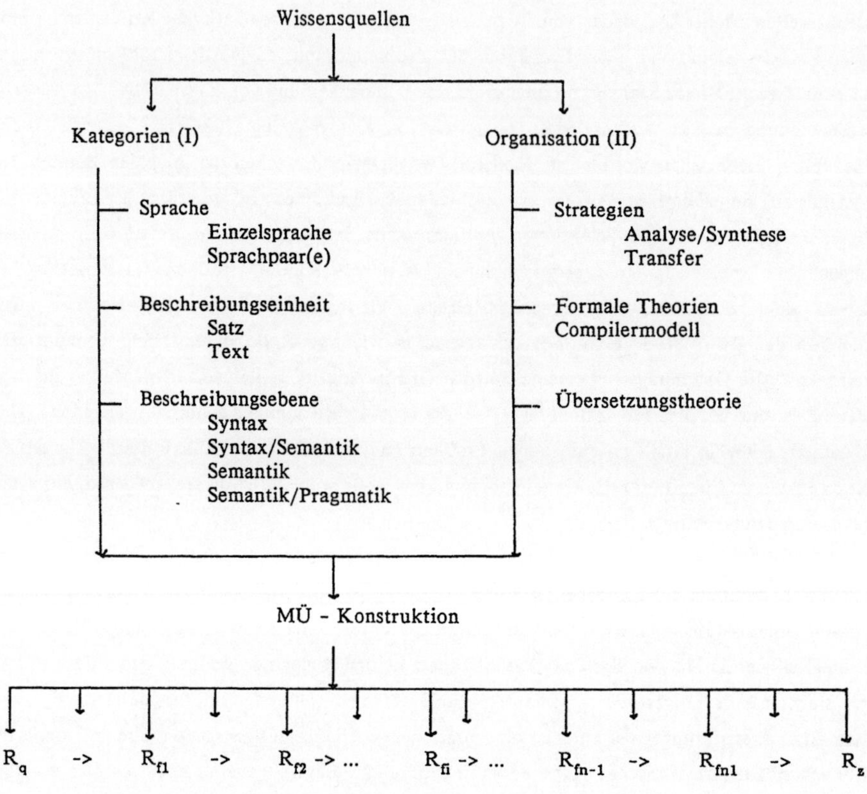

Fig. 1

Fig. 1 stellt den Gesamtzusammenhang als Schema der Strukturbildung in der MÜ dar. Wissensquellen und Konstruktion sind unterschieden. Die Wissensquellen liefern Theorien, Teiltheorien und Mischtheorien. Sie beziehen sich einerseits auf Kategorien hinsichtlich des Gegenstands Sprache (I), andererseits auf Techniken der Organisation (II). Sie stellen zusammen einen thematischen Pool dar, aus dem für die Konstruktion selektiert wird. Die Konstruktion insgesamt als Überführung von Repräsentationen ist bereits aus Wissensbeständen von (II) entwickelt. Im weiteren interessieren die Einflüsse von (I) und (II) auf die einzelnen Komponenten der Konstruktion: Theorien hinsichtlich der verschiedenen Repräsentationen und solche, die sich mit den Übergängen in Verbindung bringen lassen.

3. Repräsentationen

3.1 Typen

Die Repräsentationen entsprechen verschiedenen Informationstypen, die die Objekte des Übersetzungsprozesses strukturieren. In Relation zueinander sind sie gekennzeichnet durch Informationsanreicherung bzw. Informationsreduktion. Anreicherung bedeutet Einschränkungen hinsichtlich von alternativen Interpretationen (= Verringerung der Kontextabhängigkeit; vgl als einen der wichtigsten Problembereiche der MÜ die Reduktion von Mehrdeutigkeiten syntaktischer, semantischer und lexikalischer Art). Informationsreduktion bedeutet Aufgabe nicht relevanter Information (z.B. die Tilgung syntaktischer Information auf einer semantischen Interfacestruktur). Zunächst interessiert die Art der Einheiten, die verwendeten Kategorien und deren Funktion für die Konstruktion der Übersetzung. Die Repräsentationen haben ihre Basis im linguistischen Wissen:

-     Wissen über Sprache allgemein (Sprach- und Grammatiktheorien)
-     Wissen über Einzelsprachen (Regularitäten, Idiosynkrasien, Lexika)
-     Wissen über Äquivalenzbeziehungen zwischen verschiedensprachlichen Einheiten (strukturell,lexikalisch).

Im folgenden werden einige der üblichen Informationstypen hinsichtlich ihres theoretischen Status und ihrer Einordnung in ein MÜ-System behandelt. Interessant in diesem Zusammenhang ist die Tatsache, daß verschiedene Informationstypen (Beschreibungskategorien) in ihrer Verknüpfung miteinander Relevanz für den Übersetzungsprozeß erhalten (so z.B. die Verknüpfung von Kategorien der x-bar-Grammatik mit systemischen Kategorien wie PROZESS, vgl. EUROTRA-D, 3.3).

3.2   Objektsprachliche Repräsentationen

3.2.1   Eingabeeinheiten (quellsprachliche Repräsentationen, Rq)

Die übersetzungsrelevante Information liegt zunächst in natürlichsprachlicher Repräsentation vor. Sie liefert die Eingabedaten. Quellsprachliche Repräsentationen als Eingabe sind insofern theoretisch interessant, als mit ihrer Selektion bereits theoriegeleitete Annahmen in die Modellierung eingebracht werden. Für die Auswahl der Eingabeeinheiten werden 2 Selektionskriterien verwendet:

-     Die sprachlichen Einheiten haben Exempelfunktion im Rahmen einer Theorie (in der MÜ meistens Sätze). Die Theorie bestimmt die Selektion der sprachlichen Einheiten. Dieses Vorgehen ist eng mit Anwendungen von Theorien im Bereich der generativen Grammatik verbunden. Exempelsätze werden konstruiert zum Zweck der Verdeutlichung der gemeinten Struktur. Sie haben die Funktion, ein Paradigma zu vertreten.

-     Die sprachlichen Einheiten sind relevant in einer außersprachlich und außerlinguistisch determinierten Situation (Texte). Die hier auftretenden Fragestellungen bestimmen (mit) die Selektion geeigneter Theorien (u.a. solche zu funktionalen Grammatiken, Sprechakttheorie, Texttheorien, Kommunikationstheorien).

Eine Mischung von beiden scheint sich im sublanguage-Konzept auszubilden, in dem eine systematische Korrelation von Grammatik und Sprachgebrauch (Textsorte, Domäne) versucht wird. So spezialisiert man sich z.B. auf Wetterberichte oder Betriebsanleitungen in TAUM (Isabelle/Bourbeau 85). Je nach Schwerpunkt (s.o.) kann man 2 Perspektiven unterscheiden. In einem "quantitativen" Ansatz geht es in erster Linie um Reduktion grammatischer Probleme (Informationsanreicherung durch Beschränkung der Daten). Texteigenschaften, wie z.B. lexikalische Rekurrenz, semantische Kohärenz, usw. werden implizit verwendet zur Disambiguierung durch Ausschluß generell geltender Alternativen. Dies wird vor allem in stärker anwendungsorientierten Modellen verwendet. In einem "qualitativen" Ansatz steht Informationsanreicherung durch deskriptiv fundierte Texteigenschaften im Vordergrund. In einem solchen Forschungsansatz geht es darum, spezifische Teilgrammatiken für situativ eingebettete Sprache zu entwickeln (Relevanz für MÜ: Lehrberger 82, Kittredge 87).

3.2.2   Ausgabeeinheiten (zielsprachliche Repräsentationen, Rz)

Rz kann mehrfache Versionen enthalten (Rz1, Rz2, ...), wenn vom System her Übersetzungsalternativen angeboten werden (vgl. SEMSYN, Rösner 1986) oder wenn Postedition durchgeführt wird (Laurian 84). Die Kriterien zur Selektion sind in der Regel intuitiv begründet und - im Falle integrierter Systeme der computerunterstützten Übersetzung - in nicht-maschinelle Arbeitsgänge eingebettet (Bachut/Verastegni 84). Eine Theorie der Textbildung (Textrevision) mit Entscheidungskriterien für die "human" durchgeführte Veränderung der Informationstypen ist dagegen ein Desiderat.

3.3   Formale Repräsentationen (Rf)

Mit Ausnahme der hier als prominent hervorgehobenen formalen Repräsentationen (s.3.4) stehen die formalen Repräsentationen für intralinguale, d.h. auf eine Einzelsprache bezogene Sprachbeschreibungen. Im Vordergrund steht das Konzept der generativen Grammatik. Hier gibt es zwei Perspektiven: das Konzept gilt als Sprachtheorie (Grammatik als mentale Repräsentation und Rekonstruktion des Wissens eines idealen Sprecher/Hörers über Sprache) und als Instrumentarium der Beschreibung. Sprache gilt als Menge von Sätzen, die mittels einer Grammatik generiert werden können. Die Ableitung aus einem Axiom (S) dient der Strukturzuordnung. "Wohlgeformtheit" ist die Basiskategorie der generativen Erklärung (= Subsumption einzelner Strukturteile unter ein allgemeines Symbol), "Nachbarschaft" ist die prägende Relation. Die Selektion der Strukturen orientiert sich an der Kompetenz der Bearbeiter (was diese als "korrekt", "akzeptabel" bezeichnen). Die syntaktischen Kategorien gehen auf solche traditioneller Grammatiken zurück. Angewandt auf die Übersetzung bedeutet dies, daß eine korrekte Kette in Lq in eine korrekte Kette in Lz zu übersetzen ist. Schwerpunkt ist also die Analyse bzw. Synthese. Es gilt die Hypothese, daß eine im Rahmen der Theorie ausgeführte Strukturzuschreibung zum Satz die übersetzungsrelevanten Informationen liefert. Es geht nicht um die Information, die durch die objektsprachlichen Mittel transportiert werden soll, sondern die grammatische Struktur ist die Information, die zu übertragen ist. Die Invarianz der Bedeutung wird indirekt erreicht. Die syntaktische Struktur ist in der Weise Grundlage der Übersetzung, daß sie Bedeutungsgleichheit und Bedeutungsdifferenz (nicht Bedeutungsbeschreibung) festlegt. Dies ist das Grundkonzept "syntaxbasierter" MÜ-Systeme.

Neben diesen allgemeinen sprachtheoretischen Aspekten sind generative Ansätze für MÜ - Modellierungen vor allem aus zwei weiteren Gründen relevant geworden: wegen der Möglichkeit, mehrere, autonome Beschreibungsebenen einander zuzuordnen (z.B. mit funktionalen Ansätzen) und nicht zuletzt wegen der Techniken des formalen Apparats. Weiterentwicklungen wie z.B. die Generalisierte Phrasenstrukturgrammatik (GSPG, Gazdar et al. 85) und die Lexikalisch-funktionale Grammatik (LFG, Bresnan (ed) 82) sind in etlichen Systemen aufgegriffen und auch modifiziert worden, u.a. Netter/Wedekind 86, Rohrer 86, Carbonell/Tomita 87.

Die Möglichkeit, verschiedene Grammatiktheorien auf mehreren Beschreibungsebenen zu verwenden, ist im EUROTRA-System prototypisch genutzt worden. Neben der Eingabe (AT, actual text) und dem "EUROTRA Base level" (EBL) mit der Satzaufbereitung gibt es drei autonome Beschreibungsebenen mit jeweils spezifischen Grammatiken, die durch Überführungsregeln miteinander verknüpft sind: die "EUROTRA Configurational Structure" (ECS), die "EUROTRA Relational Structure (ERS) und die "Interface Structure" (IS) (zum Gesamtkonzept Johnson/King/des Tombe 85). ECS in der deutschen Komponente EUROTRA-D ist spezifiziert durch eine x-bar-Grammatik (vgl. Schmidt, im gleichen Band). Auf der relationalen Ebene (ERS) werden dependentielle Ansätze eingesetzt (Schmidt 86). Die Interfacestruktur ist gekennzeichnet durch die Zuordnung einer systemischen Grammatik (vgl. z.B. Halliday/Fawcett 87; in EUROTRA-D: Steiner 86).

Eine Erweiterung des generativen Konzepts bildet die Integration von merkmalsemantischen Beschreibungen. Sie stehen für einen weiteren Bereich, der nicht durch die konfigurationalen Teile der Strukturbildung abgedeckt wird, z.B. Selektion von Determinern, Quantifiern, oder auch zur Disambiguierung. Grundlagen sind hier u.a. Theorien zur lexikalischen Dekomposition, Sinnrelationen, Komponentenanlaysen, Prototypsemantik, semantischen Netzen; vgl. z.B. Sakamoto/Ishikawa/Satoh 86, zur Adaption in EUROTRA-D vgl. Zelinski-Wibbelt 86.

Sach- und Domänenwissen, im Expertensystem strukturiert, werden ebenfalls zur Unterstützung der lexikalischen Disambiguierung herangezogen, so z.B. Bei GETA (Boitet/Gerber 86). Hierbei kann der Domänenexperte direkt in die Analyse (bzw. in den Transfer) einbezogen werden oder aber als Korrektor fungieren. Insgesamt zeigt sich, daß syntaxbasierte Systeme in der Regel durch semantikorientierte Erweiterungen gekennzeichnet sind. Strikte Syntaxbasierung scheint unter Anwendungsgesichtspunkten in der MÜ nicht ausreichend zu sein.

In semantikorientierten Modellierungen, die zwar ebenfalls von syntaktischen Analysen ausgehen, steht die Bedeutungsbeschreibung (s.o. Bedeutungsunterscheidung) im Vordergrund. Hier ist die Anwendung von Montague-Grammatiken bedeutsam geworden (Schenk 86, Landsbergen 87). Zentral ist das Prinzip der Kompositionalität: die Bedeutung eines Ausdrucks gilt als Funktion der Bedeutungen seiner Teilausdrücke (Partee 82). Dieses Prinzip erweist sich in der Anwendung auf umfassendere Datenmengen und nicht sehr enge Sprachfragmente als problematisch (vgl. Landsbergen 87).

Logisch-semantische Repräsentationen gestatten die Formulierung von Inferenzregeln, die zur Anreicherung der Beschreibung (vor allem der Interface-Struktur) herangezogen werden können. Bevorzugt werden solche Repräsentationen in wissensbasierten MÜ-Systemen (Carbonell/Tomita 87). Sprachferne, konzeptuelle Ansätze werden vor allem bei "entfernteren" Sprachen bevorzugt wie z.B. dem Sprachpaar Englisch - Japanisch (Yoshida 84). Weitere Möglichkeiten betreffen propositionale Zuordnungen nach dem Tiefenkasusmodell. Auch wird der Versuch gemacht, ganz auf syntaktische Beschreibungen zu verzichten (lexikalistischer Ansatz bei Cullingford/Onyshkevy 87).

In stärker experimentell ausgerichteten Systemen werden kontextorientierte Modellierungen versucht, die über den Einzelsatz als Bezugseinheit hinausgehen. Textwissen geht als solches explizit mit in die Repräsentationen ein. Das verwendete Sprachmaterial bezieht sich auf authentische Texte (keine Konstruktionen). Sprachgebrauchstheorien (semantisch-pragmatische Aspekte) werden miteinbezogen. Mit Textwissen sind solche Informationstypen und deren Organisationsformen gemeint, die wesentlich sind für Textverstehen und Textproduktion, also Vorgänge, die auch in der Übersetzung eine Rolle spielen. Sie werden ebenfalls als Voraussetzungen für die MÜ, insbesondere für Aufgaben des Transfers angegeben (Pause 86). Hierbei ist wichtig, daß der Zusammenhang von konzeptueller Strukturierung und Sprachoberfläche Teil der Modellierung ist. Ambiguitäten bei Anaphern können reduziert werden, wenn der behandelte Sachzusammenhang mit erfaßt ist (z.B. in einem semantischen Netz, in dem das Wissen über einen Gegenstand parallel zum Textverlauf aufgebaut wird, Hauenschild 84). Textkohärenz wird ausgenutzt zum Aufbau propositionaler Gefüge, die als Kontext zur Disambiguierung anaphorischer Beziehungen fungieren (Weber 87). Auf der Grundlage einer textorientierten Sprechakttheorie werden Textillokutionen mit in die Repräsentationen aufgenommen, die mehrere Propositionen umfassen. Solche Informationstypen sind eine Basis für die Selektion von Übersetzungsäquivalenten (Rothkegel 87).

3.4 Prominente formale Repräsentationen (Interface(s), Rfi)

Allen Systemen gemeinsam ist eine Gerichtetheit im Hinblick auf eine oder zwei prominente Repräsentationsebene(n), die die Basis darstellt/darstellen für den interlingualen Übergang und die als Interface(s) bezeichnet wird/werden. Hier werden die Informationen zur Verfügung gestellt, die als invariant gelten. Hierbei kann man zwei globale Perspektiven unterscheiden. In einem Fall wird die Selektion der Interfaceinformation durch den Quelltext (Satz), d.h. von Lq gesteuert, im anderen Fall durch den antizipierten Zieltext (Satz), d.h. von Lz. Ersteres wird mit dreiteiligen Transferlösungen (z.B. EUROTRA), letzteres mit zweiteiligen Interlingualösungen (z.B. TRANSLATOR, Nirenburg 87; ROSETTA, Appelo 86a) in Verbindung gebracht.

Im Transferteil werden die lexikalischen und strukturellen Zuordnungen eines Sprachenpaares (bzw. mehrerer Sprachpaare, vgl. 72 Sprachpaare in EUROTRA) geregelt. Die Idee des Transfers ist die, eine eigene Komponente zu haben, in der den lexikalischen und strukturellen Unterschieden verschiedener Sprachen Rechnung getragen wird. Die Behandlung der sprachlichen Probleme kann man unter zwei Fragestellungen zusammenfassen: auf welcher Beschreibungsebene findet der Transfer statt (syntaktisch, syntaktisch-semantisch, semantisch-pragmatisch) und welches Gewicht wird den monolingualen bzw. bilingualen Teilen gegeben. Beispiel: Muß die Bedeutung einer Präposition in der Analyse (monolingual eindeutig erfaßt sein? Werden nur solche Bedeutungen erfaßt, die bilingual interessant sind? Oder soll es eine Vereindeutigung erst in der zielsprachlichen Synthese geben? Aus verschiedenen Gründen können Mischungen angemessen sein, so daß Transfer auf mehreren Ebenen von Analyse und Synthese statfindet (z.B. pre-, main-, posttransfer, Nagao 87). Insgesamt kann man in letzter Zeit beobachten, daß der Transfer stärker und unter ganz verschiedenen theoretischen und operationalen Gesichtspunkten thematisiert wird (u.a. Hauenschild 86, Krauwer/des Tombe 84, Kudo/Nomura 86, Kunze 86, Luckhardt 87). In den Überlegungen zur Interface-Struktur spiegelt sich die Komplexität der MÜ-Modellierung vgl. auch Somers 87). Gesucht sind Repräsentationen, die linguistischem Wissen, wie es in der kontrastiven Linguistik erarbeitet worden ist, gerecht zu werden.

Die Idee der Interlingua ist, daß es so etwas gibt wie eine universale, von einer Einzelsprache unabhängige Repräsentation für Sätze bzw. Texte, in der alle für die Bedeutung des Zielsatzes bzw. Zieltextes relevanten Informationen erfaßt sind. In der Geschichte der MÜ hat sich gezeigt, daß die frühen Interlingua-Ansätze auf syntaktischer Basis nicht die Erwartungen erfüllten. Neuere Ansätze beziehen sich auf semantische und kognitive Prinzipien des Sprachverstehens. Im Projekt SEMSYN ist eine semantische Repräsentation (Tiefenkasus, spezifische semantische Relationen) entwickelt worden, die als Schnittstelle gilt im Rahmen eines japanisch-deutschen Systems zur Übersetzung von Titeln wissenschaftlicher und technischer Literatur (Rösner 86). Für eine solche Aufgabe bietet sich der Interlingua-Ansatz an. Rösner (86) nennt folgende Aspekte:

-    Analyse- und Synthesemoduln können unabhängig voneinander entwickelt werden;
-    im Verfahren ist Multilingualität angelegt;
-    die Übersetzung ist inhaltsorientiert, syntaktische Formen des Ausgangstextes beeinflussen das Übersetzungsergebnis nicht.

Während der semantische Ansatz ganz dezidiert die Relation zu objektsprachlichen Einheiten verfolgt, sind die konzeptuell orientierten Modelle sprachferner (Lytinen/Schank 82). An die Analyse kognitiver Strukturen auf der Basis von Schemata zur Wissensrepräsentation (z.B. scripts) wird ein Inferenzmechanismus zur Anreicherung von Informationen angeschlossen. Aus dieser Repräsentation wird dann (ad hoc) eine Auswahl getroffen, um den Zieltext zu erzeugen. Es handelt sich also mehr um eine Art "Wiedergabe" oder "Zusammenfassung" als um eine Übersetzung (Tucker 87). Im Projekt TRANSLA-TOR (Nirenburg/Raskin/Tucker 87) wird allerdings versucht, Sprachnähe durch textstrukturelle Informationen in der anvisierten Interlingua zu erreichen. Im weiteren gibt es Versuche, die Interlingua durch eine natürliche Sprache oder durch Esperanto zu repräsentieren (vgl. Bericht Tucker 87 zu DLT (Utrecht)). Mit solchen Ansätzen wird allerdings die Hypothese aufgegeben, daß die Problemlösung über beschreibungssprachliche (und damit linguistische) Mittel erfolgt.

4.   Organisation der Übergänge zwischen Repräsentationen

4.1   Grundlagen

In 3. ist eine Reihe verschiedener Informationstypen in Abhängigkeit zugehöriger Sprach- bzw. Grammatiktheorien aufgezählt worden. Hier soll nun der Aspekt ihrer Relationierung fokussiert werden. Als Prinzip der MÜ-Modellierung war die stufenweise Zuordnung bzw. Veränderung von beschreibungssprachlichen Kategorien genannt worden. Im folgenden soll versucht werden, einige Spezifikationen für die Bedingungen des Kategorienwechsels zu erarbeiten. Kurz: welcher Art sind die Informationsveränderungen über die einzelnen Repräsentationsebenen hinweg und gibt es so etwas wie konstruktionsrelevante Veränderungstypen, für die sich Spezifikationen angeben lassen? Insgesamt kann der Übersetzungsprozeß in der MÜ-Modellierung als Organisationsstruktur für die Überführung von Repräsentationen beschrieben werden. Zugehörige Wissensquellen sind

- Organisationsmodelle der Informatik (Compilermodell)
- formale und computerorientierte syntaktische Theorien
- prozedural (algorithmisch) orientierte Übersetzungstheorien.

Bátori (erscheint (b)) verweist auf das Compilermodell als Basis für natürlichsprachliche Verarbeitungssysteme: eine natürlichsprachliche Zeichenkette wird in der Weise verarbeitet, daß eine interne, interpretierbare Repräsentation geschaffen wird, die den Informationsgehalt der Eingabekette enthält. Das Prinzip der De- und Enkodierung bedeutet, daß natürliche Sprachen und Programmiersprachen durch gleiche Algorithmen verarbeitet werden können.

Formale, linguistische Theorien generativer und/oder funktionaler Sprachtheorien verwenden das Prinzip der Modularität. D.h. linguistisches Wissen wird verschiedenen Beschreibungsebenen zugeordnet, die miteinander relationiert sind, z.B. als D-Struktur ("Tiefenstruktur"), S-Struktur ("Oberflächenstruktur") und LF-Form ("logische Form") (Chomsky 81) oder als morphologische, syntaktische und semantische Repräsentation in Montague-Grammatiken (Landsbergen 87). Die Verbindungen (links) werden metaphorisch mit dynamischen Termini versehenn (z.B. "Bewegung"), die in der Theorie strukturelle Relationen bedeuten. In der Umsetzung durch Computerprogramme werden dann tatsächliche Strukturen aufgebaut. Die relationalen Beziehungen werden übersetzt in strukturbildende Prozeduren. In letzter Zeit spielt hier vor allem die Unifikation eine Rolle. Operationen des Vergleichs und der Kombination von Strukturen haben sich für verschiedene grammatische Phänomene (z.B. Kongruenz) als hilfreich erwiesen. Die Bedeutung für Übersetzungszwecke ist ebenfalls hervorgehoben worden, besonders für die Organisation des Transfers (Kay 84, Rohrer 86). Die "Gleichsetzung" in der LFG (z.B. "SUBJEKT" = "AGENT"), die die Zuordnung funktionaler Kategorien gestattet, oder die Wahlprozeduren in Choice-Systemen der systemischen Grammatik (Berry 77) sind Standards der Verknüpfung von modularisiertem linguistischem Wissen.

Auch in Übersetzungstheorien wird das Mehrebenenkonzept, allerdings nicht in operationalisierter Form, verwendet (z.B. Reiß/Vermeer 84). Im folgenden werden die Verfahren "Komplettierung" (Kategorienansammlung) und "Modularisierung" (Kategorienwechsel) als zwei Typen der Informationsveränderung skizziert. Für den letzteren wird ein detailliertes Beispiel (Verarbeitung von Polylexikalität) im Rahmen von EUROTRA-D gezeigt (4.3).

4.2   Phasenkonzept (Komplettierung von Information)

Hier ist die Strukturbildung in Richtung auf eine prominente formale Repräsentation bzw. auf die zielsprachliche Repräsentation additiv organisiert. Bei der satzorientierten Verarbeitung geht es um die sukzessive Vervollständigung von Bäumen. Der Vorgang ist in Phasen des Nacheinander aufgeteilt, die durch die Teilstrukturen selbst determiniert sind und nicht durch Veränderungen des Informationstyps. Üblich sind Aufteilungen nach Nominalphrasen, Verbalphrasen, Satzkomplementen, usw. Die Konstruktionsstrategien sind an Gliederungen der objektsprachlichen Einheiten orientiert. Dieses Vorgehen entspricht den klassischen Einteilungsprinzipien, wie sie, ausgehend von der antiken Tradition, für einzelsprachliche Grammatiken entwickelt worden sind (Basis: aristotelische Aufteilung von Nomen und Verb). Die Kategorien der verschiedenen Repräsentationsebenen gehören dem gleichen Typ (gleiche Theorie(n) an. Vgl. Systeme wie MU (Nagao et al. 85), SUSY (Maas 81).

Bei der satzübergreifenden Verarbeitung treten andere Gesichtspunkte auf. In einem Ansatz der Anaphernbeschreibung verwendet Pause (86) ein Kumulationsmodell, in dem die relevanten Informationen durch sukzessive Abarbeitung des Kontextes (mehrere Sätze) angesammelt werden. So wird eine Gewichtung hergestellt, die für die Präferenz der einen oder anderen Lösung bei Alternativen spricht.

4.3 Mehrebenenkonzept (Modularisierung von Information)

Das Mehrebenenkonzept gestattet die Ausarbeitung autonomer Beschreibungen innerhalb eines Informationstyps (z.B. Phrasenstruktur, Tiefenkasus, pragmatische Funktionen, usw.) Die Aufeinanderbeziehbarkeit begründet das Prinzip der Modularisierung von Information. Fig. 2 zeigt eine schematische Aufteilung. Hierbei kann unterschieden werden, ob Äquivalenz besteht zwischen

(a)   Grammatiken $(G_1, G_2, ..., G_n)$
(b)   Repräsentationsobjekten $(RO_1, ..., RO_n;$ z.B. Bäume als Strukturbeschreibung objektsprachlicher Einheiten)
(c)   Grammatiken und Repräsentationsobjekten.

$$
\begin{array}{ccccc}
 & G_1 \to & G_2 \to \,.......\, \to & G_n & \\
 & \downarrow & \downarrow & \downarrow & \\
R_q \to & RO_1 \to & RO_2 \to.......\, \to & RO_n \to & R_z
\end{array}
$$

Fig.2

Bei den Übergängen wechseln die beteiligten Kategorien entweder Position und Status im Rahmen derselben Strukturbeschreibung, oder aber der Wechsel bezieht sich auf die Position und Status hinsichtlich einer anderen Strukturbeschreibung. Das Problem, die Referenz der Einheiten (Knoten, Teilbäume, Ketten) über die Ebenen hinaus zu bewahren, wird durch das Prinzip der Kompositionalität gelöst:

-    Die Überführung eines komplexen Ausdrucks ist zu sehen als Funktion der Überführung seiner Teilausdrücke.
-    Jeder Ausdruck der Ebene$_i$ muß korreliert werden mit einem Ausdruck der Ebene$_{i+1}$.

(Zur Diskussion der Kompositionalität ("compositional translation") in EUROTRA Arnold et al. 86. oder zu ROSETTA mit "teilweiser Kompositionalität" in Appelo 86b; vgl. auch Janssen im gleichen Band; zum Mehrebenenkonzept auch Biewer et al. 86).

Die fehlende 1:1-Entsprechung von Form und Inhalt in natürlichen Sprachen spiegelt sich nun auf den Repräsentationsebenen in der Weise wider, daß strukturell äquivalente Ausdrücke nicht automatisch semantisch äquivalent sind und umgekehrt. Dies gilt gleichermaßen für die Zuordnung verschiedener Einzelsprachen. Daraus folgt, daß sowohl auf objektsprachlicher Ebene wie auf beschreibungssprachlicher Ebene nicht unmittelbar solche Teile ("Primitive", in EUROTRA "Atome") zur Verfügung stehen, die direkt korrelierbar sind. Vgl. die Beispiele unten, wobei [1,2,3] Exempelsätze der Grammatik, während [4,5,6] verkürzte Fassungen aus einem mehrsprachigen EG-Text sind:

[1] Paula schwimmt gerne.

[2] Paula aime a nager.

[3] Paula likes swimming.

[4] Die Industrie bekommt die Situation in den Griff.

[5] L'industrie va remédier la situation.

[6] The industry will slow down the process.

Beispiel [1,2,3] zeigt einen Kategorienwechsel in der Oberflächenstruktur. "gerne" [1] als Adverb ist semantisch äquivalent zum Verb "aimer" [2] bzw. "like" [3]. Beispiel [4,5,6] zeigt das Problem der Äquivalenz von Polylexikalität und Monolexikalität mit Wirkung auf die Strukturbeschreibungen auf verschiedenen Repräsentationsebenen. Dies wird nun im Hinblick auf das Mehrebenenkonzept in EUROTRA detaillierter ausgeführt.

"Polylexikalität" meint, daß eine syntaktische und/oder semantische Kategorie in der Beschreibung mehreren objektsprachlichen Einheiten entspricht. "in den Griff bekommen", "Rechnung tragen" sind Beispiele für eine Klasse von Ausdrücken, die einerseits durch eine Reihe syntaktischer Restriktionen bestimmt ist, andererseits als semantische Einheiten definiert sind. Es handelt sich um ein Phänomen, das zunächst hauptsächlich in der Lexikologie und Lexikographie Beachtung gefunden hat. Mit zunehmenden Interesse an vorgegebenen Texten hat sich gezeigt, daß dieses Phänomen zum "normalen" Sprachgebrauch gehört und nicht weiter - mehr oder weniger - ausgeklammert werden kann. Es gibt zwei theoretisch interessante Aspekte, die für eine Integration in der MÜ wichtig sind: strukturelle Eigenschaften (interne Struktur des Syntagmas und Position und Status in der Satzstruktur) und textbildende Eigenschaften (Informationsaufbau im Text).

Strukturelle Eigenschaften werden im Rahmen von Wortbildungstheorien erfaßt, wonach bei diesen Ausdrücken ein Kompositionstyp vorliegt, für den Regeln der Syntaxebene Verwendung finden (u.a. Fleischer 82). Der nominale Teil ist z.B. spezifischen Einschränkungen unterworfen im Hinblick auf Numerus, Artikelgebrauch, Attribuierbarkeit, Möglichkeiten von Topikalisierung (wh-movement), Pas-

sivierung und Negation. Zugleich gibt es semantische Einschränkungen. [4a] und [4b] sind semantisch
äquivalent, [4a] und [4c] nicht.

[4a] Die Industrie bekommt die Probleme in den Griff.

[4b] Die Industrie löst die Probleme.

[4c] Paula setzt eine Schraube in den Griff.

Textbildende Eigenschaften beziehen sich auf das Potential solcher Ausdrücke, am Textaufbau durch
einen spezifischen informativen Beitrag beteiligt zu sein (Rothkegel 88). Unter dem Gesichtspunkt der
Übersetzung ist nun zu beobachten, daß Polylexikalität in Lq nicht automatisch äquivalent ist mit Polylexikalität in Lz. Das Gegenteil ist häufig der Fall. Vgl. dazu Beispiele [4,5,6]. Dies spricht dafür, daß
ein Wechsel von polylexikalen und monolexikalen Ausdrücken mit den zugehörigen Strukturbeschreibungen bei der Organisation der Übergänge zu berücksichtigen ist.

Für Polylexikalität gibt es in Chomsky (81:146) eine allgemeine Regel, nach der ein Teilbaum reanaly-
siert werden kann zu einem Knoten, der die polylexikale Kette dominiert, wenn die Teile unmittelbare
Nachbarn sind (Fig. 3). Im Deutschen (auch in anderen Sprachen, z.B. Niederländisch) gehört Diskonti-
nuität solcher verbalen Ausdrücke zur Standardgrammatik (vgl. [4]). Den spezifischen syntaktischen und
semantischen Eigenschaften kann aber in einem Mehrebenensystem Rechnung getragen werden. Schenk
(86) demonstriert Beispiele fürs Niederländische im Rahmen von ROSETTA (Mehrebenenmodell mit
Montague-Grammatik als Basis), in denen sowohl die internen struktruellen Eigenschaften als auch die
Äquivalenz mit monolexikalen Ausdrücken berücksichtigt wird.

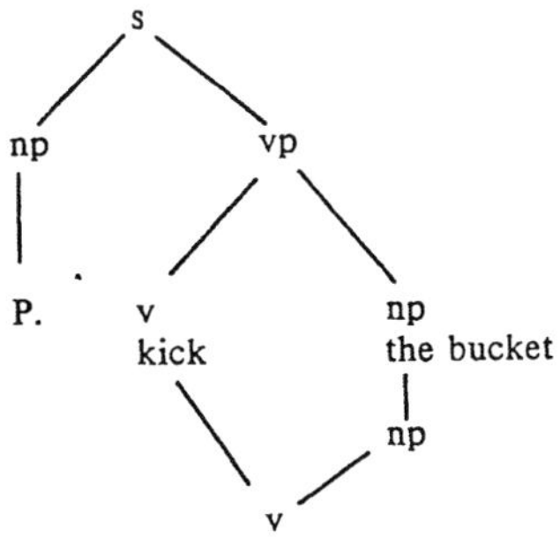

Fig. 3

Hier werden - im Rahmen des Mehrebenensystems EUROTRA (s. 3.3) - zwei Typen von Prozeduren
der Informationsveränderung eingeführt, die die spezifischen semantischen Prozesse im Hinblick auf
die beteiligten Repräsentationsebenen abbilden: Expansion und Kondensation als Prozesse der Wortbil-
dung auf Syntaxebene. Fig. 4 zeigt die EUROTRA - Repräsentationsebenen als Sequenz innerhalb von
Analyse und Synthese:

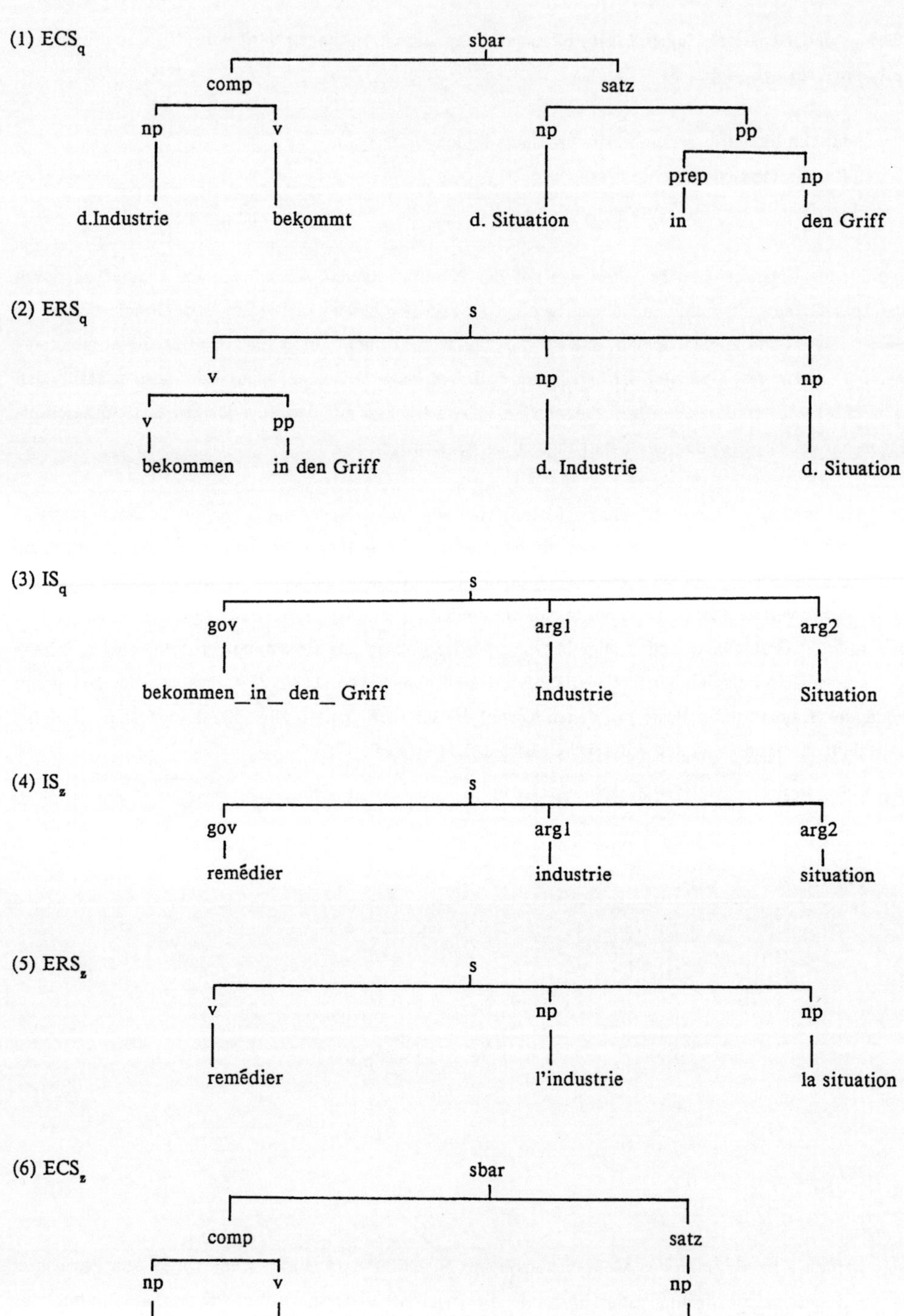

Fig. 4

ECSq -> ERSq -> ISq -> ISz -> ERSz -> ECSz .

(1) Der Übergang von ECSq -> ERSq ist gekennzeichnet durch Expansion einer Kategorie bei Tilgung einer anderen Kategorie. Auf der Grundlage der Wortbildungstheorie (u.a. Fleischer 82), die eine interne Struktur des Ausdrucks "in den Griff bekommen" (V -> v , pp) vorsieht, verändern die Teile v (bekommen) und pp (in den Griff) der Satzkonstituentenebene ECS ihre Zugehörigkeit zum syntaktischen Paradigma: pp erscheint als Konstituente von V auf ERS, die die Valenzstruktur beschreibt. np ("Probleme") ist Komplement zu V ("in den Griff bekommen"). Es handelt sich also um einen Kategorienwechsel, der die gesamte Satzstruktur hinsichtlich ihrer konstituierenden Teile verändert. Was stattfindet, ist Informationsveränderung durch Informationsanreicherung. Die neu eingebettete Struktur dient der Vereindeutigung im Hinblick auf die Übersetzung. Die Bedingungen für die Anwendung der T-Regel (Regel für die Organisation des Übergangs) sind als Merkmalstruktur bei den Knoten, die Kandidaten sind, angegeben. Diese Angaben beziehen sich auf die beiden konstituierenden "Kernlexeme" (Verb und Nomen), die im Baum mitperkoliert werden. Die Kompatibilität der Teilausdrücke basiert auf ihrer Zugehörigkeit zu einer Klasse, die durch spezifische syntaktische und semantische Restriktionen determiniert ist; z.B. ityp = I, wobei I = 10, 20, 30, usw. Mit I (als Variable) wird eine abkürzende Schreibweise verwendet für bestimmte syntaktische Muster bzw. Regeln in der Teilgrammatik. "10" signalisiert z.B. eine Nominalphrase mit der Struktur Np -> n ("Rechnung tragen").

(2) Der Übergang ERSq -> ISq stellt den Schritt der Kondensierung dar. Die interne KS-Struktur ist auf der semantischen Beschreibungsebene irrelevant und wird durch Verflachung des Knotens hergestellt. Wichtig ist, daß die objektsprachliche Zuordnung alle beteiligten Komponenten enthält, so daß ein neues "Primitiv" (s.o.) entstanden ist. Dies ermöglicht schließlich eine äquivalente Selektion im Transfer. Mit dem Kategorienwechsel zwischen Beschreibungstypen (v -> gov; v als head einer Dependenzstruktur und gov als Teil einer Prädikat-Argumentstruktur) wird die Information über die syntaktische interne Struktur des komplexen Ausdrucks aufgegeben (Informationsveränderung durch Reduktion im Hinblick auf die Übersetzung).

(3) bis (6) zeigen die weiterhin strikt kompositionell ablaufenden Übergänge bis zur KS-Struktur des Zielsatzes (ECSz). Zum modularen Transfer vgl. auch Isabelle/Macklovitch 86.

Das Beispiel gibt einen kleinen Ausschnitt aus den Möglichkeiten der Organisation der Informationsveränderung. Entsprechende Spezifikationen können danach angegeben werden im Hinblick auf:

- objektsprachliche Einheiten und deren Zuordnung (Position, Status)
- Art der Repräsentationsebene
- Art der behandelten Kategorie (Theorieanbindung)
- Art der Überführungsregel
- Art der Informationsveränderung:
    - Expansion als Typ von Anreicherung (z.B: Struktureinbettung)
    - Kondensation als Typ von Reduktion (u.B: Strukturverflachung)

5. Modellfunktion

Eine zusammenfassende Frage bei der Modellierung eines MÜ-Systems ist die nach der Funktion des Modells. Modelle können Funktionen haben im Hinblick auf Information (Fachkommunikation), auf Verbesserungen von Handlungsvoraussetzungen (praktische Anwendung) und als Mittel zur Erkenntnisgewinnung. In diesem Sinne bietet sich bei der MÜ sofort die Frage nach dem Zusammenhang von MÜ und "humaner" Übersetzung (HÜ) an. Nirenburg (87) verweist u.a. auf die Tatsache, daß bei der HÜ Zielsprachenorientierung im Vordergrund steht, während viele MÜ-Systeme quellsprachenorientiert arbeiten (Schwerpunkt auf Analyse). Hauenschild (87) verdeutlicht diesen Zusammenhang in einem Vergleich der Schwerpunkte der Fragestellungen in computerlinguistischen Ansätzen (punktuell) und KI-Ansätzen (ganzheitlich). So kann auch die Einbindung der "Konstruktion" der MÜ in menschenbezogene Arbeitsprozesse eine Rolle spielen (Johnson/Whitelock 87, Melby 87). Insgesamt gilt die übereinstimmende Meinung, daß einerseits zu wenig theoretisches und auch empirisches Wissen über die HÜ vorliegt. Es ist aber auch andererseits zu beobachten, daß die einzelnen "konstruktiven" Vorgänge in der MÜ nicht ausreichend expliziert sind. Eine Weiterentwicklung in dieser Richtung könnte einen Beitrag leisten als Heuristik für die Modellierung der HÜ, oder anders ausgedrückt: zur Erkenntnisgewinnung über Sprache durch Konstruktion.

6. Literatur

Arnold, J.J./Krauwer, S./Rosner, M./des Tombe, L./Varile, G.B. 1986. The <C,A>,T Framework in EUROTRA. COLING 86:297-303.

Appelo, L. 1986a. The machine translation system ROSETTA. Proceedings of IAI-MT 86:34-50. Saarbrücken.

Appelo, L. 1986b. A compositional approach to the translation of temporal expressions in the Rosetta system. COLING 86:313-318.

Bachut, D./Verastegni, N. 1984. Software tools for the environment of a computer aided translation system. COLING 84.

Bátori, I. 1986. Die Paradigmen der Maschinellen Sprachübersetzung. In:Bátori/Weber 1986:3-27.

Bátori, I. (erscheint a). Grundprobleme der Anwendungen in der CL. In: Bátori/Lenders/Putschke (eds), Computational Linguistics. An International handbook on computeroriented language research and applications. de Gruyter, Berlin.

Bátori, I. (erscheint b). Die allgemeine Entwicklung der CL. In: Bátori/Lenders/Putschke (eds.)

Bátori, I./Weber, H.J. 1986. Neue Ansätze in der Maschinellen Sprachübersetzung: Wissensrepräsentationen und Textbezug. Niemeyer, Tübingen.

Berry, M. 1977. Introduction to systemic linguistics 2: levels and links. London.

Biewer, A./Feneyrol, Ch./Ritzke, J./Stegentritt, E. 1986. ASCOF - A modular multilevel system for French-German translation. Proceedings IAI-MT 86:267-281. Saarbrücken.

Boitet, Ch. 1984. Research and development on MT and related techniques at Grenoble University (GETA), Tutorial on MT, Lugano.

Boitet, Ch./Gerber, G. 1986. Expert systems and other new techniques in M(a)T. In: Bátori/Weber 86:103--119.

Bresnan, J.(ed) 1982. The mental representation of grammatical relations. MIT Press, Cambridge (Ma).

Carbonell, J.S./Tomita, M. 1987. Knowledge-based machine translation, the CMU approach. In: Nirenburg (ed) 87:68-89.

Chomsky, N. 1981. Lectures on government and binding. Foris, Dordrecht.

Cullingford, R.E./Onyshkevych, B.A. 1987. An experiment in lexicon-driven machine translation. In: Nirenburg (ed) 87:278-301.

Gazdar, G./Klein, E./Pullum, G./Sag, I. 1985. Generalized Phrase Structure Grammar. Basil Blackwell, Oxford.

Fleischer, W. 1982. Phraseologie der deutschen Gegenwartssprache. VEB Leipzig.

Haller, J. 1987. EUROTRA - gegenwärtiger Stand und Planung 1987/88. LDV-Forum 87, 1:8-9.

Halliday, M.A.K./Fawcett, R.P. (eds) 1986. New developments in systemic linguistics. Pinter, London.

Hauenschild, Ch. 1984. Entwurf eines Textmodells zur Erfassung anaphorischer Bezüge. In: Rothkegel, A./Sandig, B. (eds). Text, Textsorten, Semantik. Linguistische Modelle und maschinelle Verfahren. Buske, Hamburg.

Hauenschild, Ch. 1986. KIT/NASEV oder die Problematik des Transfers bei der Maschinellen Übersetzung. In: Bátori/Weber 86:167-195.

Hauenschild, Ch. 1987. KI-Methoden in der Maschinellen Übersetzung. In: Morik 87:41-53.

Hutchins, W.J. 1986. Machine translation: past, present, future. Horwood, Chichester.

Isabelle, P./Bourbeau, L. 1985.. TAUM-AVIATION: its technical features and some experimental results. Computational Linguistics, Vol.11,1:18-27.

Isabelle, P./Macklovitch, E. 1986. Transfer and MT. COLING 86: 115-117.

Johnson, R.L./King, M./des Tombe, L. 1985. A multillingual system under development. Computational Linguistics 11,2-3:155-169.

Johnson, R.L./Whitelock, P. 1987. Machine translation as expert task. In: Nirenburg 87:136-144.

Kay, M. 1984. Functional unification grammar: a formalism for machine translation. COLING 84:75-78.

King, M. 1981. Design chracteristics of a machine translation system. IJCAI 81:42-46.

King, M. (ed) 1985. Machine translation today. Edinburgh University Press, Edinburgh.

Kittredge, R.I. 1987. The significance of sublanguage for automatic translation. In: Nirenburg 87:59-67.

Kittredge, R./Lehrberger, J. (eds). 1982. Sublanguage: Studies of language in restricted semantic domains. De Gruyter, Berlin.

Knorr-Cetina, K. 1984. Die Produktion von Erkenntnis. Zur Anthorpologie der Naturwissenschaft. Suhrkamp, Frankfurt.

Krauwer, S./des Tombe, L. 1984. Transfer in a multilingual MT system. COLING 84:464-467.

Kudo, J./Nomura, H. 1986. Lexical-functional transfer. A transfer framework in a machine translation system based on LFG. COLING 86.

Kunze, J. 1986. Transfer as a touchstone for analysis. Proceedings of IAI-MT 86.51-64, Saarbrücken.

Landman, F./Veetman, F. (eds) 1982. Varieties of formal semantics. Foris, Dordrecht.

Landsbergen, J. 1987. Montague grammar and machine translation. In: Whitelook et al. (ed), 1987:113-147.

Laurian, A.-M. 1984. Machine translation: what type of postediting on what type of documents for what type of users. COLING 84.236-238.

Lehrberger, J. 1982. Automatic translation and the concept of sublanguage. In: Kittredge/Lehrberger 82:81-106.

Lehrberger, J./Bourbeau, L. 1987. Machine Translation. Linguistic characteristics of MT systems and general methodology of evaluation. Benjamins, Amsterdam.

Luckhardt, H.-D. 1987. Der Transfer in der maschinellen Sprachübersetzung. Niemeyer, Tübingen.

Lytinen, St.L./Schank, R.C.. 1982. Representation and translation. TEXT, vol 2, 83-111.

Maas, H.D. 1981. SUSYI und SUSYII: verschiedene Analysestrategien in der maschinellen Übersetzung. Sprache und Datenverarbeitung 5, (1/2), 9-15.

Mann, W.C. 1987. Text generation: the problem of text structure. ISI/RS-87-181, Information Science Institute, Marina del Rey.

Melby, A. 1987. On human-machine interaction in translation. In: Nirenburg 87:145-154.

Morik, K. (ed) 1987. GWAI 87. 11th German Workshop on Artificial Intelligence. Springer, Berlin.

Nagao, M. 1987. Role of structural transformation in a machine translation system. In: Nirenburg 87:262-277.

Nagao, M./Tsujii, J./Nakamura, J. 1985. The Japanese government project for machine translation. Computational Linguistics, 11, 2-3: 91-110.

Netter, K./Wedekind, J. 1986. An LFG-based approach to machine translation. Proceedings IAI-MT 86:197-209, Saarbrücken.

Nirenburg, S. (ed) 1987. Machine translation. Theoretical and methodological issues. Cambridge University Press, Cambridge.

Nirenburg, S./Ruskin, V./Tucker, A.B. 1987. The structure of interlingua in TRANSLATOR. In: Nirenburg 87:90-113.

Partee, B.H. 1982. Compositionality. In: Landman/Veetman 1982:281-312.

Pause, P.E. 1986. Zur Modellierung des Übersetzungsprozesses. In: Bátori/Weber 86:45-74.

Reiß, K./Vermeer, H.J. 1984. Grundlegung einer allgemeinen Translationstheorie. Niemeyer, Tübingen.

Rohrer, Ch. 1986. Maschinelle Übersetzung mit Unifikationsgrammatiken. In: Batori/Weber 86:75-99.

Rösner, D. 1986. SEMSYN - Wissensquellen und Strategie bei der Generieung von Deutsch aus einer semantischen Repräsentation. In: Bátori/Weber 8&:121-137.

Rothkegel, A. 1987. Semantisch-pragmatische Aspekte in der maschinellen Übersetzung. In: Wilss/Schmitz 87:163-180.

Rothkegel, A. 1988. Phraseologie in der internationalen Fachkommunikation. In: Greciano, G. (ed). 3. Internationales Kolloqium zur Phraseologie, INTERPHRAS. Straßburg.

Sakamoto, Y./Ishikawa, T./Satoh, M. 1986. Concept and structure of semantic markers for machine translation in MU-project. COLING 86:13-19.

Schenk, A. 1986. Idioms in the Rosetta machine translation system. COLING 86:319-324.

Schmidt, P. 1986. Valency theory in a stratificational MT-systems. COLING 86:307-312.

Slocum, J. 1985. A survey of machine translation: its history, current states, and future prospects. Computational Linguistics, vol. 11, 1:1-17.

Somers, H. 1987. Some thoughts on Interface Structure(s). In: Wilss/Schmitz 87:81-99.

Steiner, E. 1986. Generating semantic structures in EUROTRA-D. COLING 86:304-306.

Tucker, A.B. 1987. Current strategies in machine translation research and development. In: Nirenburg 87:22-41.

Vauquois, B./Boitet, Ch. 1985. Automated translation at Grenoble University. Computational Linguistics, vol.11, 1:28-36.

Weber, H.J. 1986. Faktoren einer textbezogenen maschinellen Übersetzung. Satzstrukturen, Kohärenz- und Koreferenzrelationen, Textorganisation. In: Bátori/Weber 86:229-261.

White, J.S. 1987. The research environment in the METAL project. In: Nirenburg 87:225-246.

Whitelock, P./Wood, M.M./Somers, H.L./Johnson, R./Bennett, P. (eds) 1987. Linguistic theory and computer applications. Academic Press, London, New York.

Wilss, W./Schmitz, K.-D.. 1987. Maschinelle Übersetzung. Methoden und Werkzeuge. Niemeyer, Tübingen.

Yoshida, S. 1984. A consideration on the concepts structure and language in relation to selections of translation equivalents of verbs in machine translation. COLING 84:167--168.

Zelinsky-Wibbelt, C. 1986. Toward an empirically based system of semantic features. COLING 86:7-12.

PARTIKO
Kontextsensitive, wissensbasierte
Schreibfehleranalyse und -korrektur

Astrid Scheller

Fachbereich 10 - Informatik

Universität des Saarlandes

6600 Saarbrücken 11

Abstract

In current computer linguistics, the combined use of semantics and syntax analysis has become an powerful tool in natural language processing. In most cases spelling correction components act seperately from the analysis process. However, in our system PARTIKO, spelling correction is integrated into the analysis component which allows the system to utilize the <u>context</u> *for the correction of spellings. It is also possible to correct errors that couldn't even be recognized before. (Words that are morphologically correct but incorrect in this context.) The spelling correction utilizes the results of the morphological analysis and of the parses.*

1 Einleitung

In der Computer-Linguistik gibt es eine eindeutige Entwicklung die verschiedenen Ebenen (morphologische, syntaktische, semantische und pragmatische) bei der Verarbeitung von Sprache miteinander zu verbinden. Die Schreibfehlerkorrektur wird bisher meistens nur als ein eigenständiger, unabhängiger, vorgeschalteter Prozeß betrachtet. Wenn man die Entwicklung der Computer-Linguistik auf eine Korrekturkomponente überträgt, so ist diese Komponente mit den verschiedenen Ebenen zu verzahnen. Diese Korrekturkomponente ist in der Lage den Kontext zu berücksichtigen. Wie sinnvoll eine solche Korrektur ist, zeigt der verbreitete Einsatz von natürlichsprachlichen Systemen (NLS). Da NLS den Anspruch auf eine Verbesserung der Mensch-Maschine-Kommunikation erheben, ist eine Steigerung der Performanz der Systeme bzgl. der Erkennung von Fehlern notwendig. Die Systeme müssen fehlertoleranter und damit **robuster** werden. Denn Fehler kann man auch bei dem geübtesten Benutzer nicht ausschließen.

Es gibt Systeme, die dem Benutzer nur mitteilen, daß das Wort vermutlich falsch ist, oder ihm eine Liste von möglichen korrekten Wörtern vorlegen, und aus dieser Liste soll sich der Benutzer das richtige Wort auswählen (TYPO [Peterson 80], SPELL [Bentley 85]). Diese Systeme sind nicht sehr benutzerfreundlich, und sie genügen nicht den Anforderungen eines NLS mit einer *intelligenten* Korrekturkomponente. Wenn nun ein NLS z.B. für Fahrplanauskünfte (Erlanger System für gesprochene Sprache [Hein 1981]) oder Hotelreservierung (HAM-ANS [Nebel/Marburger 1982]) bei jedem Eingabefehler Rückfragen an den Benutzer stellt, so verliert dieser recht schnell die Lust, das System weiterhin zu benutzen. Es reicht also nicht aus, Fehler zu erkennen, sie müssen auch automatisch – ohne Rückfragen an den Benutzer – korrigiert werden können.

Das System sollte also in der Lage sein – ähnlich wie sein menschlicher Dialogpartner – , Eingaben, die nicht seiner Grammatik und seinen Erwartungen entsprechen, zu bearbeiten. Um dies zu erreichen, ist eine integrierte Fehlerkorrektur notwendig. Der Mensch ist in der Lage, auf Grund seiner Kenntnisse syntaktische und semantische Informationen für die Korrektur eines Wortes heranzuziehen: Er berücksichtigt den Kontext, in dem das Wort vorkommt.

Mit dem Lexikon, der morphologischen Analyse und dem Parser stehen Mittel zur Verfügung, die eine solche – zumindest in einem gewissen Rahmen – intelligente kontextsensitive Korrektur ermöglichen. Unter einer *intelligenten* Korrektur ist hier ein System zu verstehen, daß das zur Verfügung stehende Wissen benutzt, um den Suchraum und die Anzahl der Kandidaten für einen Fehlervergleich einzuschränken und damit auch die Effizienz zu erhöhen. Dafür muß die integrierte Korrektur mit allen Analysekomponenten des NLS interagieren können (s. Abb. 1). Mit Hilfe eines solchen Systems sind Probleme lösbar bzw. schneller lösbar als bisher. Es können Fehler verbessert werden, die bisher nicht entdeckt werden konnten z.B. *morphologisch korrekte* aber *syntaktisch falsche* Wörter und ein und derselbe Schreibfehler kann durch die Berücksichtigung des Kontextes verschieden korrigiert werden.

Ein solches System mit den theoretischen Grundlagen soll in dieser Arbeit vorgestellt werden. Es heißt **PARTIKO** (Parser unterstützte Tippfehlerkorrektur) und wurde auf einer VAX-8700 unter ULTRIX[1] 2.0/1 in FRANZ-Lisp [Foderaro et al. 83] implementiert.

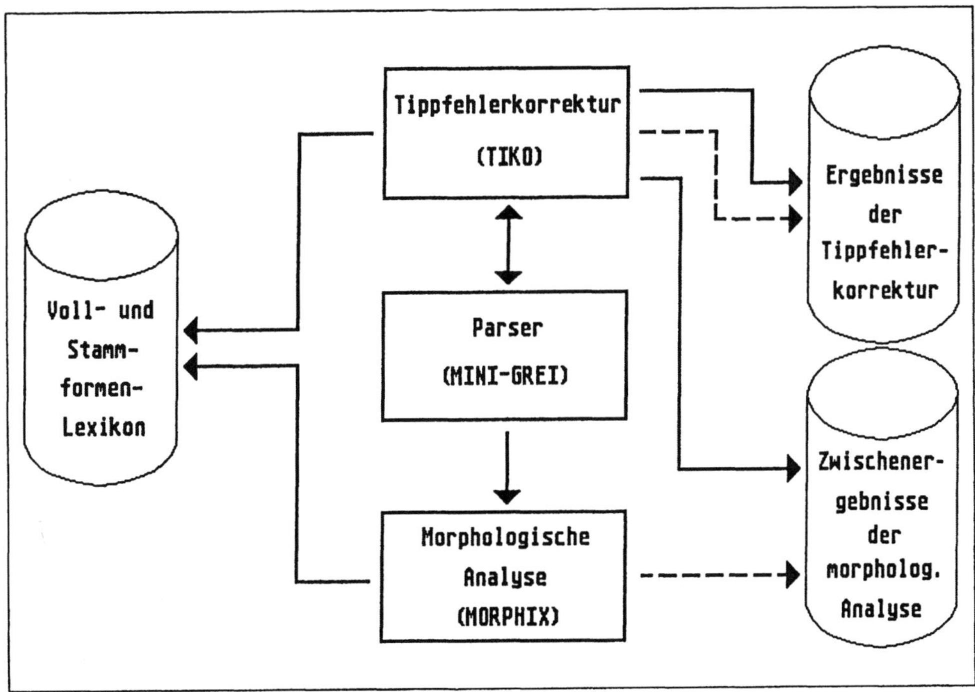

Abb. 1. Systementwurf einer Analysekomponente mit intelligenter Tippfehlerkorrektur

Bevor dieses System beschrieben wird, werden statistische Ergebnisse über Fehler und verschiedene Korrekturverfahren – insbesondere im Zusammenhang mit NLS – diskutiert.

---

[1] ULTRIX ist ein Warenzeichen der Firma DEC

2 Fehlerarten und Verfahren zur Fehlererkennung und –korrektur

In den meisten Fällen unterscheidet man folgende Fehler:

1. Übertragungs – und Speicherungsfehler
2. Rechtschreib – und Tippfehler

In dieser Arbeit sollen die Fehler der zweiten Gruppe betrachtet werden. Man kann diese zwei Fehlerarten bzgl. ihrer Ursachen voneinander abgrenzen.

2.1 Rechtschreib – und Tippfehler

Ein *Rechtschreibfehler* (orthographischer Fehler) ist auf ein nicht vollständiges Beherrschen der deutschen Sprache zurückzuführen. Die Fehler werden meistens dadurch verursacht, daß sich die Phonetik vom Aussehen unterscheidet (f – pf, lich – lig – lisch etc.).

Nach statistischen Auswertungen [Damerau 64], [Rumelhardt/Norman 81], [Peterson 80] werden mit den vier Fehlerarten Vertipper (Kind__rr__), Vertauscher (Kind__re__), Einfüger (Kind__d__er) und Auslasser (Kin__dr__) ungefähr 80 % aller Tippfehler abgedeckt. Diese vier Fehlerarten werden oft als Elementarfehler bezeichnet. Vertipper und Vertauscher kommen häufiger vor als Auslasser und Einfüger. Einfüger sind seltener als Auslasser. Ein Fehler tritt öfters am Ende oder in der Mitte eines Wortes auf als am Anfang.

Die Gründe für einen *Tippfehler* liegen meistens in der Konzentrationsschwäche des Benutzers und der damit bedingten falschen Bewegung der Finger auf der Tastatur des Eingabegerätes, oder sie werden durch die verschiedenen Tastaturen von Eingabegeräten hervorgerufen.

Wir beschäftigen uns in erster Linie mit Tippfehlern. In dem Artikel von [Rumelhardt/Norman 81] werden Ursachen von Tippfehlern diskutiert.

Ihren Untersuchungsergebnissen liegt das Zehn-Finger-System zugrunde. Dabei kam man zu folgenden Ergebnissen:

1. Die meisten Vertauschungsfehler (benachbarter Buchstaben) geschehen, wenn die Buchstaben mit beiden Händen geschrieben werden. Nach [Shaffer 76] werden damit 90 % der Vertauschungsfehler abgedeckt.

   (z.B. reichen – reihcen)

2. Werden zwei Buchstaben mit derselben Hand geschrieben, so treten die meisten Vertauschungen auf, wenn diese zwei Buchstaben auf der Tastatur nebeneinander liegen.

   (z.B. e und r)

3. In einem Wort mit einem Doppelbuchstaben wird manchmal ein ”falscher” Buchstabe (einer der benachbarten Buchstaben) doppelt geschrieben. [Lashley 51] [Shaffer 76]

   (z.B. kommen – koomen)

Man kann allerdings nicht immer genau feststellen, ob nun ein Rechtschreib – oder ein Tippfehler vorliegt. Schreibt jemand ”Ferd” anstatt ”Pferd” so kann man nicht sagen, ob das nun ein Tippfehler (Auslasser) oder ein Rechtschreibfehler (gleiche Phonetik f und pf) war. In fast allen Korrekturverfahren werden nur diese vier Fehler berücksichtigt. Im folgenden sind – wenn nicht anders erwähnt – mit Schreibfehler immer nur diese Fehlerarten gemeint.

2.2 Verfahren zur Fehlererkennung und Fehlerkorrektur

Man kann zwischen *Fehlererkennungsprogrammen* und *Fehlerkorrekturprogrammen* unterscheiden.

Bei der Fehlererkennung wird dem Benutzer nur mitgeteilt, daß das eingegebene Wort nicht korrekt ist. Der Benutzer muß das Wort selbst verbessern.

Bei einer Fehlerkorrektur wird die Korrektur selbständig vom Programm durchgeführt. Das "falsche" Wort wird automatisch durch ein "korrektes" ersetzt.

Eine Fehlerkorrektur setzt selbstverständlich eine Fehlererkennung voraus. Die folgenden Ausführungen orientieren sich weitgehend an [Fischer 80].

Man kann zwischen Methoden mit und ohne Lexikon unterscheiden.
Unter die lexikonfreien Methoden fällt z.B. das Erkennen nicht zuläßiger Buchstabensequenzen (n-Gramme, Digramme, Trigramme). Di – und Trigramme werden in dem System TYPO benutzt. Eine erweiterte Version der n-Gramme ist der Versuch von [Batori 75] Schreibfehler mit Hilfe von Silbenstrukturen zu entdecken. Diese Methode hat im Gegensatz zu den n-Grammen Restriktionen bzgl. der Konkatenation von n-Grammen. Diese Verfahren kann man als Vorselektion für eine Korrektur bei sprachverarbeitenden Systemen benutzen.

Steht ein Lexikon zur Verfügung, dann wird dieses Wort mit jedem Wort im Lexikon verglichen, d.h. sie werden auf Gleichheit bzw. Ungleichheit untersucht. Dieser einfache Vergleich reicht aber für eine Korrektur nicht aus.

Bei einer Korrektur werden, nachdem festgestellt wurde, daß das Eingabewort nicht im Lexikon vorkommt, aus dem Lexikon die Wörter ausgewählt, die dem Eingabewort am ähnlichsten sind. D.h. die Grundlage des Korrekturvorgangs ist die Bestimmung der Ähnlichkeit zwischen zwei Zeichenreihen. Diese Ähnlichkeit zwischen zwei Zeichenreihen A und B wird mittels einer sogenannten *Distanzfunktion* bestimmt. Sie gibt durch ihren Wert den "Grad" der Ähnlichkeit zwischen zwei Zeichenreihen an. Es gibt verschiedene Verfahren, die auf unterschiedlichen Definitionen der Distanz zwischen zwei Zeichenreihen beruhen. Gemeinsam ist allen, daß die Ähnlichkeit zweier Zeichenreihen um so größer ist, je mehr "Teilreihen" von gleichen Zeichen in beiden Zeichenreihen enthalten sind.

Es gibt verschiedene Arten von *Ähnlichkeitsmaßen* (auch Distanzmaße genannt), z.B. Mengen – oder Hamming-Distanz.

1. *Mengen-Distanz* (vom Zeichenvorrat abhängig):
    Sie gibt die Anzahl der Zeichen an, die genau in einer von zwei
    Zeichenreihen vorkommen.
    Beispiel: Seien

    $$
    \begin{aligned}
    A, B_i &= \text{Zeichenreihen mit } i \in N,\ 1 \le i \le 4 \\
    A &= \text{a b e n d s} \\
    B_1 &= \text{a b h n d s} \\
    B_2 &= \text{a b n e d s} \\
    B_3 &= \text{a b n d s} \\
    B_4 &= \text{a b w e n d s} \\
    M(A, B_i) &= \text{Anzahl der Zeichen, die entweder nur} \\
    &\quad \text{in } A \text{ oder nur in } B_i \text{ vorkommen.} \\
    M(A, B_1) &= 1 \\
    M(A, B_2) &= 0 \\
    M(A, B_3) &= 1 \\
    M(A, B_4) &= 1
    \end{aligned}
    $$

Vertauschungsfehler werden bei der Berechnung der Mengen-Distanz nicht berücksichtigt.

2. *einfache Hamming-Distanz* (positionsabhängig):
   Sie überprüft, an welchen Positionen die Zeichenreihen A
   und B_i übereinstimmen.
   Beispiel: Seien

$$A, B_i \quad = \quad \text{die oben erwähnten Zeichenreihen}$$
$$H(A, B_i) \quad = \quad \text{Anzahl der nicht übereinstimmenden}$$
$$\text{Positionen von } A \text{ und } B_i. \text{ Dann ist}$$
$$H(A, B_1) \quad = \quad 1$$
$$H(A, B_2) \quad = \quad 2$$
$$H(A, B_3) \quad = \quad 4$$
$$H(A, B_4) \quad = \quad 5$$

Einfügungs- und Weglassungsfehler wirken sich stark auf die einfache
Hamming-Distanz aus.

In beiden Fällen ist die Gefahr groß, daß ein Wort durch ein falsches Wort im Lexikon "verbessert" wird. Nach [Fischer 80] gehen die leistungsfähigsten Tippfehlerkorrekturverfahren nach dem Hamming-Prinzip vor.

Das *Hamming-Prinzip* zwischen zwei Zeichenreihen läßt sich wie folgt definieren:
"Für die Distanz zwischen A und B soll die geringste Anzahl von Elementarfehlern maßgebend sein, die für die Erklärung des Zustandekommens von B aus A benötigt werden."

Hierbei handelt es sich also um Verfahren, die nur bestimmte Fehler berücksichtigen.

Diese Verfahren gehen davon aus, daß die vorgegebene Zeichenreihe B aus einer korrekten Zeichenreihe A durch eine Folge bestimmter *Elementaroperationen* (Anwendung von Elementarfehlern) entstanden ist. Außerdem wird davon ausgegangen, daß pro Wort nur ein Fehler auftreten darf. Diese Einschränkung wird durch die vorher erwähnten statistischen Auswertungen gerechtfertigt.

Um die Anzahl der Zeichenreihen zu reduzieren, die einem Fehlervergleich unterzogen werden sollen, wird oft mittels eines Distanzmaßes, eine Vorauswahl auf das Lexikon getroffen. Zu diesen Methoden gehören z.B. die Berücksichtigung der Länge des Eingabewortes oder das erste oder die ersten Zeichen des Eingabewortes.

In den sogenannten *Contents-Words* [Tenczar/Golden 72] werden sowohl die Länge und der Anfangsbuchstabe des Eingabewortes, die Buchstabenreihenfolge (d.h. die Reihenfolge der Buchstaben in einem Wort können durch eine Editoperation höchstens um eins – beim Vertauscher um zwei – verändert werden) als auch statistische Ergebnisse über Fehlerarten und – häufigkeiten berücksichtigt.

Wie kann man nun erkennen, daß die Zeichenreihe B aus A durch eine Elementaroperation (und durch welche) entstanden ist? Eine Methode wäre, die Elementaroperation wieder rückgängig zu machen.

Sei

$$N \quad = \quad \text{Anzahl der möglichen Buchstaben}$$
$$WL \quad = \quad \text{Wortlänge des Eingabewortes (Zeichenreihe B),}$$
$$\text{So ergibt sich die Anzahl der Suchvorgänge wie folgt:}$$

Vertauscher: $WL - 1$

Vertipper: $N * WL$

Auslasser: $N * (WL + 1)$

Einfüger: WL

Wenn man nun bedenkt, daß man im Deutschen 26 Buchstaben (ohne Umlaute und ß) unterscheidet und man nicht weiß, welcher der vier Fehlerarten vorliegt, so ist schnell einzusehen, daß der Berechnungsaufwand für diese Methode nicht vertretbar ist.

Dieser Berechnungsaufwand kann mit Hilfe eines Platzhalters (engl. ” *Wildcard*”) erheblich reduziert werden. Die Anzahl der Suchvorgänge für Vertauscher und Einfüger bleibt unverändert. Bei einem Vertipper oder Auslasser können dagegen die Suchvorgänge um den Faktor N verringert werden.

Die letzte Methode, die hier vorgestellt werden soll, ist die *Matrixmethode*. Sie geht von einer Koinzidenzmatrix aus:

```
                Vertipper        Auslasser        Einfüger         Vertauscher
   B
A      a b c d f g       a b c d e f      a b c d e f      a b c d e f      a b c d e f
   a   1 . . . . .     a  1 . . . . .   a  1 . . . . .   a  1 . . . . .   a  1 . . . . .
   b   . 1 . . . .     b  . 1 . . . .   b  . 1 . . . .   b  . 1 . . . .   b  . 1 . . . .
   c   . . 1 . . .     y  . . . . . .   d  . . . 1 . .   y  . . . . . .   d  . . . 1 . .
   d   . . . 1 . .     d  . . . 1 . .   e  . . . . 1 .   c  . . 1 . . .   c  . . 1 . . .
   e   . . . . 1 .     e  . . . . 1 .   f  . . . . . 1   d  . . . 1 . .   e  . . . . 1 .
   f   . . . . . 1     f  . . . . . 1                    e  . . . . 1 .   f  . . . . . 1
                                                         f  . . . . . 1
```

Definition einer Koinzidenzmatrix: [Fliegner 83]

”In der Koinzidenzmatrix entspricht jeder Position in der Tabelle ein Paar von Zeichen aus A und B. Eine mit '1' markierte Position bezeichnet ein Paar gleicher Zeichen. Jede Elementaroperation hat – wie man sieht – ein typisches Muster, erzeugt eine typische Abweichung von der Diagonalen, die zwei gleiche Zeichenketten erzeugen.”

Wenn in einer solchen Matrix ein Sprung auftritt, so bedeutet dies, daß ein Fehler vorliegt.

Sei

$l(A)$ = die Länge von A

$l(B)$ = die Länge von B

z = die erste ungleiche Position von A und B

Die Zeichenreihen A und B werden so lange Buchstabe für Buchstabe miteinander verglichen, bis die erste ungleiche Stelle (Sprung) zwischen ihnen auftritt. Danach überprüft man nur noch den ”Rest” des Wortes.

Wenn gilt

$$a_1 \ldots a_{z-1} = b_1 \ldots b_{z-1} \text{ und } a_z \neq b_z,$$

dann folgt für den ”Rest” des Wortes je nach Fehlerart:

$$a_{z+1} \ldots a_{l(A)} = b_{z+1} \ldots b_{l(B)} \qquad \text{(Vertipper)}$$

$$a_z = b_{z+1} \wedge a_{z+1} = b_z \wedge a_{z+2} \ldots a_{l(A)} = b_{z+2} \ldots b_{l(B)} \qquad \text{(Vertauscher)}$$

$$a_{z+1} \ldots a_{l(A)} = b_z \ldots b_{l(B)} \qquad \text{(Auslasser)}$$

$$a_z \ldots a_{l(A)} = b_{z+1} \ldots b_{l(B)} \qquad \text{(Einfüger)}$$

Bei einem direkten Vergleich [Dorffner 85] erwies sich die Matrixmethode als effizienter. Aus diesem Grunde wird sie auch in **PARTIKO** angewendet. Im folgendem Kapitel wird das System **PARTIKO** vorgestellt.

3 Das System PARTIKO

Das System **PARTIKO** integriert die drei Komponenten *MORPHIX* von [Finkler/Neumann 86] (morphologische Analyse), *MINI-GREI* (ein Parser mit minimaler attributierter Grammatik auf der Basis der Greibach-Normalform) und *TIKO* (Tippfehlerkorrektur). Außerdem stehen noch ein Mischlexikon, ein Flexionslexikon (GRIN-BAUM) und zwei temporäre Datenbasen, die von *TIKO* und *MORPHIX* angelegt werden, zur Verfügung.

Unter einem Mischlexikon verstehen wir hier ein Lexikon, daß sowohl Voll – als auch Stammformen enthält.

Die Voll- und Stammformen sind getrennt abgespeichert. Im Vollformenlexikon stehen alle nicht flektierbaren und alle nicht regelmäßig endungsflektierenden Wörter: Adverbien, Konjunktionen, Präpositionen, Determinativa, Personal –, Reflexiv – und Interrogativpronomina sowie Hilfs – und Modalverben. Abgespeichert sind Wortform und Wortart. Bei Präpositionen werden noch ein oder mehrere Folgekasus angegeben, bei den Pronomina und den Verben kommen zu der Wortart noch grammatikalische Informationen (Genus, Numerus, Person) hinzu.

Im Stammformenlexikon befinden sich Substantive, Verben (außer den oben erwähnten Hilfs – und Modalverben) und Adjektive[2] . Neben dem Stamm und der Wortart stehen bei einem Substantiv im Lexikon die dazugehörige Deklinationsklasse und das Genus, bei einem Verb steht die Konjugationsart und die Transitiv/Intransitiv – Information[3] .

Der GRIN-BAUM (grammatikalische Information) enthält die Flexionsendungen (Endungsbaum) und die dazugehörigen grammatikalischen Informationen. Der Endungsbaum dient zur Abtrennung der längstmöglichen Flexionsendung von regelmäßig flektierbaren Wortformen.

Die drei oben erwähnten Komponenten des Systems **PARTIKO** interagieren miteinander (s. Abb. 1). Zuerst führt *MORPHIX* eine morphologische und lexikalische Analyse für die gesamte Eingabekette durch. Es wird jedes Wort im Satz einzeln lemmatisiert. Die auf ihre kanonische Formen zurückgeführten flektierten Wortformen und die in diesen Formen enthaltenen Flexionsangaben werden als Liste an den Parser weitergegeben. Stößt *MORPHIX* auf eine nicht analysierbare Wortform, so werden in einer temporären Datenbasis für die Korrektur hilfreiche Zwischenergebnisse gesichert. Die Datenbasis enthält z.B. Informationen darüber, ob im Wort ein Umlaut vorkommt oder ob ein Stamm gefunden wurde, aber die Endung für diesen Stamm nicht zulässig war. Außerdem wird in die Eingabeliste für den Parser an diese Stelle ein Platzhalter geschrieben. Gelangt der Parser (*MINI-GREI*) bei seiner syntaktischen Analyse an eine solche Stelle, ruft er die Tippfehlerkorrekturkomponente *TIKO* auf.

Eine andere Möglichkeit, wie ein Korrekturprogramm mit einem Parser interagieren kann, ist, das Korrekturprogramm erst nach "vollständiger" Analyse des Eingabesatzes aufzurufen. Dies setzt voraus, daß der Parser in der Lage ist, beim Auftreten eines unbekannten Wortes die Analyse fortzusetzten. Mit dieser Methode kann in einigen Fällen eine genauere Aussage über das unbekannte Wort getroffen werden und dadurch kann eine "bessere" Korrektur durchgeführt werden. Durch die Berücksichtigung des Satzkontextes kann z.B. festgestellt werden, ob in einem Satz das falsch geschriebene Wort *ien* zu *ein*, *in* oder *den* verbessert werden soll. In dem Satz *"ien Mädchen geht nach Hause"* wird *ien* zu *ein* und in dem Satz *"ien Mädchen geht die Puste aus"* zu *den* verbessert.

---

[2] Die Adjektive werden hier nicht weiter betrachtet. Eine Korrektur für diese Wortart wurde bisher nicht implementiert, sie verliefe jedoch analog zur Korrektur von Verben und Substantiven

[3] Das Stammformenlexikon wurde für den Anschluß von **PARTIKO** bei den Verben um die Konjugationsart und die In-/Transitivinformation erweitert. Im gesamten Mischlexikon wurde noch die Länge des Stammes bzw. der Wortform eingetragen.

Andererseits werden höhere Ansprüche an den Parser gestellt, und der Einbau einer Korrekturkomponente in einen bestehenden Parser ist aufwendiger.

MINI-GREI teilt *TIKO* mit, welche Erwartungen er aufgrund der bisherigen Satzanalyse an das Wort stellt. *MINI-GREI* kann neben der Wortart folgende syntaktische Parameter liefern:
Beim

Substantiv:	Kasus, Genus, Numerus
Verb:	Person, Numerus, In – /Transitivität
Pronomen:	Person, Numerus, (Genus)

(Bei allen sonstigen Wortarten wird nur die Wortart angegeben.)

Die Tippfehlerkorrektur sucht als erstes in der von ihr angelegten temporären Datenbasis, die alle während der Bearbeitung des Satzes schon einmal verbesserten Wörter mit entsprechenden Informationen enthält.[3] Steht das Wort nicht in der Datenbasis, wird das Korrekturverfahren angestoßen. *MINI-GREI* parst dann unter Verwendung des Korrekturergebnisses den Satz weiter (siehe Beispielsätze in den Abbildungen 4a bis 4d). Im folgendem werden die drei Komponenten *MORPHIX*, *MINI-GREI* und *TIKO* einzeln vorgestellt.

MORPHIX ist ein lexikonbasiertes System zur Flexionsanalyse deutscher Sätze. [Finkler/Neumann 87] *MORPHIX* bietet eine Alternative zur Analysemethode von Koskenniemi [Koskenniemi 83][Koskenniemi 84]. Ausgangspunkt für beide Methoden sind die morphologischen Regelmäßigkeiten flexionsreicher Sprachen. Die Methode von Koskeniemi benutzt endliche Automaten zur Bearbeitung der Morphologie. Die endlichen Automaten beschreiben die morphologischen Regelmäßigkeiten und transformieren Stämme in Oberflächenformen bzw. analysieren sie als Oberflächenform. Die Übergänge des endlichen Automaten werden durch Überprüfungen von einzelnen Buchstaben [Koskenniemi 83] oder von Buchstabensequenzen [Kay 82] auf ihre Oberflächenform und der zugrundeliegenden lexikalischen Darstellung gesteuert.

Im Gegensatz dazu ist *MORPHIX* ein klassifikationsbasiertes System. Hier werden die morphologischen Regelmäßigkeiten zur Klassifikation benutzt. Die Klassifikation dient zur Strukturierung des zur Verfügung stehenden Mischlexikons und des Flexionslexikons. Für das System **PARTIKO** mußte *MORPHIX* lediglich dahingehend modifiziert werden, daß ein Platzhalter eingeführt und bestimmte Zwischenergebnisse bei nicht erfolgreicher Analyse gesichert werden. Ansonsten konnte diese Komponente unmittelbar integriert werden.

MINI-GREI ist ein syntaktischer Parser, der nur zu Testzwecken geschrieben wurde. Deshalb wurden auch keine hohen Anforderungen an ihn gestellt. Der Algorithmus der *Prädiktiven Analyse* wurde um eine einfache Attributierung erweitert und implementiert. Im Prinzip ist jeder syntaktische Parser in **PARTIKO** integrierbar, der bei der Analyse eines Satzes in der Lage ist, an jeder Stelle im Satz bestimmte Voraussagen über das folgende Wort zu treffen.

Die Korrekturkomponente *TIKO* wird mit folgenden Parameter aufgerufen:

wort	–	das auf einen Fehler zu untersuchende Wort
wortart	–	die vom Parser erwartete Wortart
parsflag	–	dieses Flag wird gesetzt, wenn das Eingabewort morphologisch analysiert werden konnte, es aber nicht den syntaktischen Erwartungen des Parsers entspricht
stelle	–	die Position des "fehlerhaften" Wortes im Satz
wortlänge	–	die Länge von *wort*
m-info	–	die Zwischenergebnisse der morphologischen Analyse; dies ist eine Liste aus drei Elementen: Stamm, Endung, Stamm ohne Umlaut
w-info	–	die syntaktischen Anforderungen, die der Parser an *wort* stellt

---

[3] sinnvoll bei einem Backtracking des Parsers

w-info ist je nach Wortart verschieden: Bei einem Verb kann *w-info* z.B. so aussehen: ((FLEXION ((3 (sg)))) (TRANS (tr))), bei einem Adverb dagegen ist es eine leere Liste (∅).

In *TIKO* werden pro Wort nur ein Tippfehler (s. Kapitel 2.1) zugelassen, und dieser muß einer der vier Elementarfehler (Vertipper, Vertauscher, Auslasser, Einfüger) sein. Diese Einschränkungen gehen auf die Untersuchungen in Kapitel 2.1 zurück. Wurde das Wort schon einmal verbessert, dann befindet es sich in der von *TIKO* angelegten temporären Datenbasis. Unter *wort* sind die Korrektur und die entsprechenden syntaktischen Informationen abgespeichert. Dadurch kann eine wiederholte Fehlersuche für ein und dasselbe Wort vermieden werden.[5] Befindet sich das Wort in der Datenbasis und erfüllt es die Anforderungen des Parsers, so wird der Eintrag der Datenbasis direkt an den Parser zurückgegeben. Andernfalls wird je nach Wortart weiterverfahren (s. Abb. 2).

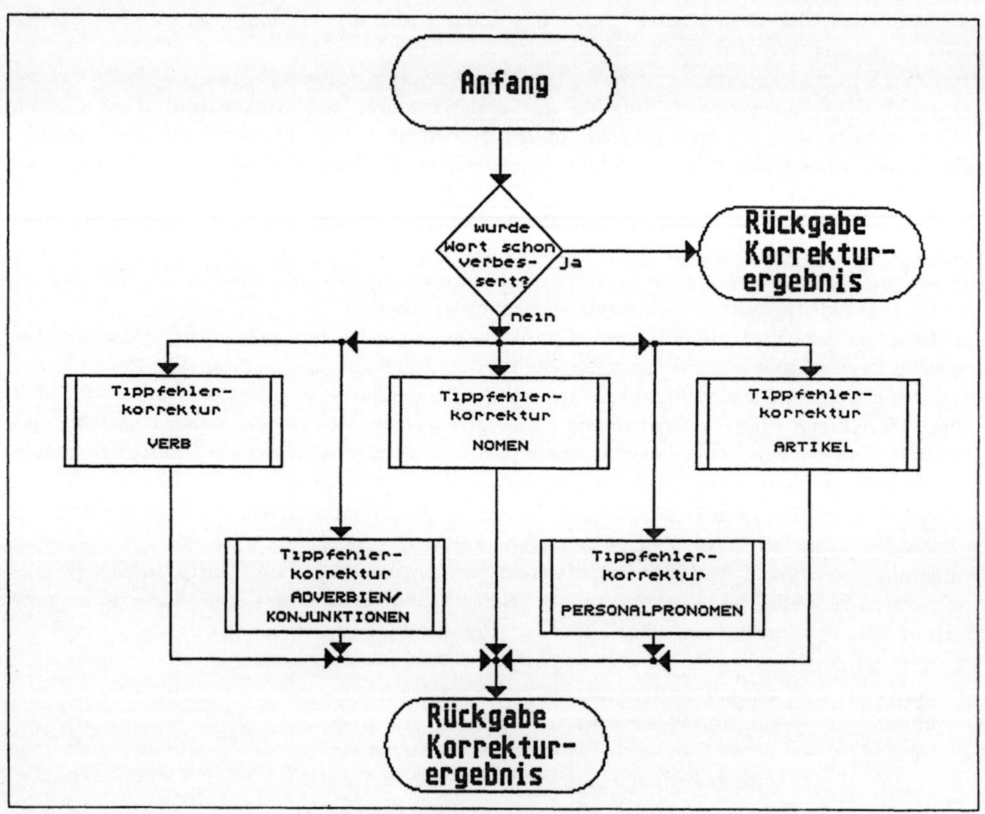

Abb. 2. Grundalgorithmus von TIKO

Diese Verzweigung erfolgt, weil unterschiedliche Informationen berücksichtigt werden müssen. Der Korrekturalgorithmus wird in eine Korrektur für Vollformen und in eine für Stammformen unterteilt. Beide Verfahren suchen zuerst nach einem Fehler am Ende, dann in der Mitte und zuletzt

---

[5] Dies kann bei einem Backtracking des Parsing geschehen.

im Anfang des Wortes (s. Kapitel 2). Aus Effizienzgründen wird die Anzahl der Lexikonzugriffe möglichst gering gehalten. Dies wird durch ein sehr mächtiges *Pattern-Such-Programm*[6] unterstützt. Mit Hilfe dieses Programms können komplexe Anfragen an das Lexikon gestellt werden. Durch verschiedene Diskriminationsverfahren wird die Anzahl der möglichen Kandidaten, die einem Fehlervergleich unterzogen werden sollen, stark eingeschränkt. Mittels einfacher Distanzmaße wird eine erste Vorauswahl aus dem Lexikon getroffen. Außer den Methoden der Berücksichtigung der Länge und der ersten Zeichen des Eingabewortes werden bei dieser Vorauswahl noch die Wortart und teilweise die Endbuchstaben beachtet. Die Liste der gefundenen Wörter wird in kleinere, nach der Länge der Wörter sortierten Listen, aufgesplittet. Dadurch und durch die Informationen von *w-info* kann die Anzahl der möglichen Fehlerarten eingeschränkt werden. Wie eine solche Einschränkung aussehen kann wird im folgenden erläutert.

1) Korrektur für Vollformen

Der Suchbereich im Lexikon wird, wie schon erwähnt, durch die Wortart, Anfangs- bzw. Endbuchstaben und die Wortlänge eingeschränkt.

Die Länge des gesuchten Wortes darf von der Länge des Eingabewort um nicht mehr als $+/-1$ abweichen. Dies folgt aus der Bedingung, daß nur ein Elementarfehler pro Wort zugelassen wird.

Die ersten Buchstaben werden – aufgrund der in Kapitel 2.1 erwähnten Statistiken – zuerst als korrekt vorausgesetzt.

Sei

$$
\begin{aligned}
\textit{wort} &= a_1 \ldots a_l \\
\textit{wortart} &= x \\
\textit{wortlänge} &= l \\
\textit{w-info} &= \emptyset \\
\textit{str}_E &= a_1 \ldots a_{l/2} \\
\textit{str}_M &= a_1 .\!*a_{l/2+2} \ldots a_l \\
\textit{str}_A &= .\!*a_3 \ldots a_l
\end{aligned}
$$

.* ist ein Platzhalter, der für eine beliebige Anzahl von Buchstaben steht.

Es werden alle Wörter im Lexikon gesucht, die zu der Wortart x gehören, die Länge $(l-1)$, l oder $(l+1)$ haben und bestimmte Teilzeichenreihen von *wort* enthalten. Diese Teilzeichenreihen sind abhängig von der Stelle im Wort, an der nach einem Fehler gesucht wird, ob im Ende ($\textit{str}_E$), in der Mitte ($\textit{str}_M$) oder am Anfang ($\textit{str}_A$).

Die Teilzeichenreihen geben an, daß für die Korrektur nur die Wörter in Frage kommen, die mit den Buchstaben $a_1 \ldots a_{l/2}$ anfangen ($\textit{str}_E$), oder mit dem Buchstaben a_1 anfangen und mit der Teilzeichenreihe $a_{l/2+2} \ldots a_l$ enden ($\textit{str}_M$)[7] oder mit der Teilzeichenreihe $a_3 \ldots a_l$ enden ($\textit{str}_A$).

Damit kann die Liste der Wörter, auf die ein Fehlervergleich durchgeführt wird, reduziert werden. Diese Liste wird in die drei Listen L, $L+1$, $L-1$ eingeteilt. An der Länge des Wortes kann abgelesen werden, welche Fehlerart vorliegen kann. Die Liste L enthält alle gefundenen Wörter der Länge l, diese Wörter brauchen nur auf Vertipper oder Vertauscher untersucht zu werden, die Wörter der Liste $L+1$ auf Auslasser und die der Liste $L-1$ auf einen Einfüger. Damit werden unnötige Untersuchungen auf nicht mögliche Fehlerarten verhindert. Für den Fehlervergleich wurde ein Algorithmus nach der Matrixmethode (s. Kapitel 2.2) implementiert.

Ist *w-info* ungleich $\emptyset$, so wird überprüft, welche Wörter die Bedingungen von *w-info* erfüllen. Und nur diese Wörter werden einem Fehlervergleich unterzogen.

Es ist ersichtlich, daß diese Methode bei kurzen Wörtern (Länge kleiner als vier) nicht sehr effizient ist. Ist z.B. die Wortlänge gleich drei, dann müssten im Lexikon alle Wörter der Wortart x mit der

---

[6] *grep*-Programm unter [UNIX 85].

[7] $a_{l/2+2}$ um einen Vertauscher zwischen $a_{l/2}$ und $a_{l/2+1}$ entdecken zu können.

Länge zwei bis vier und dem Anfangsbuchstaben a_1 (bei Fehler im Ende) gesucht werden. Als wirkungsvoller erwies es sich in diesen Fällen, eine lexikonfreie Methode zur Vorauswahl anzuwenden. In Kapitel 2.2 wird in diesem Zusammenhang das Erkennen nicht zulässiger Buchstabensequenzen erwähnt. Diese Methode wurde für *TIKO* erweitert. Es werden im Gegensatz zu den bisherigen Verfahren nicht alle unzulässigen Buchstabensequenzen berücksichtigt, sondern nur wortartspezifisch unzulässige Buchstabensequenzen. Im Rahmen der Arbeit konnten allerdings nur ungenaue Untersuchungen, die sich auf das vorhandene Lexikon beziehen, angestellt werden. Es wurden Verben der Länge kleiner fünf, Adverbien, Konjunktionen, Präpositionen, Determinativa, Personal –, Reflexiv – und Interrogativpronomina untersucht.

2) Korrektur für Stammformen

Bei einer Korrekturkomponente für eine flexionsreiche Sprache (hier das Deutsche) treten spezielle Probleme auf:

In einem Wort können *Fehler*

1.	im Stamm	Se<u>i</u>hnen	(Einfüger)
2.	in der Endung	Sehne<u>m</u>	(Vertipper)
3.	oder zwischen Stamm und Endung	Sehn<u>ne</u>	(Vertauscher)

auftreten.

TIKO ist ein Programm, daß sowohl Fehler im Stamm, in der Endung als auch zwischen Stamm und Endung korrigieren kann.

Die Flexionsendungen sind unterteilt in Endungen für:

Substantive   (Deklinationsart, Genus, Numerus, Kasus)

Verben   (Konjugationsart, Person, Numerus).

Dadurch kann die Anzahl der Endungen, die bei einer Korrektur berücksichtigt werden müssen, stark reduziert werden (s.o.)

Ist *parsflag* gesetzt (s. Abb. 3), liegt ein morphologisch korrektes Wort vor, es entspricht aber nicht den syntaktischen Erwartungen des Parsers. Diese Fehler konnten mit den bisherigen Korrekturverfahren nicht entdeckt werden.

    z.B.   "Er <u>faehrst</u> den Wagen"

In einem solchen Fall wird das Wort einfach in die vom Parser gewünschte Oberflächenform transformiert, auch wenn mehr als eine Elementaroperation dafür erforderlich ist. Ist das Flag nicht gesetzt und wurde bei der morphologischen Analyse ein Stamm gefunden (aber keine dazugehörige Endung), so wird dieser Stamm bzgl. der vom Parser erwarteten Wortart untersucht. Stimmen diese überein, findet ein Fehlervergleich zwischen der abgetrennten Endung und den für diesen Stamm zulässigen Endungen statt. Diese Endungen werden durch die Konjugationsart (Verb) bzw. Deklinationsart (Substantiv) und durch die syntaktischen Informationen des Parsers (*w-info*) bestimmt. Dadurch kann wiederum die Anzahl der zu überprüfenden Endungen erheblich eingeschränkt werden. Konnte *MORPHIX* keine Endung abtrennen, kommen für einen Fehler nur zwei Möglichkeiten in Frage:

1. Der Fehler liegt in der Endung bzw. zwischen Stamm und Endung. Dann wird versucht, die Elementaroperation wieder rückgängig zu machen. Es werden alle Formen gebildet, die bzgl. dem Ende des Wortes, der Wortart, der syntaktischen Informationen und der vier Elementarfehlern möglich sind. Die Anzahl dieser Formen ist klein (s. Abb. 4). Abb. 4a und 4b zeigen ein Beispiel für einen Satz, in dem ein Wort vorkommt, das einen Fehler (Vertauscher) in der Endung hat. In Beispiel Abb. 4c und 4d liegt der Fehler zwischen Stamm und Endung (Vertauscher). Unter KURZ-INFO-MONITOR steht in Abb. 4a und 4c welche Eingabe *MINI-GREI* an *TIKO* weitergibt, in 4b und 4d das Korrekturergebnis von *TIKO* und unter TRACE-MONITOR das Suchpattern.

2. Es handelt sich um ein Wort mit Null-Endung, und der Fehler liegt im Stamm. In diesem Fall wird derselbe Algorithmus wie für die Korrektur von Vollformen angewendet, und zwar nur dann, wenn 1. erfolglos war und nach den syntaktischen Informationen eine Null-Endung zulässig ist (nicht zulässig z.B. bei einem Verb in der zweiten Person Singular). Liegt der Fehler im Stamm, so wird das fehlerhafte Wort bzw. sein Stamm mit den Stämmen im Lexikon verglichen.

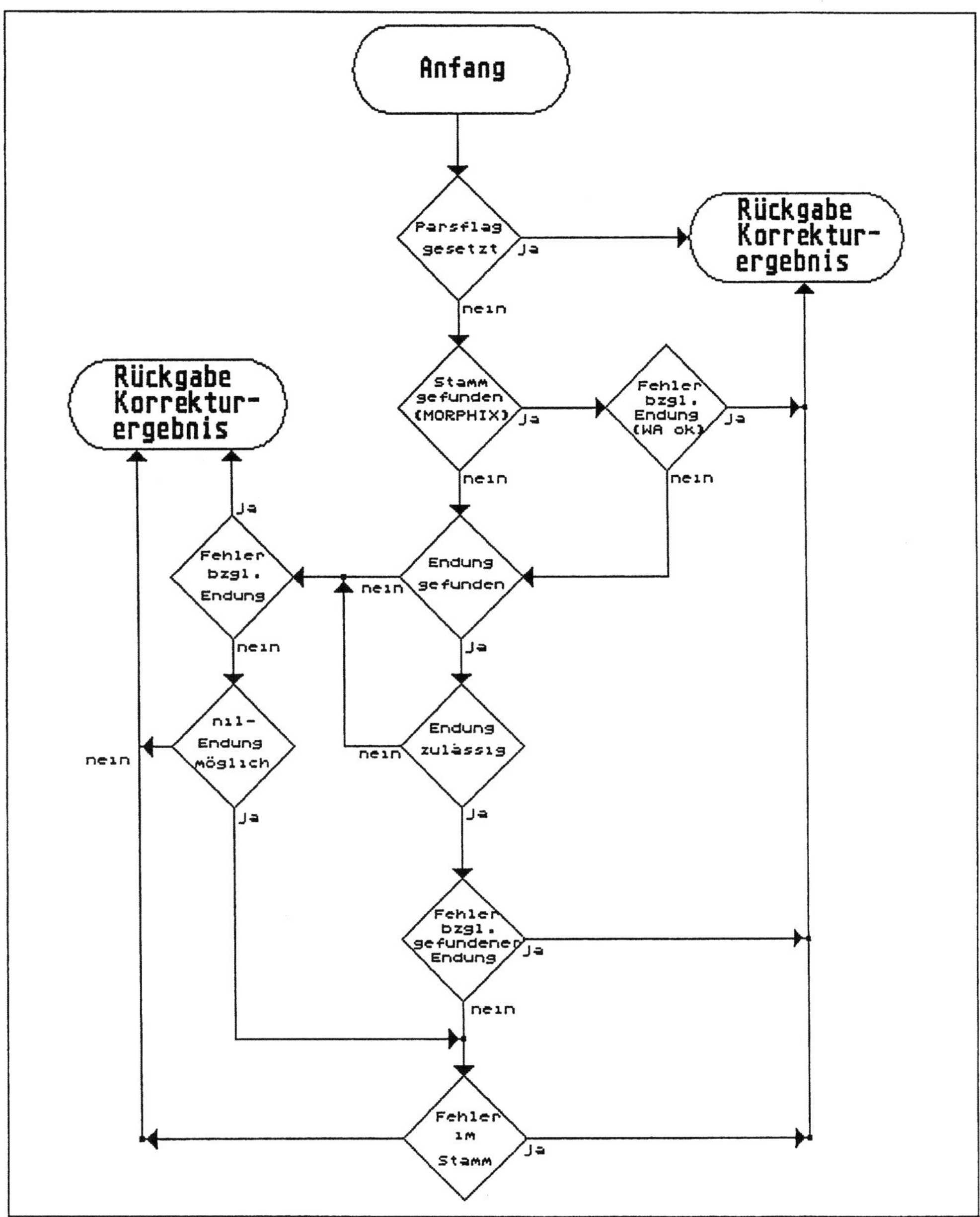

Abb. 3. Korrekturalgorithmus für flektierte Wortformen

[Dorffner 85] schreibt, daß unter Berücksichtigung eines Fehlers pro Wort, die Länge des Wortes sich höchstens um 1 verändern kann. Dadurch wird die Anzahl der Kandidaten – wenn die Lexikoneinträge nach ihrer Länge sortiert sind – mit denen die Fehlervergleiche durchgeführt werden sollen auf die Stämme mit der Länge n, $n+1$, $n-1$ eingeschränkt (n sei die Länge der fehlerhaften Zeichenreihe).

Hinzu kommt aber, daß für jede mögliche abgetrennte Endung die "restliche" Zeichenreihe $+/-1$ mit allen Stämmen im Lexikon verglichen werden muß.

Sei

l = die Länge des Eingabewortes

e_{max} = die Anzahl der Buchstaben der längsten möglichen abgetrennten Endung,

dann müssen im Lexikon alle Stämme der Länge $(l - e_{max}) - 1$ bis $l + 1$ überprüft werden.

Dies wird an dem Beispiel *"Sejhnen"* verdeutlicht:

Als mögliche Endungen kommen *-nen*, *-en*, *-n* und die Null-Endung in Frage.

l = 7

e_{max} = 3 (da die längste abtrennbare Endung *-nen* ist)

In diesem Fall müssen alle Stämme der Länge drei $(7 - 3 - 1)$ (falls die Endung *-nen* ist und ein Einfüger im Stamm vorliegt) bis acht $(7 + 1)$ (Null-Endung, Auslasser) untersucht werden. Eine weitere Reduzierung der Kandidaten für einen Fehlervergleich erfolgt auch hier durch die Berücksichtigung der Anfangs – bzw. Endbuchstaben und durch syntaktische Informationen des Parsers. Der Algorithmus für die Korrektur eines Fehlers im Stamm ist eine Mischung aus den Korrekturalgorithmen für Vollformen und für Stammformen mit einem Fehler in der Endung. Der Stamm wird wie eine Vollform behandelt. Da kein Fehler in der Endung vorliegt, aber nicht festgestellt werden kann, welche Buchstaben zum Stamm und welche zur Endung gehören (s. obiges Beispiel), werden alle möglichen Teilzeichenreihen (analog zur Korrektur eines Fehlers in der Endung) gebildet und als regulärer Ausdruck an str_E, str_M oder str_A (s. Vollformen) gehängt. Das Ergebnis dieses Suchpattern wird (analog zu Vollformen) in Listen nach der Länge der Stämme aufgeteilt. Allerdings kann hier die Anzahl der Listen mehr als drei betragen. Durch das Hinzuziehen der syntaktischen Informationen brauchen diese Listen nur auf bestimmte Fehlerarten untersucht zu werden.

TIKO schränkt also den Suchraum im Lexikon hauptsächlich durch die Länge eines Wortes, die Anfangsbuchstaben und die Wortart ein. Die syntaktischen Informationen (*w-info*) sind besonders hilfreich bei der Selektion der zu betrachtenden Endungen. Wie die folgenden Überlegungen zeigen, kann damit eine erhebliche Reduzierung der Menge der möglichen Endungen erreicht werden und damit die Anzahl der Kandidaten, die einem Fehlervergleich unterzogen werden.

Welche Wörter und welche Endungen müssen untersucht werden, wenn 1) keine Information, 2) die Wortart oder 3) weitere syntaktische Informationen vorliegen?

1. ohne Information:
   alle Wörter des Mischlexikons und alle Endungen (ca. 125)
2. Wortart als Information:
   die Wörter und Endungen, die zur gesuchten Wortart gehören
   Verb-Endungen: 87
   Substantiv-Endungen: 11
3. weitere syntaktische Informationen:
   die Wörter, die zur gesuchten Wortart gehören
   Verb-Endungen z.B. *erste Person Singular*: 4
   Substantiv-Endungen z.B. *Akkusativ Singular*: 3

Fall 3 erreicht im Vergleich zu den beiden ersten Fällen eine Reduzierung der möglichen Endungen um 50 – 96 %.

Zusammenfassend kann festgestellt werden, daß im System PARTIKO Fehler sowohl durch *MORPHIX* als auch durch *MINI-GREI* erkannt werden. Dadurch ist das System in der Lage nicht nur die häufigsten Tippfehlerarten, sondern auch einige *morphologisch richtige* aber im Satzkontext *syntaktisch falsche* Wörter, zu korrigieren. Die Korrektur selber wird unterstützt durch Ergebnisse der morphologischen Analyse und des Parses, wortartspezifisch unzulässige Buchstabensequenzen, die Länge und die Anfangs- bzw. Endbuchstaben des Wortes sowie durch statistische Auswertungen über Fehlerarten und – häufigkeiten.

```
┌─────────────────[PARTIKO [mit MORPHIX- und PARSER-EINBINDUNG]]─────────────────┐
         die   kindre   sehen   den   wagen

         die
─────────────────────────────[KURZ-INFO-MONITOR]────────────────────────────────
>>TIPPFEHLER: kindre -- WORTART: nomen
             PARSFLAG: nil -- STELLE: 2
             M-INFO: (nil t nil)
             W-INFO: ((FLEXION ((mas ((pl (nom akk)))) (fem
((sg (nom akk)) (pl (nom akk)))) (ntr ((pl (nom akk))))))))
─────────────────────────────────[TRACE-MONITOR]───────────────────────────────




<>
<>
<
└────────────────────────────────────────────────────────────────────────────────┘

┌─────────────────[PARTIKO [mit MORPHIX- und PARSER-EINBINDUNG]]─────────────────┐
         die   kindre   sehen   den   wagen

         die
─────────────────────────────[KURZ-INFO-MONITOR]────────────────────────────────
<<TIPPFEHLER: kindre -- WORTART: nomen
             kinder
             Dreher zwischen 5 und 6
             ((FLEXION ((ntr ((pl (nom akk)))))))
─────────────────────────────────[TRACE-MONITOR]───────────────────────────────




<>
<>
<>
SUCHPATTERN:   ^.kind( (r. ). )e )er (r.e )re. )
FILE:          knomen.slex
<
└────────────────────────────────────────────────────────────────────────────────┘

┌─────────────────[PARTIKO [mit MORPHIX- und PARSER-EINBINDUNG]]─────────────────┐
         die   kinedr   sehen   den   wagen

         die
─────────────────────────────[KURZ-INFO-MONITOR]────────────────────────────────
>>TIPPFEHLER: kinedr -- WORTART: nomen
             PARSFLAG: nil -- STELLE: 2
             M-INFO: (nil nil nil)
             W-INFO: ((FLEXION ((mas ((pl (nom akk)))) (fem
((sg (nom (akk)) (pl (nom akk)))) (ntr ((pl (nom akk)))))))
─────────────────────────────────[TRACE-MONITOR]───────────────────────────────




<>
<>
<
└────────────────────────────────────────────────────────────────────────────────┘

┌─────────────────[PARTIKO [mit MORPHIX- und PARSER-EINBINDUNG]]─────────────────┐
         die   kinedr   sehen   den   wagen

         die
─────────────────────────────[KURZ-INFO-MONITOR]────────────────────────────────
<<TIPPFEHLER: kinedr -- WORTART: nomen
             kinder
             Dreher zwischen 4 und 5
             ((FLEXION ((ntr ((pl (nom akk)))))))
─────────────────────────────────[TRACE-MONITOR]───────────────────────────────




<>
<>
<>
SUCHPATTERN:   ^.kin( )d )ed )edr. )
FILE:          knomen.slex
<
└────────────────────────────────────────────────────────────────────────────────┘
```

Abb. 4a., 4b. und 4c., 4d. Ausschnitte zweier Korrekturläufe

4 Zusammenfassung

Die meisten NLS verfügen nicht oder nur in eingeschränktem Rahmen über die Fähigkeit, eine **automatische** Korrektur durchzuführen. Allerdings ist die *stillschweigende* Korrektur eine wichtige kognitive Leistung eines Dialogpartners. Um näher an die Fähigkeiten eines menschlichen Dialogpartners heranzukommen, müssen NLS eine *intelligente* Korrekturkomponente besitzen. Nur wenige NLS (z.B. VIE-LANG [Dorffner 85]) beachten bei einer Korrektur den Satzkontext, in dem das Wort vorkommt. Obwohl gerade NLS, mit dem ihm zur Verfügung stehenden Hilfsmitteln (Lexikon, morphologische Analyse und Parser), die Möglichkeit einer **kontextsensitiven, wissensbasierten Schreibfehleranalyse** und **–korrektur** bieten. Die Interaktion zwischen Parser und Tippfehlerkorrektur entspricht der Entwicklung in der theoretischen Computer-Linguistik, Komponenten bei der Verarbeitung von Sprache miteinander zu verknüpfen. Durch diese Interaktion wird die Performanz eines NLS gesteigert. Das System wird **robuster** und kann Fehler entdecken und korrigieren , die vorher nicht feststellbar waren.

Am Beispielsatz von [Wahlster 85]:

"Es führt überhaupt ein Weg daran vorbei, daß ien Tippfehler ien der Eingabbe erkannt wird."
sieht man, daß für die Korrektur verschiedener Fehlerarten unterschiedliches Wissen verlangt wird. Um diesen Satz in die korrekte Version

"Es führt überhaupt kein Weg daran vorbei, daß ein Tippfehler in der Eingabe erkannt wird."
überführen zu können, muß die Korrekturkomponente nicht nur einen einfachen Ähnlichkeitsvergleich (*Eingabbe* in *Eingabe*) durchführen, sondern sie muß syntaktisches und semantisches Wissen besitzen (*ien* in *ein* oder *in*) und sogar einen semantisch bzw. pragmatisch orientierten Parser zur Verfügung haben (*ein* in *kein*). Mit der Korrekturkomponente *TIKO* des Systems **PARTIKO** wurde ein Programm entwickelt, daß Fehler der ersten beiden Arten korrigieren kann.

5 Literatur

Bátori, I. (1975): Error Detection – Linguist's View. TR.75.08.006, Heidelberg Scientific Center.

Bentley, J. (1985): A spelling checker. In: CACM 28(5), 456 – 462.

Damerau, F. J. (1964): A Technique for Computer Detection and Correction of Spelling Errors. In: CACM 7(3), 171 – 176.

Dorffner, G. (1985): Schreibfehlerverbesserung als Komponente eines sprachverstehenden Systems. Diplomarbeit am Inst. f. Med. Kybernetik, Universität Wien.

Finkler, W., Neumann, G. (1986): MORPHIX – Ein hochportabler Lemmatisierungsmodul für das Deutsche. Memo 8, Fachbereich Informatik, Universität des Saarlandes.

Finkler, W., Neumann, G. (1987): MORPHIX – A Fast Implementation of a Classification-Based Approach to Morphology. Interner Bericht, Fachbereich Informatik, Universität des Saarlandes.

Fischer, R. J. (1980): Automatische Schreibfehlerkorrektur in Texten. Koller, S., Reichertz, P. L., Überla K. (ed.): Medizinische Informatik und Statistik. Berlin, Heidelberg, N.Y.: Springer

Fliegner, M. (1983): Überlegungen zur automatischen Schreibfehlerkorrektur für ein KI-System. Memo GEN-18, Forschungsstelle für Informationswissenschaft und Künstliche Intelligenz, Universität Hamburg.

Foderaro, J., Sklower, K., Layer, K. (1983): The FRANZ LISP Manual. Dep. of C.S., University of California, Berkeley.

Hein, H. W. (1981): A system for understanding continuous German speech. In: Siekmann J. (ed.): GWAI-81, German workshop on Artificial Intelligence, Bad Honnef, Berlin, Heidelberg, N.Y.: Springer.

Kay, M. (1982): When Meta-Rules are not Meta-Rules. In: Sparck-Jones & Wils (ed.): Automatic Natuaral Language Processing, University of Essex, Cognitive Studies Centre, CSM-10.

Koskenniemi, K. (1983): Two-Level Model for Morphological Analysis. In: Proc of the 8th IJCAI 1983, 683 – 685.

Koskenniemi, K. (1984): A General Computational Model for Word-Form Recognition and Production. In: Proc of the 10th COLING 1984, Stanford University, California, 178 – 181.

Lashley, K. S. (1951): The Problem of serial Order in Behavior. In: L. A. Jeffress (ed.), Cerebal Mechanismus in Behavior, New York: Wiley.

Nebel, B., Marburger, H. (1982): Das natürlichsprachliche System HAM-ANS: Intelligenter Zugriff auf heterogene Wissens- und Datenbasen. In: Nehmer, J. (ed.): GI-12, Jahrestagung, Kaiserslautern, Berlin, Heidelberg, N.Y.: Springer.

Peterson, J. L. (1980): Computer Programs for Detecting and Correcting Spelling Errors. In: CACM 23(12), 935 – 938.

Rumelhart, D. E., Norman, D. A. (1981): An Activation-Trigger-Schema Model for the Simulation of Skilled Typing. In: Proc. of 3rd Conference of Cognitice Science 1981, 281 – 283.

Shaffer, L. H. (1976): Intention and Performance. Psychological Review, 375 – 393.

Tenczar, P., Golden, W. (1972): Spelling, Word and Concept Recognition. CERL Report X-35, Dept. University Illinois, Urbana.

UNIX User's Manual (1985): Reference Guide. Computer Science Division, University of California, Berkeley California, Third Printing.

Wahlster, W. (1985): Natürlichsprachliche Systeme. Eine Einführung in die sprachorientierte KI-Forschung. In: Bibel, W., Siekmann, J. (ed.): Künstliche Intelligenz. Berlin, Heidelberg, N.Y.: Springer 203 – 283.

TAGDevEnv

Eine Werkbank für TAGs

Klaus Schifferer

Fachbereich 10 - Informatik IV
Universität des Saarlandes
Im Stadtwald 15
D-6600 Saarbrücken 11

Abstract

Intelligent natural language processing is based upon the systematic recording of linguistic knowledge. This knowledge, in turn, has to be formalized in order to meet the requirements of natural language processing systems. Also, knowledge transfer between linguistics and these NL systems should be direct - bypassing, if possible, specialists in the field of knowledge representation techniques.

The following paper outlines the TAGDevEnv - an interactive development environment for Tree Adjoining Grammars (TAGs). TAG is a grammar formalism for the formal description of linguistic knowledge.

The TAGDevEnv offers language experts a comfortable and efficient working environment containing various tools for the construction of linguistic knowledge bases. Apart from a graphically oriented structure editor for TAGs, it also includes test facilities for maintaining the consistency of the developed grammars, interfaces for lexicon construction and maintenance, as well as a TAG parser for syntactic analysis of natural language sentences.

1 Einleitung

Die Erfahrungen der letzten Jahre auf dem Gebiet der sprachorientierten KI-Forschung ließen die Erkenntnis wachsen, daß sich richtungsweisende Fortschritte bei der Verarbeitung natürlicher Sprache nur erzielen lassen, wenn eine fachübergreifende Zusammenarbeit angestrebt wird.

Adressaten für solch einen interdisziplinären Austausch aus der Sicht der sprachorientierten KI sind vor allem die Linguisten und Kognitionswissenschaftler. Mit ihrer fundierten Fachkenntnis und ihren erprobten Lösungsansätzen und Modellen sollte es im Verbund mit der eher ingenieurwissenschaftlichen und komputational orientierten Sichtweise des Informatikers möglich sein, die rechnergestützte Verarbeitung natürlicher Sprache in den nächsten Jahren entscheidend voranzubringen.

Diesem Trend, hin zu intensiverer Kommunikation, folgt auch unsere Entwicklung einer Werkbank für TAGs, einem Grammatikformalismus, der Mitte der siebziger Jahre von

Aravind Joshi vorgeschlagen worden ist. TAGDevEnv ist eine interaktive Entwicklungsumgebung für *tree adjoining grammars*, mit der ein 'Experte für Sprache' in die Lage
versetzt wird, syntaktische Phänomene natürlicher Sprache in einer TAG zu modellie-
ren und gegebenenfalls seine teilspezifizierte Grammatik anhand entsprechend gewählter
Eingabesätze mithilfe eines in TAGDevEnv integrierten Parsers zu testen.

Unsere Intension bei Entwurf und Implementation der TAG-Werkbank war, die Benutzerschnittstelle des Systems so zu gestalten, daß sie der Intuition und der vertrauten
Arbeitstechnik eines Grammatikdesigners so weit wie möglich entgegenkommt. Aufbau
und Auslegung der Dialogschnittstellen wurden so gewählt, daß in jeder Systemkomponente eine sehr hohe Abstraktionsstufe realisiert werden konnte, damit die Aufmerksamkeit des Anwenders vollends auf den Grammatikentwurf gerichtet werden kann. Mit
lästigen Fragen der Implementationsebene oder der Notwendigkeit, eine formale Spezifikationssprache für Grammatik oder Lexikon zu erlernen, soll er nicht behelligt werden.
So wurde zu Aufbau und Pflege einer TAG ein Editor entwickelt, der es erlaubt, die einzelnen Grammatikregeln graphisch als Bäume zu spezifizieren und zu modifizieren. Im
Editiermodus werden umfangreiche Software-Werkzeuge bereitgestellt, die einerseits die
Akzeptanz erhöhen, andererseits die Konsistenzerhaltung sowie die syntaktische Korrektheit einer voll- oder teilspezifizierten Grammatik erleichtern. Der experimentelle
Charakter beim Grammatikentwurf wird durch einen Vorwärtsstepper unterstützt, der
im Editiermodus einer Grammatik die Überdeckung der bearbeiteten Grammatik graphisch demonstriert.
Die Organisation und Verwaltung der Lexika, die über spezielle Dialogschnittstellen in
der Werkbank aufgebaut und unterhalten werden können, nimmt ein Modul zur Lexikonverwaltung dem Anwender ab. Erweiterungen eines Lexikons können einerseits über
diese Dialogschnittstelle abgewickelt werden, andererseits kann der Parser bei erfolglo-
ser Lexikonsuche während der lexikalischen Analyse eines Eingabesatzes über die Dialogschnittstelle fehlende lexikalische Informationen anfordern. Gibt der Anwender die
fehlende Information, so nimmt die Lexikonverwaltung den entsprechenden Eintrag ins
Lexikon vor und der Parser setzt seine Analyse mit der gewonnenen Information fort;
wird die fehlende lexikalische Information nicht gegeben, bricht der Parsing-Prozess ab.

In Abstimmung mit [Harbusch 1988] – zu finden in diesem Band – wurde im Rahmen
dieser Arbeit auf eine Beschreibung des TAG-Formalismus verzichtet. Der mit diesem Grammatiktyp nicht vertraute Leser sei auf eine kurze Beschreibung der TAGs
in [Harbusch 1988] verwiesen. Für einen weiterführenden Einblick weisen wir auf
[Joshi/Levy/Takahashi 1975], [Joshi 1985], [Joshi 1983], [Vijay-Shankar/Joshi 1985] und
[Joshi/Levy 1977] hin.

In Kap. 2 machen wir ein paar kurze Ausführungen zu Begriffen wie *Knowledge Engineering, Knowledge Engineering Werkzeuge* und *linguistische Werkbank*, um zum Ende
dieses Kapitels die *Programmierumgebung* vorzustellen, in der TAGDevEnv entwickelt
worden ist.
Um die Vorstellung eines *Anforderungsprofils* für eine TAG-Werkbank, das wir exemplarisch an acht Punkten eines Anforderungskataloges festzumachen versuchen und einige
Ausführungen zur Realisierung einzelner Anforderungen in TAGDevEnv haben wir uns
in Kap. 3 bemüht.
Mit der *systemnahen Illustration* einiger Fähigkeiten von TAGDevEnv in Kap. 4 schließt
die vorliegende Arbeit. Anhand einer Standardsituation während einer Arbeitssitzung
mit TAGDevEnv geben wir eine funktionale Beschreibung der in der Bedienoberfläche

repräsentierten Systemkomponenten, um dem interessierten Leser mit der Handhabung von TAGDevEnv ein wenig vertraut zu machen.

2 TAGDevEnv - Eine Werkbank für TAGs

Unter einer Vielzahl anderer Forschungsschwerpunkte innerhalb der Künstlichen Intelligenz (KI) nimmt die sprachorientierte KI-Forschung einen beträchtlichen Raum ein. Sie hat sich vorrangig den Entwurf, die Implementierung und praktische Erprobung natürlichsprachlicher Systeme sowie die Erforschung der theoretischen Grundlagen zur Aufgabe gemacht. Für einen umfassenden Überblick über die Inhalte und Zielsetzungen der sprachorientierten KI siehe [Wahlster 1982].

Führende Vertreter der sprachorientierten KI-Forschung weisen seit einigen Jahren auf die Notwendigkeit eines intensiveren Erfahrungsaustausches zwischen Linguisten und Informatikern hin. So zeigt [Wahlster 1985] Möglichkeiten und Chancen einer fruchtbaren Zusammenarbeit zwischen Linguistik und sprachorientierter KI-Forschung auf.

Wenn es gelingt, die Stationen beim Transfer sprachspezifischen Wissens zum Aufbau sprachbezogener Wissensquellen zu minimieren und auf diese Weise daraus resultierende mögliche Fehlerquellen auszuschalten, werden richtungsweisende Fortschritte bei der rechnergestützten Verarbeitung natürlicher Sprache wahrscheinlicher.
Dem Informatiker fällt dabei die Aufgabe zu, einem *Experten für Sprache* möglichst intelligente Werkzeuge für Aufbau und Pflege von sprachorientierten Wissensbasen an die Hand zu geben.

In Abschnitt 2.1 wollen wir versuchen, den Entwurf und die Implementierung einer linguistischen Werkbank als Knowledge Engineering-Problem zu motivieren. Abschnitt 2.2 beschreibt kurz die Programmierumgebung, in der TAGDevEnv entwickelt worden ist.

2.1 Was ist eine linguistische Werkbank?

Das sogenannte *Knowledge Engineering* ist ein stark expandierendes Arbeitsgebiet in der Informatik. Zum Tätigkeitsfeld des *Wissensingenieurs* − insbesondere in Verbindung mit der Entwicklung von Expertensystemen − gehört ebenso die *Extraktion von Expertise*, d.h. das Erfassen und Sammeln von *Expertenwissen*, wie die Suche nach geeigneten Repräsentationsformalismen für dieses Wissen. Dabei bestimmt die Wahl des Repräsentationsformalismus die Effektivität der Verarbeitung des kodifizierten Wissens im anschließenden Einsatz des Systems entscheidend mit. Dienlich bei dieser Paradigmenwahl sind ebenso die Kenntnis bewährter Standardmethoden des Software Engineering, wie die Fähigkeiten eines erfahrenen Systemanalytikers (siehe [Crasemann/Krasemann 1988]).

2.1.1 Was können Knowledge Engineering Werkzeuge leisten?

Ein zunehmend bedeutender Zweig des *Knowledge Engineering* hat sich die Entwicklung von *Knowledge Engineering Werkzeugen* zur Aufgabe gemacht. Innerhalb dieses Zweiges befaßt sich der *Knowledge Engineer* mit der Entwicklung und Implementierung von Softwaresystemen, die den systematischen Aufbau von Wissensbasen unterstützen.
Die entwickelten *Knowledge Engineering Werkzeuge* dienen als kommunikative Schnittstelle zwischen einem Experten auf einem bestimmten Wissensgebiet und einem Rechner, auf dem das Expertenwissen repräsentiert werden soll. Die Schnittstelle ist in der Regel so konzipiert, daß sie ohne diskriminierende Kommandosprachen auskommt und deshalb auch als Beitrag zur Verbesserung der Mensch-Maschine-Kommunikation angesehen werden kann. Ein Experte soll mittels eines solchen Werkzeuges eine ihm vertraute Arbeitsumgebung vorfinden, in der ihm Konzepte und Handlungsabläufe angeboten werden, die ihm üblicherweise für die Arbeit auf seinem Wissensgebiet zur Verfügung stehen.

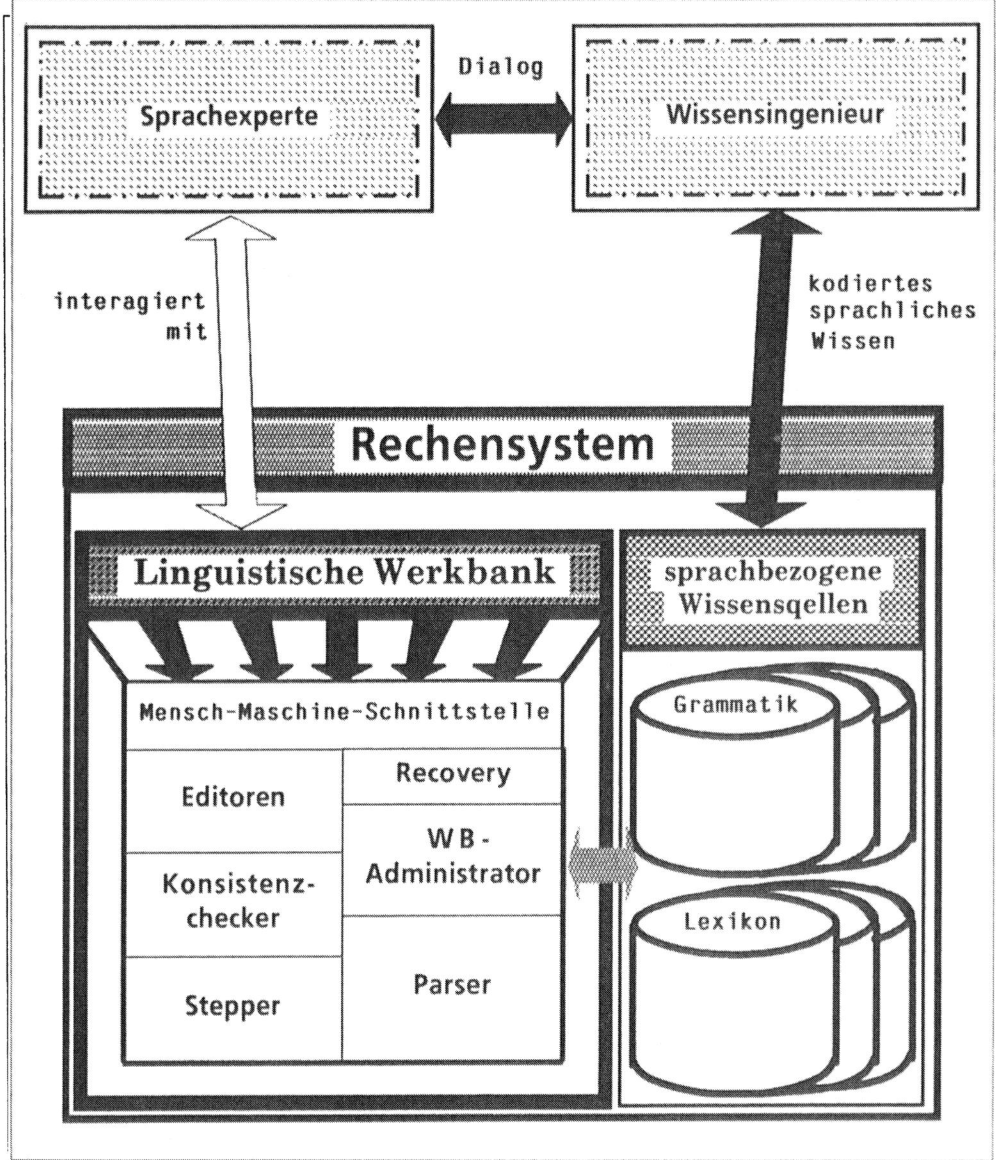

Abb. 1: Zwei Methoden beim Wissenstransfer

2.1.2 Die linguistische Werkbank als Knowledge Engineering Werkzeug

Der herkömmliche Prozeß – ohne Einsatz von Knowledge Engineering Werkzeugen –
beim Aufbau domain-spezifischer Wissensquellen kam nicht ohne die Einbeziehung eines
Fachmannes für Techniken der rechnergestützten Wissensrepräsentation aus.
Erst durch den Einsatz von Knowledge Engineering Werkzeugen können die Stationen

beim Wissenstransfer verringert werden, wodurch häufige Fehlerquellen bei der Kommunikation zwischen einzelnen Stationen ausgeschaltet werden können. In der sprachorientierten KI-Forschung untersucht man Werkzeugsysteme einer ganz speziellen Prägung, die hier oft auch als **linguistische Werkbank** bezeichnet und zu Aufbau und Pflege sprachbezogener Wissensquellen verwendet werden (siehe Abb. 1). Einem *Experten für Sprache* dient eine linguistische Werkbank als komfortabel ausgestattete Entwicklungsumgebung, die in vielerlei Hinsicht als Experimentierfeld bei der Formalisierung sprachspezifischen Wissens aufgefaßt werden kann.

2.2 Die Programmierumgebung für TAGDevEnv

TAGDevEnv ist eine Werkbank für Linguisten, in der die Entwicklung und Pflege von TAGs zur Kodierung natürlichsprachlichen Wissens unterstützt wird.

TAGDevEnv ist auf einer EMS/APS 5815-Workstation (XEROX 1108) mit hochauflösendem Rasterbildschirm (schwarz-weiß) und Maus als Zeigegerät implementiert. Die Programmierumgebung, unter der **TAGDevEnv** entwickelt wurde, ist INTERLISP-D unter Release "Koto", in der Fenster- und Menü-Technik unterstützt werden.

Viele der im folgenden aufgeführten Systemleistungen sind *kritisch* in Bezug auf die Programmierumgebung, d.h. bei der Auswahl der Kommunikationsmittel und -techniken in der Konzeptions- und Implementierungsphase vieler Systemkomponenten von TAGDevEnv haben wir die verfügbaren Möglichkeiten moderner Programmierumgebungen genutzt. Wir tragen so bei Schnittstellenentwurf und Gestaltung der Bedienoberfläche für TAGDevEnv der Tatsache Rechnung, daß die Akzeptanz heutiger Knowledge Engineering Werkzeuge durch seine Anwender ganz entscheidend abhängt von der Qualität der Einbeziehung aller Möglichkeiten, die eine moderne Hardware einschließlich komfortabler Programmiersysteme bieten kann.

3 Das Profil von TAGDevEnv

Im vorliegenden Kapitel wollen wir einen Überblick über die Anforderungen geben, denen eine leistungsfähige Werkbank für TAGs gerecht werden sollte. Der vorgestellte Anforderungskatalog umfaßt gegenwärtig acht Punkte, von denen wir glauben, daß sie bei der Konzeption von Knowledge Engineering Werkzeugen im allgemeinen und einer Werkbank für Linguisten im speziellen Berücksichtigung finden müssen. Er resultiert sowohl aus den konzeptuellen Vorschlägen in der einschlägigen Literatur (vgl. [Wahlster 1985] zum "Konzept einer Werkbank für Linguisten"), als auch aus den Erfahrungen mit einsatzfähigen Werkbanksystemen wie z.B. die LFG-Werkbank von [Kaplan 1985] und das D-PATR-System (alias HUG) von [Karttunen 1986], die beide auf einer XEROX/SIEMENS-Workstation ablauffähig sind. Zusätzlich wurden einige TAG-spezifische Erfordernisse berücksichtigt, sowie Anregungen und durch kritische Begleitung unserer Kollegen initiierte Änderungen in den Katalog mit aufgenommen.

3.1 Übersichtlichkeit

Die in die Werkbank integrierten Systemkomponenten müssen in der Bedienoberfläche des Systems so angeordnet sein, daß sie möglichst parallel Zugang zu verschiedenartigen Informationsquellen gewähren. Man erreicht dies dadurch, daß man jeder "wichtigen" Informationsquelle ein permanent sichtbares Fenster mit einer Default-Position innerhalb der Bildschirmoberfläche zuordnet, das dem Anwender über den Fensternamen als Schnittstelle zu der jeweiligen Systemkomponente kenntlich gemacht ist (siehe Abb. 2 in Kapitel 4).
Die Positionierung an vorgegebenen Bildschirmregionen garantiert eine gewisse optimale Ausnutzung der Bildschirmoberfläche, hindert jedoch den Anwender nicht, ein Fenster bei Erfordernis an eine andere Position zu bewegen oder den Ausschnitt auf die Informationsquelle durch Veränderung der Fenstergröße kurzfristig zu verändern.

3.2 Leistungsstarke Editoren

Editoren müssen einen leicht und bequem handhabbaren Zugang zu den Wissensquellen der Werkbank gestatten, sowohl zu deren Aufbau als auch zur Modifikation bereits existierender Wissenseinheiten. Umständliche oder schwer erlernbare Spezifikationssprachen sind dabei nach Möglichkeit zu vermeiden; vielmehr sind problemnahe Strukturspezifikationen vorzuziehen. Da die menschliche Wahrnehmung stark visuell orientiert ist, nehmen Menschen komplexe Informationen mit beträchtlich höherer Rate auf, wenn sie graphisch repräsentiert sind, im Gegensatz zu Informationen, die in textueller Form vorliegen (vgl. [Raeder 1985]).

In TAGDevEnv unterstützt der Grammatikeditor die graphische Spezifikation einer TAG in Form von Bäumen. Primitive Objekte sind Knoten und Kanten zwischen zwei existierenden Knoten, die generiert, frei positioniert und gelöscht werden können (siehe Abb. 5 in Abschnitt 4.4). Weitere Kommandos im Grammatikeditor unterstützen die Manipulation komplexerer Konstrukte. Der Grammatikentwickler kann damit zum Beispiel Teilbäume bereits existierender Bäume einer TAG kopieren und die kopierten Strukturen als selbständige Bäume einer TAG weiterentwickeln oder den kopierten Unterbaum in einen anderen Baum der TAG einbauen (siehe Kommando "COPY" in Abb. 6, Abschnitt 4.4).
Damit soll ein Anwender die Möglichkeit erhalten, situationsabhängig unter verschiedenen Editiermodi zu wählen, in denen Objekte mit unterschiedlichem Detailierungsgrad manipuliert werden können.

Leistungsstarke Editoren müssen intern repräsentierte Daten "direkt" in eine externe, leichter manipulierbare Form transformieren und umgekehrt. Jede Manipulation an der graphischen Darstellung einer TAG im Editiermodus wirkt sich in TAGDevEnv unmittelbar auf die interne, kompilierte Repräsentation der Grammatik aus. Dadurch ist sichergestellt, daß einem Konsistenztest über einer editierten TAG (siehe Abschnitt 3.5), der in jedem Stadium der Grammatikentwicklung angestoßen werden kann, die "äquivalente" interne Repräsentation der externen graphischen Darstellung zugrunde liegt.
Ein anderes leistungsbestimmendes Merkmal speziell eines graphik-orientierten Editors ist das Vorhandensein von Routinen, die die Lesbarkeit und Übersichtlichkeit editierter Wissensquellen verbessern helfen. Der Grammatikeditor in TAGDevEnv stellt dafür

eine Reformatierungsroutine zur Verfügung, die zu jedem Zeitpunkt der Grammatikentwicklung ausgeführt werden kann, womit das Layout der editierten Baumstrukturen neu berechnet wird (siehe Kommando "Redisplay" in Abb. 6, Abschnitt 4.4).

3.3 Einfache Dialogführung

Die Auslegung der Dialogführung zwischen Anwender und System ist von entscheidender Bedeutung für die Akzeptanz des Anwenders. Es sollte durchgehend eine einheitliche Dialogstrategie gewählt werden, die sich an den Bedürfnissen und Kenntissen eines potentiellen Anwenders orientiert und auf den jeweiligen Systemzustand eingestellt werden kann.

Im Falle von TAGDevEnv wurde die Menütechnik gewählt. Man unterscheidet zwei Arten von Menüs: *permanente* und auf Anforderung erscheinende Menüs, die sogenannten *PopUp-Menüs*.
Permanente Menüs sind während einer gesamten Arbeitssitzung präsent, so daß die darin angebotenen Aktionen in jedem Systemzustand per Selektion mit der Maus ausgeführt werden können (siehe z.B. "TAGTopLevelMenu" in Abb. 4). *PopUp-Menüs* können abhängig vom jeweiligen Systemzustand per Mausklick in einer sensitiven Bildschirmregion abgerufen werden (siehe z.B. Menü in Abb. 6).

Menüs sind ein einfach bedienbares und weitgehend selbsterklärendes Instrument der Dialogführung. Durch Zeigen mit der Maus kann ein Menü-Item [1] schnell und unkompliziert aktiviert werden oder auch nur zu jedem Item abgelegte Informationen über die Konsequenz einer Aktivierung erfragt werden. Diese Möglichkeit der "vorsichtigen Vorausschau" erhöht die Transparenz in Bezug auf mögliche Weiterentwicklungen eines Dialoges. Eine geschickte Gruppierung logisch und konzeptuell zusammengehöriger Kommandoalternativen in einem Menü kann darüber hinaus helfen, die Einarbeitungsphase für einen im Umgang mit der Werkbank unerfahrenen Anwender wesentlich zu erleichtern und zu verkürzen.
Ein weiterer Vorteil Menü-basierter Dialogführung besteht in der Robustheit des Systems gegenüber unerlaubten oder fehlerhaften Anforderungen an das System seitens des Anwenders. Ein Anwender kann immer nur die Leistungen von einem System fordern, die in den jeweils aktiven Menüs angeboten werden, wobei er aber davon ausgehen kann, daß die angeforderte Leistung verstanden und korrekt ausgeführt wird.

---

[1] Ein Menü besteht aus einem oder mehreren **Menü-Items**. Menü-Items können über den Maus-Cursor angesprochen werden. Ein Menü-Item ist ein dreiteiliges Objekt, bestehend aus einer *Zeichenkette*, einer *Aktion* und einer *Erklärung zur Aktion*. Die *Zeichenkette* eines Menü-Items tritt im Menü nach außen in Erscheinung, repräsentiert also das Item im Menü. Bei Aktivierung eines Items per Maus wird die zugehörige *Aktion* ausgeführt. Die *Erklärung zur Aktion* erscheint in einem dafür vorgesehenen Fenster, wenn der Maus-Cursor über dem Item verweilt

3.4 Sichten

In bestimmten Situationen ist es sinnvoll, dem Grammatikentwickler nur Inhalte von Wissensquellen anzubieten, die für ihn zu einem gegebenen Zeitpunkt interessant sind. Deshalb sollte ihm die Möglichkeit gegeben werden, von gegenwärtig wenig interessierenden Informationsträgern einer Wissensquelle zu abstrahieren, so daß auf ausgewählte Informationsträger fokussiert werden kann.

In TAGDevEnv wird dieser Ansatz zum Beispiel im Falle von Zugriffen auf ein Lexikon praktiziert. Eine umfassende Methode, sich einen Überblick über die Einträge eines Lexikons zu verschaffen, besteht darin, sich *alle* Lexikoneinträge mit zugehöriger lexikalischer Information in formatierter Darstellung ausgeben zu lassen. Im Ausgabefenster kann sequentiell vorwärts und rückwärts geblättert oder der sichtbare Ausschnitt relativ zur Größe der Gesamtinformation beliebig ausgewählt werden. Zudem wird das Auffinden gesuchter Informationsträger innerhalb eines vom Anwender festzusetzenden Suchraumes durch Pattern-orientierte Suchroutinen erleichtert. Diese umfassende, aber wenig zielgerichtete Methode ist geeignet für "kleine" Lexika; sie ist jedoch insbesondere für "große" Lexika wegen der relativ hohen Antwortzeiten für die Aufbereitung der Ausgabe wenig ratsam.

Vielfach kann ein Anwender den Suchraum im voraus einschränken und wünscht deshalb Zugriffsoperationen, die den Overhead an gelieferten Informationen klein halten.

Zu diesem Zweck bietet TAGDevEnv Zugriffsoperationen an, über die ausschließlich Informationen zu lexikalischen Einträgen einer ausgewählten lexikalischen Kategorie zugänglich sind. Der Anwender kann hierbei seinen Suchraum im Lexikon über eine Spezifikationshierarchie einschränken. Auf Anforderung erscheint ein Menü, in dem alle im gegenwärtig existierenden Lexikon vorkommenden lexikalischen Kategorien aufgelistet werden. Nach der Selektion einer der im Menü angebotenen lexikalischen Kategorien werden alle lexikalischen Einträge dieser Kategorie aufgeführt. Durch Selektion eines der angebotenen Einträge werden sämtliche dazu im Lexikon verfügbaren Informationen ausgegeben.

Eine dritte und sehr zielgerichtete Möglichkeit der Extraktion lexikalischer Informationen besteht darin, sich zu einer vom Anwender eingegebenen Oberflächenform eines Wortes alle verfügbaren lexikalischen Informationen anzeigen zu lassen.

In einigen Fällen scheint es also sinnvoll zu sein, in einer Werkbank die Möglichkeit zu haben, das gleiche Ziel über mehrere verschiedene Wege erreichen zu können. Die Wahl eines Weges wird dann von einer gegebenen Situation oder/und der Präferenz eines Anwenders bestimmt.

3.5 Konsistenzsicherung

Wissensbasierte Systeme operieren über Wissensbasen. In Abschnitt 2.1 haben wir deutlich gemacht, daß auch eine Werkbank für Linguisten ein wissensbasiertes System ist, dessen Wissensbasen aus Lexika und Grammatiken bestehen. Die Komplexität, die eine Wissensbasis im Zuge kontinuierlicher Erweiterungen erreichen kann, bedarf einer hohen Konzentration seitens des Experten, der mit ihrem Aufbau betraut ist. Für große Wissensbasen wird es zunehmend schwieriger, die vielfältigen Interdependenzen von Wissenseinheiten zu überschauen. Das Ziel, Wissensbasen während ihres Aufbaues konsistent (d.h. frei von Widersprüchen) zu halten, bzw. inkonsistent gewordene Wissensbasen wieder in einen konsistenten Zustand zu versetzen, verlangt nach intelligenten Hilfen, die in einer Werkbank einem Experten an die Hand gegeben werden müssen.

Im Grammatikeditor von TAGDevEnv ist ein interaktiver Konsistenz-Checker integriert. Zu jedem Zeitpunkt des Grammatikentwurfs kann er auf die aktuell spezifizierte TAG angewendet werden, um zu testen, ob die gemäß der TAG-Definiton [2] geforderten formalen Eigenschaften nicht verletzt wurden.

Der Konsistenz-Checker prüft dabei, ob jeder Baum einer TAG widerspruchsfrei die formalen Eigenschaften entweder eines *initialen* oder eines *auxiliaren* Baumes erfüllt. Diesem Test liegen zwei Wissensquellen zugrunde. Zum einen die sogenannten *definierten* Symbole der TAG, die sich zusammensetzen aus *definierten Nichtterminalen, definierten Terminalen* und *definiertem Startsymbol* und die sich der Anwender aufgeschlüsselt in einer Erweiterung des Editorfensters anzeigen lassen kann (vgl. Abb. 2 u. Abschnitt 4.4).

Die zweite Wissensquelle, auf die der Konsistenz-Checker zurückgreift, sind die sogenannten *benutzten* Symbole der TAG, die sich aufgrund ihrer Verwendung in der graphischen Spezifikation einer TAG aus *benutzten Nichtterminalen* und *benutzten Terminalen* zusammensetzen.

Im Gegensatz zu den *definierten* Symbolen werden die *benutzten* Symbole während eines Konsistenztests in einem Modul des Konsistenz-Checkers berechnet.

Die definierten Kategorialsymbole können *vom Experten* parallel zur graphischen Spezifikation der TAG erweitert und modifiziert werden oder sie können *vom Konsistenz-Checker* während einer Konsistenzprüfung – aufgrund ihrer widerspruchsfreien Verwendung in der graphischen Spezifikation – im Dialog mit dem Experten definiert werden.

Das Startsymbol einer TAG ist das einzige Kategorialsymbol auf der Seite der definierten Symbole, das vor einem Start des Konsistenz-Checkers eindeutig definiert sein muß.

Der Konsistenz-Checker in TAGDevEnv versucht eine eindeutige Klassifizierung aller graphisch spezifizierten Bäume einer TAG in initiale oder auxiliare Bäume auf der Grundlage der beiden widerspruchsfrei vorliegenden Wissensquellen oder der zumindest widerspruchsfrei erweiterbaren Wissensquellen. Dabei können nur mit Zustimmung (Quitierung) des Experten Modifikationen der Menge der *definierten Symbole* zur Erreichung der Widerspruchsfreiheit vorgenommen werden.

Bei Vorliegen einer Inkonsistenz gibt der Konsistenz-Checker eine genaue Beschreibung der Fehlerart, d.h. die Fehlermeldung enthält präzise Angaben darüber, welche kategoriale Markierung eines Knotens in der graphischen Spezifikation der TAG (eindeutiger Baumname, innerer Knoten oder Blatt) mit welchem definierten Symbol kollidiert. Der Konsitenz-Checker stellt ebenfalls sicher, daß in einer untersuchten TAG *mindestens ein* initialer Baum vorliegt.

Stellt der Konsistenz-Checker keine Inkonsistenzen fest, so ist sichergestellt, daß die untersuchte TAG syntaktisch korrekt ist. Die syntaktische Korrektheit einer TAG ist eine notwendige Voraussetzung, einen natürlichsprachlichen Satz oder Teilsatz zu parsen.

In TAGDevEnv ist der Konsistenz-Checker eine wertvolle Hilfe bei notwendigen Korrekturen von Fehlern, die sich durch Unachtsamkeit oder schnell wachsende Grammatiken leicht einschleichen können.

---

[2] [Harbusch 1988] - ebenfalls im vorliegenden Tagungsband - gibt eine kurze Einführung in die Definition einer TAG.
Für einen Konsistenz-Check in TAGDevEnv interessant sind die formalen Eigenschaften der beiden Baumklassen einer TAG, nämlich die Klasse der *initialen* und *auxiliaren* Bäume

3.6 Validitätstest

Hat ein Anwender in seiner Werkbank einmal Prototypen für Lexika und Grammatiken entwickelt, möchte er auf die Möglichkeit nicht verzichten, die erarbeiteten Lösungsansätze zu testen. Daraus ergibt sich die Forderung nach einem in die Werkbank integrierten Parser.

In einer komfortabel ausgestatteten Entwicklungs- und Experimentierumgebung ist der Parser ein unverzichtbares Werkzeug, das dazu geeignet ist, das formalisierte sprachliche Wissen daraufhin zu überprüfen, ob die intendierten sprachlichen Phänomene korrekt modelliert wurden.

Für TAGDevEnv wurde ein Parser entwickelt, der über einer Grammatik und einem Lexikon, die beide zuvor vom Anwender als zugrundeliegende Wissensquellen ausgewählt worden sind, zu einem gegebenen Eingabesatz eine syntaktische Strukturbeschreibung des Eingabesatzes liefert. Die Strukturbeschreibung wird graphisch in Form eines Ableitungsbaumes in einem dafür vorgesehenen Fenster dargestellt. Gibt es für eine Eingabe aufgrund einer mehrdeutigen TAG und/oder mehrdeutiger lexikalischer Informationen mehr als eine Strukturbeschreibung, so werden *alle* in *ParsingResult Window* angezeigt (vgl. Abb. 2 in Kap. 4 und Abb. 7 in Abschnitt 4.6).

Nach einem erfolgreichen Parserlauf hat der Grammatikentwickler die Möglichkeit, einen beliebigen inneren Knoten eines Ableitungsbaumes per Maus anzuklicken und sich den zu diesem Knoten korrespondierenden Baum in der dem Parserlauf zugrundeliegenden TAG anzeigen zu lassen. Durch u.U. mehrfache Adjunktion können die elementaren [3] Bäume der TAG im Ableitungsbaum sehr unzusammenhängend vorliegen. Deshalb ist die Unterstützung beim Auffinden von Bäumen der Grammatik im Ableitungsbaum eine wertvolle Hilfe, um die Entstehung einer Ableitung besser nachvollziehen zu können (vgl. Abb. 7 in Abschnitt 4.6). Sie kann als Beitrag zur Verbesserung der Transparenz einer Lösung betrachtet werden und erfüllt damit eine implizite Forderung für ein wissensbasiertes System.

Der momentan in TAGDevEnv eingesetzte Parser wurde eigens dafür entwickelt. Eine Testversion eines Parsers, wie ihn [Joshi 1985] vorschlägt, wurde ebenfalls implementiert. Für den Einsatz in TAGDevEnv schien uns diese Testversion in ihrer gegenwärtigen Form jedoch ungeeignet, da das Laufzeitverhalten noch einige Wünsche offen läßt.

[Harbusch 1988] stellt einen Algorithmus zum Parsen von TAGs in Zeit $O(n^4)$ vor, dessen Implementierung zum gegenwärtigen Zeitpunkt auf einem HP9000 in CommonLisp angegangen wird.

Die Schnittstelle in TAGDevEnv zum Parser ist so gehalten, daß der gegenwärtig verwendete Parser mit vertretbarem Aufwand gegebenenfalls durch einen anderen ersetzt werden kann. Mit einigen Erweiterungen wäre TAGDevEnv durchaus auch als Werkbank vorstellbar, in der einem Anwender *mehrere* Parser zur Auswahl stehen.

3.7 Sicherung der Arbeitsergebnisse

Vor Abschluß einer Arbeitssitzung muß der Anwender die Möglichkeit haben, die erstellten oder modifizierten Wissensbasen dauerhaft zu sichern. Der Anwender soll in die

---

[3] Die Menge der *initialen*, zusammen mit der Menge der *auxiliaren* Bäume einer TAG bezeichnet man auch als die Menge der *elementaren* Bäume der TAG

Lage versetzt werden, zu Beginn der folgenden Arbeitssitzung seine Arbeit an dem Punkt wieder aufzunehmen, wo er in der letzten Arbeitssitzung aufgehört hat.

In TAGDevEnv steht für die definierte Beendigung das Kommando "Stop" im *TAGTopLevelMenu* (siehe Abb. 4) zur Verfügung. "Stop" bietet in einem Untermenü mehrere Optionen an, über die der Anwender festlegt, ob überhaupt und wenn ja welche Wissensbasen auf die Festplatte geschrieben werden.

Wurden Grammatiken und/oder Lexika und/oder für das Parsen bestimmte Eingabesätze, die während einer Arbeitssitzung in das *TAGParsingWindow* eingegeben wurden, vor Beendigung der Arbeitssitzung korrekt auf Festplatte geschrieben, so werden bei einer erneuten Installation von TAGDevEnv – durch Laden des Startup-Files "LOAD-NEWTAG" – die vormals gesicherten Wissensquellen automatisch geladen.

Der Knowledge Engineer muß bei der Wahl der Repräsentationsformalismen für sprachliche Wissenseinheiten darauf achten, daß die kompilierten Wissenseinheiten in Datenstrukturen abgelegt werden, die *reversibel* auf externe Datenträger ausgelagert werden können, d.h. die "geschriebenen" Wissenseinheiten müssen "lesbar" sein, so daß in einem späteren Arbeitszyklus darauf zurückgegriffen werden kann.

Die Bereitstellung von Werkzeugen zum Sichern von Arbeitsergebnissen eröffnet dem Experten die Möglichkeit, seine einmal erarbeiteten Wissensinhalte bequem zu sichern und garantiert ihm eine gewisse Kontinuität bei seiner Arbeit.

3.8 Recovery

Knowledge Engineering Werkzeuge sind in aller Regel komplexe Softwaresysteme. Hin und wieder kann es zu Fehlverhalten einzelner besonders fehleranfälliger Systemkomponenten kommen. Es ist nicht ganz unproblematisch und erfordert oft große Zeitinvestitionen, die Qualitätssicherung insbesondere für nichtkommerzielle Produkte so zu perfektionieren, wie es vielleicht wünschenswert wäre.

Um dennoch das Risiko, in einem undefinierten Systemzustand "hängen" zu bleiben, so klein wie möglich zu halten, werden vom Knowledge Engineer sogenannte *Recovery-Routinen* in das System eingebracht, die in einem definierten Systemzustand wieder aufsetzen können (siehe Abb. 3 in Abschnitt 4.2).

Unglückliche Konstellationen können durch Bedienungsfehler entstehen, die zwar nicht zu einem undefinierten Systemzustand führen müssen, aber dennoch die Qualität der Arbeitsumgebung vermindern. So können bei Entwicklungsumgebungen mit Fenstertechnik bei ungeschickter Handhabung Situationen entstehen, in denen durch Überlagerung von Fenstern die Übersicht verlorengeht. Ebenso kann versehentlich ein Fenster geschlossen werden, dessen Informationen nur durch eine zeitaufwendige Wiederholung bestimmter Arbeitsprozesse wiederbeschafft werden können.

Um manche dieser Mißlichkeiten abzufangen, wurden in TAGDevEnv in einem Recover-Menü einige Vorkehrungen getroffen. Das Recover-Menü ist ein Untermenü des *TAGDev-Env-Logo* und macht gegenwärtig vier Routinen zugänglich.

Falls der Prozeß, der dem *TAGParsingWindow* – das Fenster, in das zu parsende Sätze eingetragen oder zu parsende Sätze per Maus selektiert werden können – zugeordnet ist, nicht mehr existiert oder das Fenster selbst versehentlich gelöscht worden ist, steht dem Anwender eine Routine zur Verfügung, die das Fenster samt zugehörigem Prozeß neu kreiert.

Das *TAGGrammarWindow* – das Fenster, das den Rahmen für den Grammatikeditor in

TAGDevEnv bildet – kann ebenfalls neu kreiert werden. Außerdem werden alle Fenstererweiterungen neu kreiert und an ihrer Default-Position an *TAGGrammarWindow* angehängt.

Ein vorschnell gelöschtes *ParsingResultWindow*, das als Fenster zur Darstellung von Ableitungen eines Parserlaufes fungiert, kann ebenfalls über eine Recovery-Routine wiederbeschafft werden. Der zugehörige Strukturbaum des zuletzt geparsten Satzes ist im neu geöffneten Fenster wieder sichtbar, so daß der Parserlauf für diesen Satz nicht wiederholt werden muß.

Die vierte Routine ist zum "Aufräumen" des gesamten Bildschirmes gedacht. Bei zu großer "Unordnung" infolge mehrfach sich überlagernder Fenster ordnet diese Routine jedes permanente Objekt der Bildschirmoberfläche – Fenster und Menüs – an seiner Default-Position und in seinem Default-Format neu an.

Diese vier bisher eingebauten Recovery-Routinen haben sich aufgrund unserer Erfahrungen aus der Arbeit mit TAGDevEnv als hilfreich erwiesen. Das Recover-Menü kann jeder Zeit um neue zweckmäßige Routinen erweitert werden.

4 Aufbau von TAGDevEnv

Im folgenden wollen wir den groben Aufbau von TAGDevEnv kurz erläutern. Es soll ein erster Eindruck über die wichtigsten Systemkomponenten vermittelt und die Gestaltung der Bedienoberfläche anhand einiger Abbildungen illustriert werden.

Folgende Objekte sind in die Benutzerschnittstelle fest integriert:

- *TAGDevEnv-Logo*
- *TAGTopLevelMenu*
- *TAGParsingWindow*
- *TAGGrammarWindow*
- *PromptWindow*
- *ParsingResultWindow*

In Abb. 2 wird eine Standardsituation der Dialogschnittstelle von TAGDevEnv gezeigt. Alle Objekte befinden sich an ihrer im System festgelegten Default-Position in ihrem Default-Format. Bis auf *TAGDevEnv-Logo*, *TAGTopLevelMenu* und *TTYWindow* können alle Objekte vom Bildschirm gelöscht werden. Sobald sie Objekt einer Ausgabeoperation werden, erscheinen sie an ihrer zuletzt eingenommenen Position innerhalb der Bildschirmoberfläche in dem Format, das sie zuletzt eingenommen haben. Jedes Objekt kann gegebenenfalls an eine andere Position bewegt werden, u.U. im Ensemble mit anderen konzeptuell zusammengehörigen Objekten. In ähnlicher Weise kann das Format aller Objekte außer *TAGDevEnv-Logo* und *TAGTopLevelMenu* bei Erfordernis geändert werden.

In TAGDevEnv erscheinen zumindest zeitweise andere Objekte in der Bedienoberfläche als die in Abb. 2 gezeigten, unter anderem verschiedene Ausprägungen der Dialogschnittstelle mit einem Lexikon. Zudem gibt es zustandsabhängige Erweiterungen oder Reduktionen der in Abb. 2 dargestellten Objekte. Wir wollen uns jedoch im Rahmen dieser Arbeit auf die funktionale Beschreibung der in Abb. 2 gezeigten Objekte beschränken.

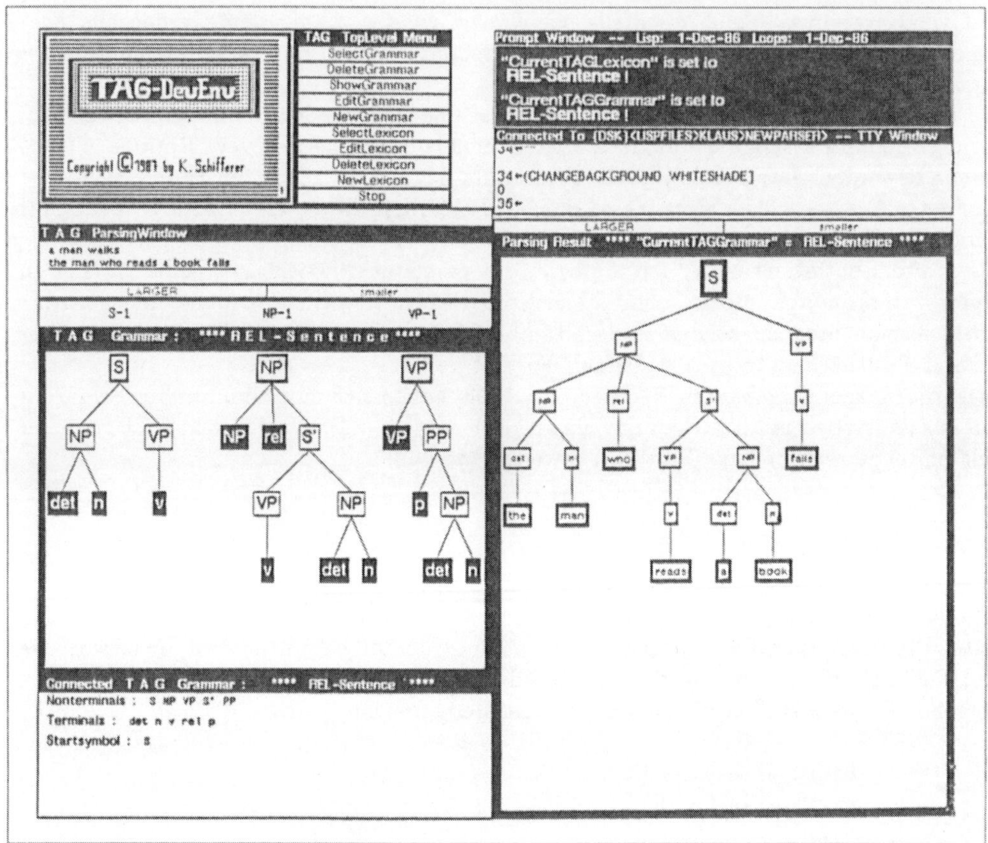

Abb. 2: Die Bildschirmoberfläche von TAGDevEnv

4.1 TAGDevEnv-Logo

TAGDevEnv-Logo ist als Menü angelegt, das beim Drücken eines Mausknopfes während der Maus-Cursor sich in der Bildschirmregion des Logos befindet, Zugang zu den *Recovery-Routinen* von TAGDevEnv gewährt. Abb. 3 zeigt den Zugriffspfad auf das Recover-Menü von TAGDevEnv und die vier bisher implementierten Routinen. Für eine ausführliche Beschreibung siehe Abschnitt 3.8 .

4.2 TAGTopLevelMenu

In *TAGTopLevelMenu* werden dem Anwender alle Systemleistungen angeboten, die Grammatiken und Lexika betreffen. Mit dem Item "Stop" kann der Anwender seine Arbeitssitzung korrekt beenden und erhält die Möglichkeit, die während des Dialoges aufgebauten oder modifizierten Wissensbasen zu sichern (siehe Abschnitt 3.7).

In TAGDevEnv können mehrere Grammatiken und Lexika nebeneinander aufgebaut und unterhalten werden. Bei Auswahl aller Menü-Items in *TAGTopLevelMenu* mit Ausnahme

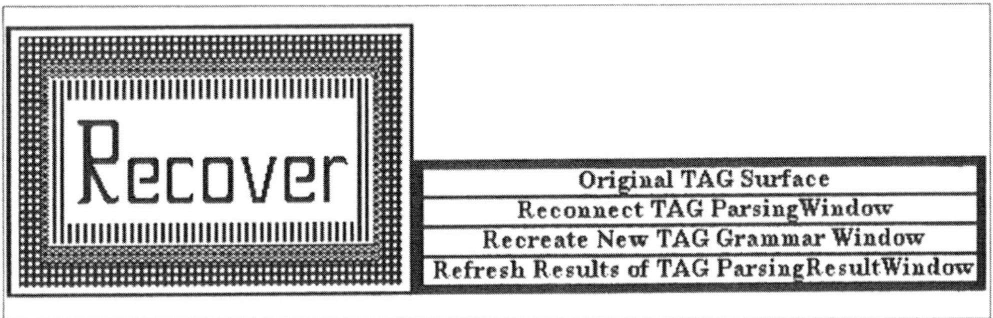

Abb. 3: Die Recovery-Routinen in TAGDevEnv

von "NewGrammar", "NewLexicon" und "Stop" erscheint deshalb ein Untermenü, das alle in TAGDevEnv verwalteten Grammatiken und Lexika auflistet (siehe Abb. 4).

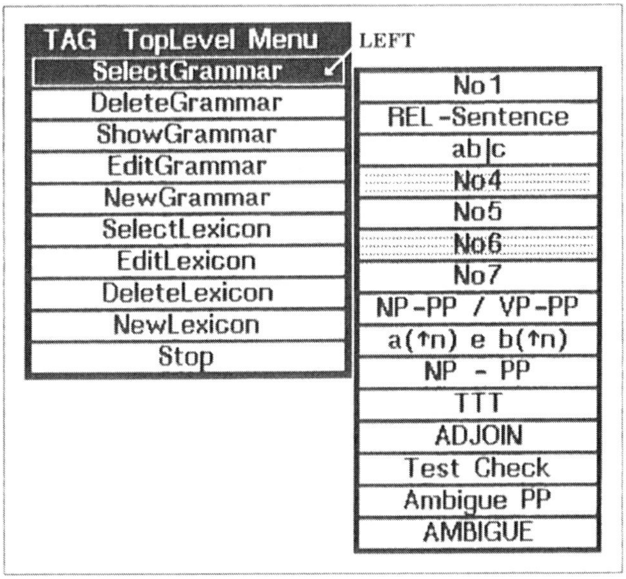

Abb. 4: TAGTopLevelMenu mit den in TAGDevEnv verwalteten TAGs

"NewGrammar" und "NewLexicon" erfragen vom Anwender den Namen einer neu anzulegenden Grammatik bzw. eines Lexikons und kreieren eine neue Instanz der jeweiligen Wissensbasis.

"SelectGrammar" bzw. "SelectLexicon" legen einem Parserlauf in TAGDevEnv jeweils eine auszuwählende Grammatik bzw. ein auszuwählendes Lexikon als Wissensquelle für den Parser zugrunde.

"EditGrammar" und "EditLexikon" schalten auf den entsprechenden Editiermodus um, während sich der Anwender mit "ShowGrammar" mehrere Grammatiken, die in verschiedenen Fenstern dargestellet werden, anschauen und vergleichen kann.

Das Löschen einer Grammatik oder eines Lexikons ist aus Sicherheitsgründen zweistufig gehalten. Die gelöschte Wissensquelle wird zunächst als solche gekennzeichnet [4] und kann dann durch Selektion des Items "Expunge" in einem Untermenü von "DeleteGrammar" bzw. "DeleteLexicon" unwiederruflich gelöscht werden. Über dieses Untermenü kann durch "Rename" eine Wissensquelle umbenannt oder durch "Undelete" die Kennzeichnung der Wissenquelle als gelöscht wieder rückgängig gemacht werden.

4.3 TAGParsingWindow

TAGParsingWindow dient als Eingabefenster für Sätze, die, nachdem sie per Maus selektiert worden sind, dem Parser zugeführt werden können. Durch Drücken des mittleren Mausknopfes während sich der Maus-Cursor über der schwarz unterlegten Titelzeile des Fensters befindet, erscheint ein Menü, in dem durch die Auswahl von "Parse" die Kontrolle an den Parser abgegeben wird. Nach der Selektion eines zu parsenden Satzes kann die Kontrollübergabe auch durch Eingabe der Kontrollsequenz "CTRL Z" erfolgen. Die Selektion einer Phrase wird durch Unterstrich bzw. inverse Unterlegung angezeigt (siehe Abb. 2 in Kap. 4). Die einmal in *TAGParsingWindow* eingetippten Beispielsätze können ebenso wie Grammatiken und Lexika dauerhaft auf externe Datenträger gesichert werden (siehe Abschnitt 3.7).

4.4 TAGGrammarWindow

In das Fenster *TAGGrammarWindow* ist der Grammatikeditor eingebettet, in dem dem Entwickler von TAGs eine Vielzahl von Werkzeugen und Modulen zu Verfügung gestellt wird, um eine TAG graphisch in Form von Bäumen zu definieren.

An *TAGGrammarWindow* sind zwei weitere Fenster angehängt, die zu einem Ensemble zusammengefaßt sind, das auch beim Bewegen eines der Fenster über die Bildschirmoberfläche bestehen bleibt. Im oberen werden die innerhalb einer TAG eindeutigen Namen jedes Baumes der TAG in Höhe der Wurzel dargestellt. Während der Grammatikentwicklung vergibt das System die Namen selbständig und positioniert sie entsprechend. Übersteigt die Größe der graphischen Spezifikation einer TAG den Ausschnitt, den das Fenster freigibt, ist es vertikal und/oder horizontal "scrollbar", d.h. der sichtbare Ausschnitt kann über dem dargestellten Objekt verschoben werden. Ebenfalls zum erwähnten Ensemble gehört oberhalb des "Namensfensters" das Menü mit den Items "LARGER" und "smaller", die ein "zooming" des entsprechenden Ausschnitts der TAG gestatten. Es ist sichergestellt, daß sowohl bei "scrolling" als auch bei "zooming" die Position der Namen adäquat angepaßt wird.

Im unteren Fenster des Ensembles werden die sogenannten *definierten* Kategorialsymbole der editierten TAG nach *Nichtterminalen*, *Terminalen* und *Startsymbol* aufgeschlüsselt dargestellt. [5] Alle in diesem Fenster dargestellten Symbole sind Maus-sensitiv, d.h. sie

---

[4] In Abb. 4 sind z.B. die beiden Grammatiken **No4** und **No6** als gelöscht gekennzeichnet

[5] Zur Klassifizierung der in einer TAG verwendeten grammatikalischen Kategorien siehe Abschnitt 3.5

können per Maus selektiert werden und können unabhängig von der graphischen Spezifikation der TAG gelöscht oder ergänzt werden.
Die elementaren Operationen in *TAGGrammarWindow* werden durch Drücken des rechten Mausknopfes in einem Menü angeboten (siehe Abb. 5).

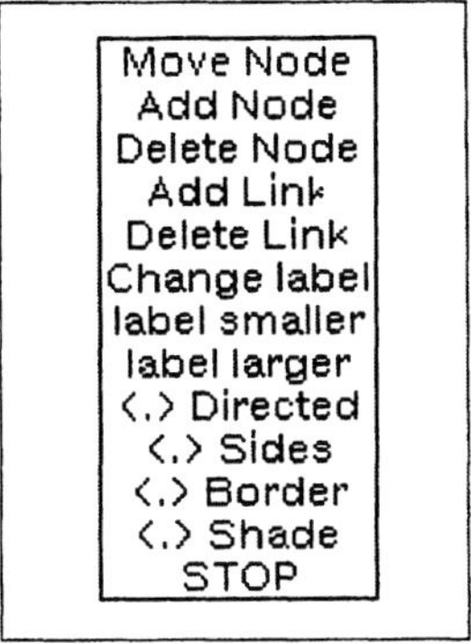

Abb. 5: Die Operationen im Hauptmenü des Grammatikeditors

Abb. 6 zeigt ein weiteres Menü, das beim Drücken des mittleren Mausknopfes in *TAG-GrammarWindow* erscheint.

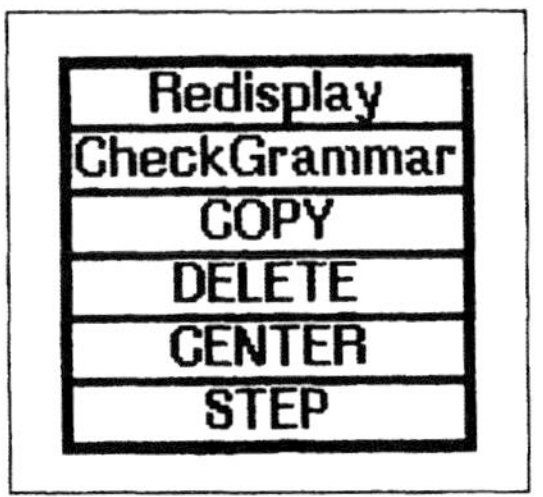

Abb. 6: Higher Level Operationen im Grammatikeditor

Die Operationen im Menü von Abb. 6 erlauben einen Zugang zu komplexeren Werkzeugen innerhalb des Grammatikeditors. Durch die Auswahl von "CheckGrammar" wird der Grammatikentwickler darin unterstützt, zu testen, ob die editierte TAG die formalen Eigenschaften einer korrekten TAG erfüllt (siehe Abschnitt 3.5).
Einige Operationen wurden zur Erhöhung des Komforts beim Editieren vorgesehen.
"COPY" und "DELETE" ermöglichen die Manipulation komplexerer Konstrukte einer teilentwickelten TAG, wie z.B. das Kopieren und Löschen von Teilbäumen existierender Bäume (siehe Abschnitt 3.2).
"CENTER" berechnet ein Menü, dessen Items die Namen der existierenden Bäume sind. Das berechnete Menü wird rechts oben an *TAGGrammarWindow* gehängt. Bei Selektion eines Namens im Menü wird der Baum dieses Namens in die Mitte von *TAGGrammar-Window* gerückt.

"Redisplay" berechnet das Layout der editierten TAG neu, d.h. die Position der Knoten
und Kanten wird neu berechnet, die Wurzeln und Blätter werden optisch hervorgehoben,
so daß die graphischen Strukturen regelmäßig dargestellt werden und die Grammatik besser "lesbar" wird.

"STEP" unterstützt den experimentellen Charakter von TAGDevEnv. Nach der Aktivierung von "STEP" wird ein neues Fenster - *StepWindow* - kreiert, in dem sich der
Grammatikentwickler die Überdeckung seiner bisher spezifizierten TAG durch beliebig
oft wiederholbare Adjunktion zeigen lassen kann. Ausgehend von der graphischen Spezifikation einer TAG in *TAGGrammarWindow* spezifiziert der Anwender zunächst durch
die Selektion des Wurzelknotens eines Baumes in *TAGGrammarWindow* den Baum, in
den er eine Adjunktion beabsichtigt. Der ausgewählte Baum der TAG wird daraufhin
in *StepWindow* kopiert. Im kopierten Baum in *StepWindow* wird mit einer zweiten Selektion der Knoten bestimmt, an dem ein mit einer dritten Selektion zu bestimmender
<u>auxiliarer</u> Baum aus *TAGGrammarWindow* adjungiert werden soll. In den so durch
Adjunktion entstandenen Baum in *StepWindow* können beliebig oft in jeweils einem
Zweier-Selektionszyklus [6] weitere auxiliare Bäume aus *TAGGrammarWindow* adjungiert
werden.

TAGDevEnv führt bei diesem Vorwärts-Steppen Tests bzgl. einiger Minimalforderungen
durch, deren Einhaltung obligatorisch sind für eine sinnvolle Anwendung der Adjunktion.
Nicht durchführbare Operationen werden demzufolge in entsprechenden Fehlermeldun-
gen zurückgewiesen.

4.5 PromptWindow

In TAGDevEnv übernimmt *PromptWindow* vornehmlich die Funktion als Ausgabefenster für jegliche Art von Statusmeldungen des Systems. Dem Anwender wird dadurch
mitgeteilt, mit welchen Wissensbasen bei Aktivierung der Select-Operationen im *TAG-
TopLevelMenu* das System verbunden ist. Rückmeldungen und Bestätigungen nach der
korrekten Ausführung an das System gegebener Anforderungen werden ebenso darüber
abgewickelt, wie zustandsabhängige Erwartungen des Systems gegenüber dem Anwender
bezüglich der Weiterentwicklung eines Dialoges.

4.6 ParsingResultWindow

ParsingResultWindow ist das Ausgabefenster für die graphische Strukturbeschreibung,
die der Parser für eine Eingabe auf der Grundlage der mit TAGDevEnv verbundenen
sprachlischen Wissensbasen berechnet. Es besitzt analoge Eigenschaften zu *TAG-
GrammarWindow* (vgl. Abschnitt 4.4) in Bezug auf "scrolling" und "zooming".

Um die Berechnung einer Ableitung als Ergebnis eines erfolgreichen Parserlaufes trans-
parenter zu machen, sind alle Knoten des Strukturbaumes (bzw. der Strukturbäume)
einer Selektion mit der Maus zugänglich. Durch die Selektion eines Knotens wird ein
Menü berechnet, das oberhalb von *ParsingResultWindow* angehängt wird und dessen
Items die <u>Namen</u> von Bäumen der TAG sind, zu denen der selektierte Knoten gehört

---

[6] Für jeden weiteren Zweier-Selektionszyklus bestimmt der Grammatikentwickler mit der ersten Selektion den Knoten im gegebenen "Ableitungsbaum" in *StepWindow*, an dem der mit der zweiten
Selektion ausgewählte <u>auxiliare</u> Baum aus *TAGGrammarWindow* adjungiert werden soll

(siehe Abschnitt 3.6). Durch Auswahl eines der Namen im berechneten Menü werden alle Knoten des Baumes mit diesem Namen solange zyklisch invertiert, bis ein weiterer beliebiger Mausklick erfolgt. Mit diesem Ansatz wird der Grammatikentwickler beim Auffinden von Bäumen der dem Parserlauf zugrundeliegenden TAG, die in die Ableitung eingeflossen sind, unterstützt.

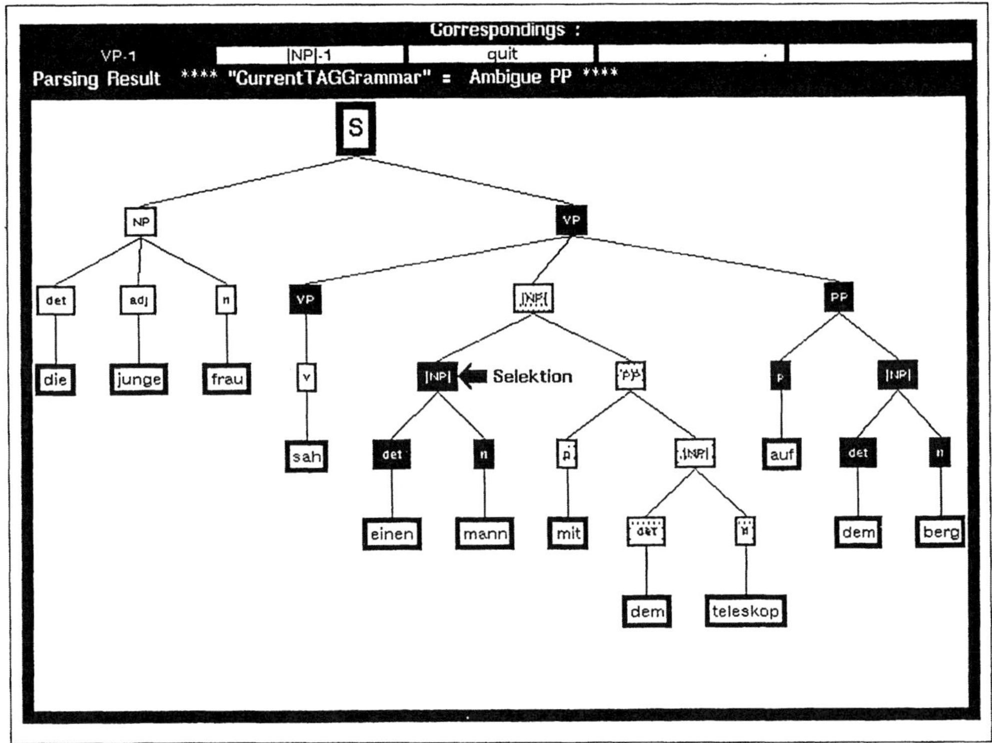

Abb. 7: Eine Ableitung für (1), der die TAG in Abb. 8 zugrunde liegt

Abb. 7 zeigt <u>eine</u> Ableitung für den Satz

(1) *die junge frau sah einen mann mit dem teleskop auf dem berg.*

Der Parser berechnet insgesamt vier strukturell verschiedene Ableitungen für Satz (1). Dem Parserlauf liegt die in Abb. 8 dargestellte TAG zugrunde. Nach der Selektion des Knotens |NP| in der Ableitung werden die Bäume der TAG namens **VP-1** und |**NP**|-1, zu denen der selektierte Knoten |**NP**| gehört, als an der Ableitung beteiligte Bäume kenntlich gemacht. Durch eine entsprechende Selektion eines Baumes über seinen Namen im neu berechneten Menü kann jeder Baum durch zyklische Invertierung stärker visuell hervorgehoben werden, wodurch er unter mehreren beteiligten noch einmal besonders hervortritt.

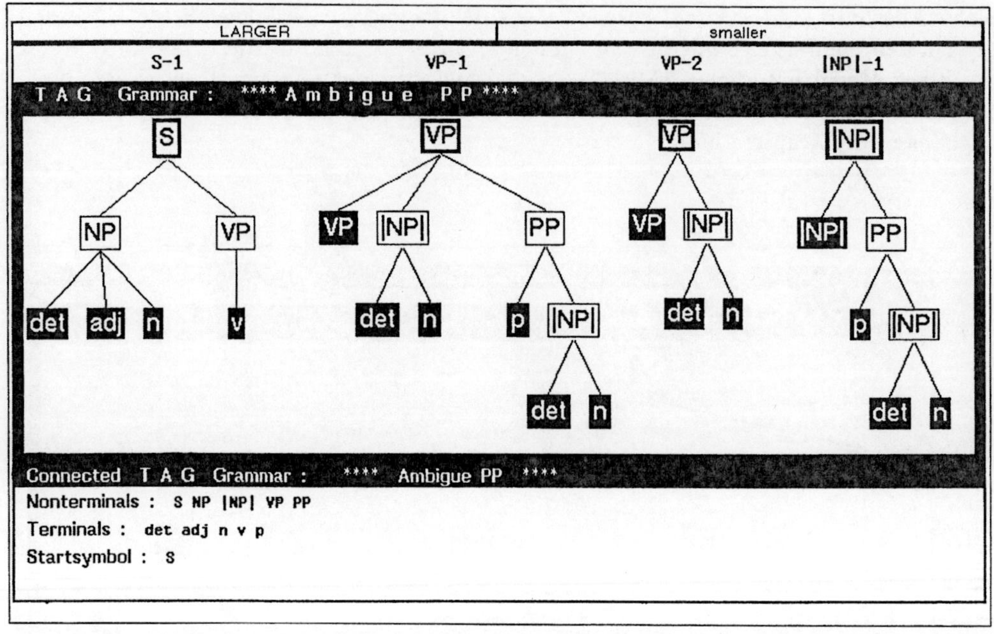

Abb. 8: Darstellung einer TAG

5 Literatur

Crasemann, C., Krasemann, H. (1988): *Der Wissens-Ingenieur - ein neuer Hut auf altem Kopf.* Informatik-Spektrum 11, Heft 1, Februar 1988, S. 43 - 48.

Harbusch, K. (1987): *Parsing TAG's in Time Complexity* $O(n^4)$. unveröffentlichter Dissertations-Draft an der Universität des Saarlandes, Fachbereich Informatik.

Harbusch, K. (1988): *Effizientes Parsing natürlicher Sprache mit TAGs.* In: Tagungsband zu Symposium - Computerlinguistik und ihre theoretischen Grundlagen, veranstaltet von der GLDV, Saarbrücken.

Joshi, A. K. (1983): *Factoring Recursion and Dependencies: An Aspect of Tree Adjoining Grammars (TAG) and a Comparision of some Formal Properties of TAG's, GPSG's, PLG's and LFG's.* In: Proceedings of the 21rd Annual Meeting of the Association for Computational Linguistics, S. 7 - 15.

Joshi, A. K. (1985): *Tree Adjoining Grammars: How much context-sensitivity is required to provide reasonable structural descriptions?* In: Dowty, D. R., Karttunen, L., Zwicky, A. M. (Hrsg.): Natural language parsing: psychological, computational, and theoretical perspectives. Cambridge, London, N.Y.: Cambridge University Press, S. 206 - 250.

Joshi, A. K., Levy, L. S. (1977): *Constraints on Structural Descriptions: Local Transformations.* In: SIAM Journal of Computing. Vol. 6, June 1977, S.272 - 284.

Joshi, A. K., Levy, L. S., Takahashi, M. (1975): *Tree Adjunct Grammars.* In: Journal of Computer and System Sciences. Vol. 10 , S. 136 - 163.

Kaplan, R. M. (1985): *LFG User's Manual.* Xerox Corporation, Palo Alto, CA.

Karttunen, L. (1986): *D-PATR: A Development Environment for Unification-Based Grammars.* SRI International and Center for the Study of Language and Information, Stanford.

Raeder, G. (1985): *A Survey of Current Graphical Programming Techniques.* In: IEEE Computer, Vol. 18, No. 8, August 1985, S. 11 - 25.

Vijay-Shankar, K., Joshi, A. K. (1985): *Some computational properties of tree adjoining grammars.* In: Proceedings of the 23rd Annual Meeting of the Association for Computational Linguistics. Chicago, S. 82 - 93.

Wahlster, W. (1982): *Natürlichsprachliche Systeme - Eine Einführung in die sprachorientierte KI-Forschung.* In: Bibel, W., Siekmann, J.H. (Hrsg.): Künstliche Intelligenz. Berlin, Heidelberg, N.Y.: Springer, S. 203 - 283.

Wahlster, W. (1985): *Zur Rolle der Linguistik bei der Entwicklung natürlichsprachlicher KI-Systeme.* In: Laubsch, J. (Hrsg.): GWAI-84 - 8th German Workshop on Artificial Intelligence. Berlin, Heidelberg, N.Y.: Springer, S. 267 - 269.

ZUR BEHANDLUNG VON UNBOUNDED DEPENDENCIES IM MULTILINGUALEN ÜBERSET-ZUNGSSYSTEM EUROTRA

Paul Schmidt

IAI-Eurotra-D

Martin-Luther-Str. 14

6600 Saarbrücken

0. Abstract

The following paper presents a partial solution to the linguistic problem known as the unbounded dependency construction (UDC) problem in the context of an MT project. This partial solution takes into account the following givens:

(i) As Eurotra is a machine translation project the solution of the UDC problem has to fit into a theory of translation, i.e. it has to be designed as a part of a machine translation system.

(ii) The formalism designed for the MT-system does not allow for global mechanisms. Therefore we have to find a "local solution" which is partially imported from GPSG.

(iii) The linguistic model is a stratificational approach. On three different levels of linguistic analysis tree structures are created, the transition from one level to the next is achieved by a translator which is a tree-to-tree transducer.

(iv) Two of the three levels are relational ones. That means for the treatment of UDCs that a solution has to be located in the interaction of constituent grammar and functional grammar and the translator between them.

1. Wh-movement in der maschinellen Übersetzung

1.1. Multilinguale Übersetzung und Simple Transfer

Bei der Behandlung von wh-movement innerhalb eines Projektes wie Eurotra muss berücksichtigt werden, daß sich dieses Problem innerhalb eines ganz bestimmten Kontextes, nämlich dem der Übersetzung stellt. In einer Theorie der Übersetzung ist die Behandlung von Bewegungsphänomenen auf das Problem des Transfers zu beziehen, was ihnen eine zusätzliche Dimension gibt.

Da Eurotra ein multilinguales Übersetzungssystem ist, das zwischen 9 EG-Sprachen hin- und herüber-setzen soll, also zwischen 72 Sprachpaaren, geht man von der Idee des einfachen Transfers aus.

Transfer sollte hauptsächlich in der Kopierung der Struktur bestehen und in der Auswechslung der Blätter im Interfacebaum:

So wollen wir für den Satz in (1) Repräsentation (2) als Interface, die dann in (3) überführt werden soll.

(1) der Mann hat dem Kind das Buch gegeben

(2)

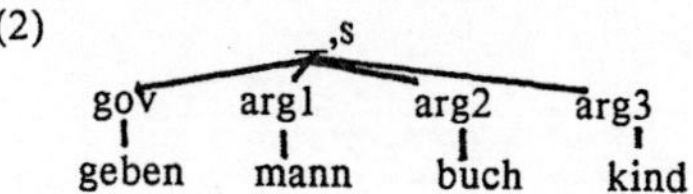

(3)

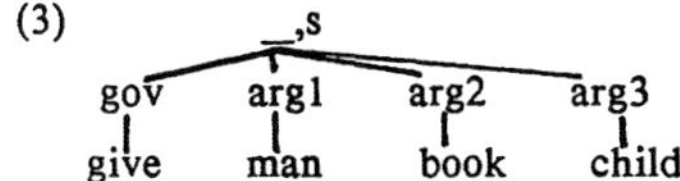

Eine Regel, die das macht, kann eine sehr einfache Regel sein, weil sie eine kanonische Form in eine kanonische Form überführt. Das ist der entscheidende Punkt: Die Struktur, von der aus Transfer gemacht wird, muß eine kanonische Repräsentation sein, soll der Transfer einfach sein.

Dies wird eine ganz entscheidende Auswirkung auf die Behandlung von wh-movement haben. Es entsteht nämlich die Frage, wie bei der Behandlung von Bewegungsphänomenen eine kanonische Repräsentation erzeugt werden kann. Dies kann u.E. nur durch die Zurücknahme der Bewegung erreicht werden. Was Zurücknahme der Bewegung heißt, wird in Kap 4 erläutert.

1.2. Wh-movement und Simple Transfer

Wie eben angedeutet, kann das Konzept von "simple transfer" nur verwirklicht werden, wenn die Interfacestrukturen so wie in (2) und (3) eine kanonische Repräsentation darstellen. Das läßt bestimmte Behandlungen von wh-movement als problematisch erscheinen.

Wenn wir eine Repräsentation wählen wie in (4), -das ist eine vereinfachte Eurotra Interface Struktur-, dann haben wir das Problem, daß Bewegung als solche repräsentiert ist, weil die bewegte Phrase im Baum den Matrix-s-Knoten als Mutter hat. Sollte von dieser Struktur aus simple transfer gemacht werden, dann wäre Voraussetzung, daß auch in der Zielsprache dieselbe Bewegung stattgefunden hat. Wäre dies nicht der Fall, würde der Transfer komplex werden.

(4)

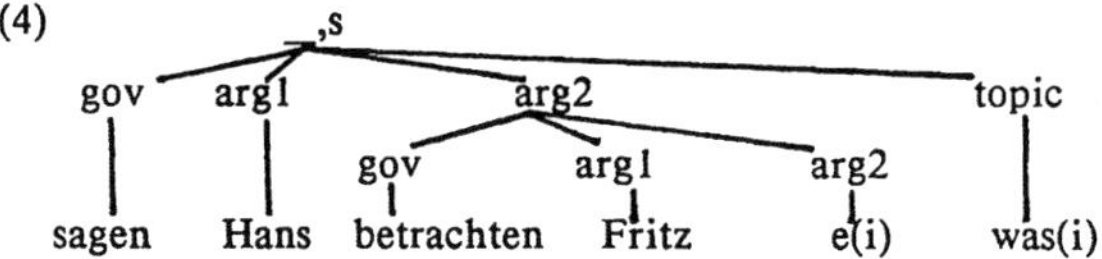

Dies ist aber ein spezielles Problem des Eurotra Formalismus. Es entsteht nicht in anderen Theorien wie z.B. LFG.

(5)

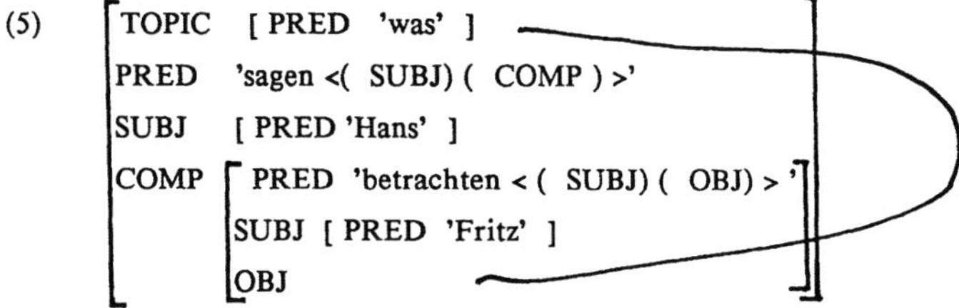

LFG f-Strukturen sind DAGs und die Kante vom TOPIC-Knoten in den OBJ-Knoten bedeutet, daß im OBJ-Knoten dieselbe Information vorhanden ist wie im TOPIC-Knoten. Dies gilt nicht für den Index in der Eurotra Repräsentation.

Für die Eurotra-Repräsentation bedeutet das in bezug auf wh-movement, daß keine Probleme entstehen, solange dieselben Verhältnisse in den Sprachen bestehen, zwischen denen Transfer durchgeführt werden soll.

Aber schon zwischen den europäischen Sprachen gibt es Unterschiede. So gibt es im Deutschen pied piping von Infinitiven in Relativsätzen, das in anderen Sprachen nicht auftritt.

(6)(a) den Vortrag, den zu halten ich zu versprechen zu versuchen wagte

   (b) np [det [den], n [vortrag], $\bar{s}$ [comp [den zu halten], s [....]]]

In einer funktionalen Repräsentation wie (4) oder (5) wäre die Phrase [den zu halten] im Topic Knoten des Matrix-Satzes. Zumindest für eine Darstellung wie in (4) ist es unmöglich, das unbounded movement des Infinitivs rückgängig zu machen. Eine Übersetzung ins Englische müßte das allerdings , da (7) nicht wohlgeformt ist.

(7) * the talk which to give I dared to try to promise

Ein wichtiger Punkt bei der Behandlung von wh-movement ist also die Frage, ob die Bewegung rückgängig zu machen ist.

2. Wh-movement als linguistisches Phänomen

Verschiedene linguistische Theorien haben unterschiedliche Mechanismen und Strategien für die Behandlung von unbounded dependency constructions (UDCs) entwickelt. So wird das Problem in einigen Theorien auf der Phrasenstrukturebene (GPSG,GB) behandelt, in anderen auf der funktionalen Ebene (LFG). GPSG behandelt UDCs lokal, d.i. ohne globalen Mechanismus, was LFG und GB wiederum nicht tun. In Eurotra zielen wir auf eine lokale Behandlung von UDCs auf der funktionalen Ebene.

2.1. Beschreibung von Wh-Movement auf der Ebene der Phrasenstruktur

Zunächst wollen wir 2 Theorien skizzieren, die das Problem auf der Phrasenstrukturebene angehen.

2.1.1. GPSG

In Gazdar et al. 1986 wird eine nützliche Einteilung der UDCs in Top, Middle und Bottom eingeführt, die im folgenden übernommen wird.

Der Top ist der Teil der Konstruktion, der die Dependenz einführt, das Middle der Teil der Konstruktion, den die Dependenz umspannt und das Bottom der Teil der Konstruktion, in dem die Dependenz endet.

Die Behandlung von UDCs in GPSG kann sich nicht auf Transformationen stützen, die das in Frage stehende Element in der vorgesehenen Stelle in einer kanonischen Repräsentation generiert und dann in die "clause-external position" bewegt.

Eine Phrasenstrukturgrammatik wie GPSG muß sich auf eine Kontrolle von Informationen zwischen dem bewegten Element und einer geeigneten Nullkonstituente verlassen. Eine einfache Hinzufügung der Regel (8)(a) zu der Menge der PSG-Regeln einer Grammatik, die die Wurzel S wie in (8)(b) expandiert, würde große Mengen nicht wohlgeformter Strukturen zulassen und ist daher nicht genügend .

(8)(a)   S -> $\bar{\bar{X}}$, S

   (b)   S -> NP , VP

Stattdessen wird der TOP der Konstruktion wie in (9) behandelt:

(9) S - $\bar{\bar{X}}$, H/$\bar{\bar{X}}$

(Jedes S kann aus einem $\bar{\bar{X}}$ bestehen und einem Satz, dem dieses $\bar{\bar{X}}$ fehlt.).

Die Behandlung des BOTTOM besteht zunächst aus der Generierung eines leeren Elements. Leere Elemente sind phonologisch nicht realisierte Elemente, die das Feature [+NULL] tragen.
Die Feature Cooccurrence Restriction (FCR6) löst die Belegung von SLASH aus.

(10) FCR6: [+NULL] -> [SLASH]

Ziehen wir ausserdem in Betracht, daß die leere Kette im Lexikon als zur Kategorie

(11) ⪍ [+NULL] /⪍

gehört, dann werden durch die Belegung von Kategorien wie PP und NP mit dem Feature [+NULL] Bäume lizenziert wie (12)(a) und (b), aber nicht (c) (Vgl. Sells 1985):

(12)(a)   NP [+NULL, SLASH [NP]]
                   |
                   e

   (b)   PP [+NULL, SLASH [PP]]
                   |
                   e

   (c)   NP [+NULL, SLASH [PP]]
                   |
                   e

Es muß hier nun noch geklärt werden, wie das Feature [+NULL] in den Baum kommt. Dies geschieht durch eine Metarule (Slash Temination Mete Rule 1):

(13)   STM1: X => W, $\overline{\overline{X}}$

                   ⇓

          X => W, $\overline{\overline{X}}$ [+NULL]

Diese Regel sagt zunächst nichts anderes, als daß jedes X einen counterpart hat, der [+NULL] spezifiziert ist. Dies fügt in einer Grammatik zu Regel (14)(a) Regel (14)(b) hinzu.

(14)(a) VP -> H [1] , NP

   (b) VP -> H [1] , NP [+NULL]

Die Anwendung von STM1 unterliegt aber dem für Metarules geltenden Lexical Head Constraint (LHC): Metarules erzeugen aus lexical ID-rules (Immediate Dominance Rule) lexical ID-rules.
D. h. Metarules können nur auf ID-rules angewandt werden, die einen lexikalischen Head einführen.
Das verhindert z.B. eine Struktur wie (15)(a), die der NP in Satz (b) entspricht, die nur noch aus dem Relativsatz besteht.

(15)(a)   NP/NP
          NP [+NULL]   S
               |
               e   das rot ist

   (b)   das Fahrrad kauft Peter, _____ das rot ist.

Der Zusammenhang zwischen dem TOP und dem BOTTOM wird durch die beiden Prinzipien für die Featureperkolation, nämlich FFP (Foot Feature Principle) und HFC (Head Feature Convention) hergestellt.
Das FFP reguliert, daß alle Features der Tochter auch im Mutterknoten auf die gleiche Weise instantiiert sein müssen. Da slash ein FF ist, trifft diese Prinzip zu. Da slash auch ein Head Feature ist, gilt

auch die HFC: Alle Features der Mutter müssen auch im Head der Konstruktion instantiiert sein. Sells (1985) zeigt eine Konsequenz dieser Annahme. (16)(b) wird durch HFC ausgeschlossen, da die eingebettete VP keine slash NP hat.

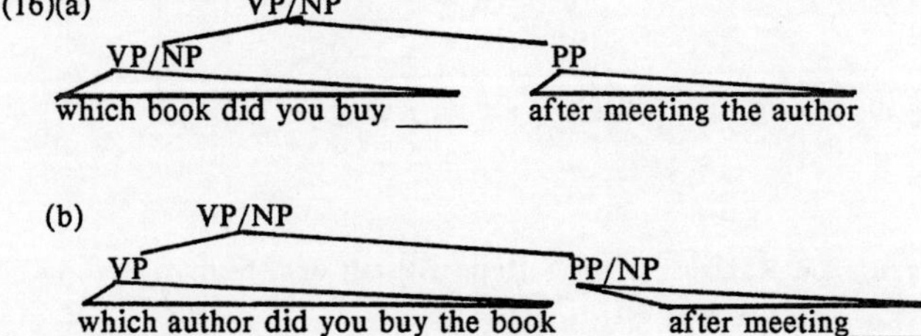

Auf der anderen Seite muß natürlich verhindert werden, daß das slash feature in den lexikalischen Heads instantiiert wird. Das geschieht mit FCR6.

(17)   FCR6: [SUBCAT] -> ~[SLASH]

2.1.2. GB

Die Behandlung von UDCs in der GB besteht darin, daß die S-structure aus einer D-structure mit Hilfe von Bewegungstransformationen abgeleitet wird. Die D-Struktur ist das x-Bar Schema, das beansprucht, das universell gültige Schema für Phrasenstrukturen zu sein. Die S-Struktur ist die nach der Anwendung von Bewegungstransformationen entstandene Struktur, die die bewegten Phrasen mit der von diesen zurückgelassenen Spur koindiziert. Der D-Struktur aller Phrasen liegt das folgende Schema zugrunde:

(18)

Gemäß diesem Schema bekäme der Satz   " Was sagt Hans verabschiedet der Rat" die folgende S-Struktur-Analyse:

(19)

In früheren Versionen der Generativen Grammatik wurde die hier als c (in c-bar) - Position aufgeführte Stelle als Landeplatz für wh-movement angesehen, da in vielen Sprachen sich Belegung von c durch einen Complementizer und wh-movement ausschlossen.

(20) * Er fragte, wen daß du getroffen hast

Es gibt aber Sprachen, z. B. das Polnische und einige süddeutsche Dialekte, die sehr wohl beides haben können. Im Bairischen z.B. ist der obige Satz durchaus wohlgeformt.

Mit der Annahme der Specifier Position in comp-doublebar steht ein Landeplatz zur Verfügung, für die Elemente von wh-movement einschließlich Relativsatzbildung und Topikalisierung. Die folgenden Sätze jedoch zeigen, daß wh-movement bestimmten Beschränkungen unterliegen:

(21) (a) * was sagt Hans kauft Peter ein Auto und ____ .

   (b) * was sagt Hans kauft Peter ein Auto, das kostet ____ .

   (c) * was fragt Hans, wo Peter kauft ____ .

Die gezeigten Beispiele haben in der traditionellen generativen Grammatik zu den als "Ross-constraints" bekannt gewordenen Einschränkungen geführt. Es sind dies der coordinated-structure-constraint (a), der complex-np-constraint (b) und der wh-island constraint (c).

Chomsky (1973) jedoch wies nach, daß allen diesen Constraints gewisse Gemeinsamkeiten entsprechen. Dies führte zu einer generelleren Formulierung der Einschränkungen, zum Subjazenzprinzip:

(22) in einer Konfiguration

$$\dots X \dots [_\alpha \dots [_\beta \dots Y \dots]]$$

darf kein Bewegungsprozeß die Positionen X und Y involvieren, wenn $\alpha, \beta \in \{\bar{\bar{I}}, \bar{\bar{N}}\}$.

Mit anderen Worten: Die Bewegung einer Phrase darf keine zwei "bounding nodes" überqueren. Bounding nodes für das Deutsche und Englische im Schema (14) sind $\bar{\bar{I}}$ und $\bar{\bar{N}}$.

Diese Formulierung würde aber alle long distance wh-Bewegungen als ungrammatisch ausscheiden.

Wie (23) zeigt, überquert die wh-Phrase sogar mehr als zwei bounding nodes:

(23)

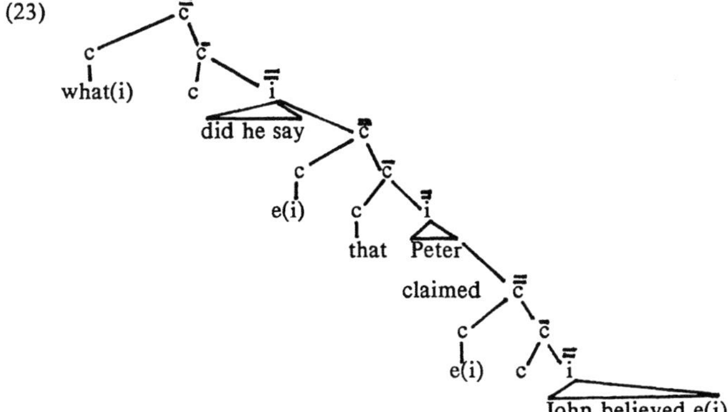

Es wird aber nur unter der Bedingung mehr als ein bounding node überquert, wenn wir annehmen, daß die Bewegung soz. in einem Rutsch geschieht. Geht man von einer zyklischen Analyse aus, die von c (Specifier in c-double-bar) zu c-Knoten (Specifier in c-double-bar) geht, dann wird jeweils nur ein bounding node überquert. Daß die Annahme von Zyklizität von wh-movement kein Trick ist, um das

Subjazenzprinzip zu retten, weisen Kayne (1984) und Fanselow/Felix (1987) nach.

2.2. Wh-movement in einem funktionalen Framework (LFG)

Anders als in GPSG und GB, die konfigurational orientierte Theorien sind, werden in der LFG Informationen über Prädikat-Argument-Dependenzen und damit auch über Unbounded Dependencies (UBs) nicht auf der Phrasenstrukturebene, sondern auf der funktionalen Ebene repräsentiert. (Ich beziehe mich auf eine LFG-Version von Kaplan/Zaenen 1987 (angewendet auf das Deutsche in Netter 1988). In früheren Versionen wurden diese Abhängigkeiten noch in Begriffen der PSG beschrieben. Es wird damit implizit bestimmt, daß die Restriktionen, denen ldds gehorchen, funktionaler Natur sind und nicht den Gesetzen der PSG gehorchen. Als Beweis wird u.a. gezeigt, daß im Isländischen dieselbe c-Struktur, eine PP, die Extraktion von Elementen erlaubt, wenn sie Argumentfunktion hat und diese Extraktion nicht erlaubt ist, wenn diese PP Adjunktstatus hat.

Auch wirdargumentiert, daß in der früheren LFG-Versionen mit der Auszeichnung von syntaktischen Kategorien als bounding nodes eigentlich funktionale Information benutzt wurde, denn immer wenn eine Kategorie als "bounding node" ausgezeichnet wurde, hatte dies mit funktionaler Information zu tun und nicht mit kategorialer. So wird zusammengefaßt: " We will assume that ldds are sensitive to functional information" (Kaplan/Zaenen 1987, S.7).

Wenn wir uns an die Einteilung einer UDC von Gazdar in top, middle und bottom erinnern, dann muß LFG zeigen, wie der middle-Teil, der ja arbiträr tief sein kann, behandelt wird. Der Mechanismus ist die sog. functional uncertainty, die im folgenden erklärt werden soll. Wenn wir (24) betrachten:

(24)(a) den Mann sieht Fritz

    (b) den Mann sagt er sieht Fritz

    (c) den Mann sagt er [...] sieht Fritz

dann sehen wir, daß (24)(a) und (b) ohne Probleme im LFG Formalismus bewältigt werden können: (25)(a) und c) geben die Strukturbeschreibung, (25)(b) und (d) die c-Strukturregel für die relevante Kategorie c.

(25)(a)

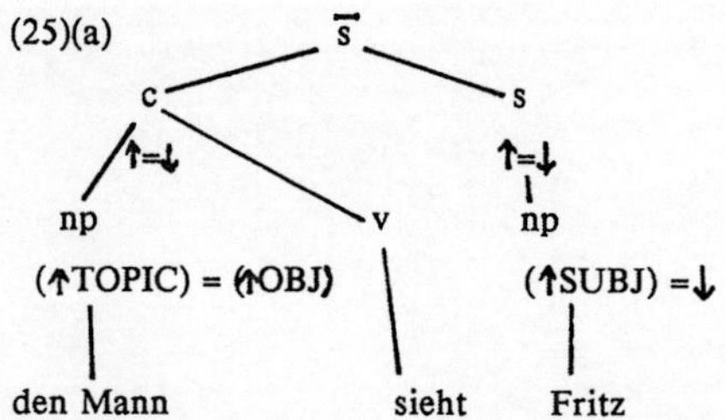

    (b) c -> np   v

          (↑TOPIC) = (↑OBJ)

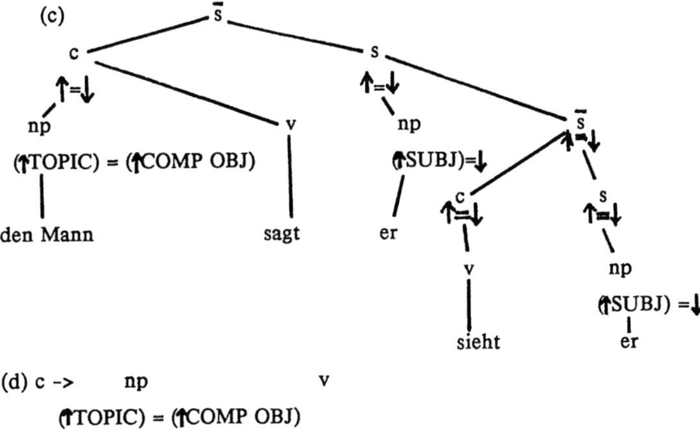

(d) c ->   np   v
          (↑TOPIC) = (↑COMP OBJ)

(25) zeigt, daß wh-movement über endlich viele Satzgrenzen hinweg mit Hilfe von Aufzählung beschrieben werden kann. Da aber wh-movement ein unbeschränkter Prozeß ist, müßten unendlich viele
Regeln der Art (26) gegeben werden:

(26) c   -> np   v
          (↑TOPIC) = (↑COMP OBJ)

      c   -> np   v
          (↑TOPIC) = (↑COMP COMP OBJ)

      c   -> np   v
          (↑TOPIC) = (↑COMP COMP COMP OBJ)

Ein Mechanismus, functional uncertainty, erlaubt eine generelle Behandlung:

(27)   c   -> np   v
             (↑TOPIC) = (↑COMP* OBJ)

Restriktionen für wh-movement wie die oben erwähnten Island constraints würden einfach in die
Theorie der funktionalen Pfade inkorporiert.

3. Wh-movement in Eurotra

Das linguistische Beschreibungsmodell in Eurotra ist ein stratifikationeller Ansatz, der die Sprachbeschreibung in drei Ebenen aufspaltet und den Zusammenhang zwischen diesen Ebenen mit Hilfe von
Übersetzungsregeln herstellt. Es gibt drei (linguistisch interessante) Beschreibungsebenen, eine Konstituentenstruktur (ECS), eine funktionale Struktur (ERS) und eine tiefensyntaktische Struktur (IS), die
mit semantischen Informationen angereichert ist.
Die Beschreibungssprache, die zur Verfügung steht, ist der sog. CAT Formalismus (wir benutzen hier
einen Dialekt des CAT, der eine Erweiterung einer früheren CAT-Version darstellt. Diese CAT-
Version wurde am IAI weiterentwickelt und implementiert). Der CAT Formalismus versucht, ohne globale Mechanismen auszukommen.
Die Behandlung von UDCs kann also nur lokal erfolgen (wie in GPSG). Dabei wird in unserer Behandlung von UDCs Gebrauch vom Completeness and Coherence Prinzip gemacht. Die Darstellung behan-

delt die folgenden Themen:

- Beschreibung des CAT-Formalismus.
- Erläuterung, wie Completeness und Coherence in CAT auszudrücken sind.
- eine Darstellung der Prinzipien für eine Konstituentenstrukturbeschreibung des
  Deutschen und für die Abbildung auf die funktionale Struktur
- Behandlung von unbounded movement in diesem Rahmen
- Eine kurze Beschreibung, wie die Behandlung von UBCs mit der Behandlung anderer
  Phänomene interagiert

3.1. Der CAT-Formalismus

Der CAT - Formalismus besitzt zwei Regelsorten:

(i) b-Regeln, d.i. strukturbildende Regeln und

(ii) a-Regeln, d.i. Attributregeln

(i) b-Regeln:

(28)(a) s̄.[c,s].

   (b) c.[np,v].

   (c) s.[np].

   (d) np.[(det,{case=C}),(n,{case=C})].

   (e) (n,{lu=mann,lex=mann,case=nom}).[].

   (f) (n,{lu=haus,lex=haus,case=acc}).[].

   (g) (v,{lu=kaufen,lex=kauft}).[].

   (h) (det,{lu=der,lex=der,case=nom}).[].

   (i) (det,{lu=das,lex=das,case=acc}).[].

(28)(a) - (i) sind b-Regeln. Die Dominanzrelation wird durch eckige Klammern ausgedrückt. Wie man in (28)(c) sieht, können b-Regeln durch Attribute angereichert werden. Im Falle von (28)(c) wird ausgedrückt, daß der Kasus des Nomens und des Determiners identisch sein müssen. (28)(d) - (h) sind lexikalische b-Regeln. Mit Hilfe der Regeln in (28)(a) kann man dem Satz in (28)(b) die Struturbeschreibung (28)(a) zuweisen.

(29)(a)

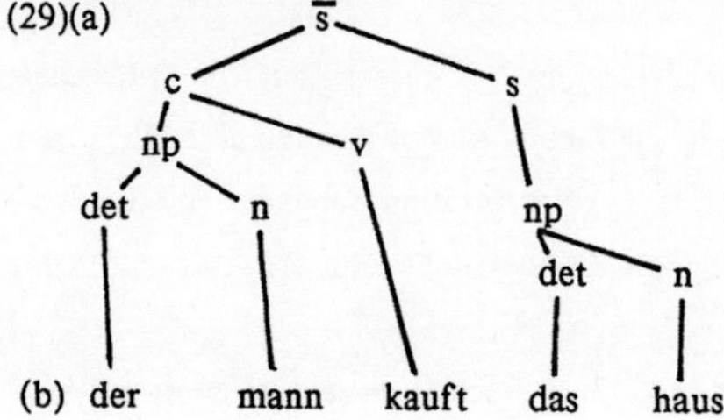

Mit Hilfe von b-regeln kann man auch Strukturen in Strukturen überführen, also z.B. Konstituentenstrukturen in funktionale Strukturen. Diese b-Regeln sind die oben erwähnten Übersetzungsregeln. Dem Satz in (29)(b) sollte die funktionale Struktur (30) zugeordnet werden:

(30)
```
                    s
      gov,v    subj,np      obj,np
        |        |            |
      kaufen   mann der    haus das
```

Die Übersetzungsregel in (31) übersetzt (29) in (30) mit Hilfe der ERS-b-Regel (33):

(31)   ts1 = s̄.[c.[$NP1!np,$V!v],s.[$NP2!np]]

      =>

      (?,{cat=s}).[$V,$NP1,$NP2].

(32) (a) cs1=(?,{cat=s}).[(gov,{cat=v,frame=subj_obj}),

               (subj,{cat=np,case=nom}),

               (obj,{cat=np,case=acc}),

          * mod].

    (b) (gov,{cat=v,lu=kaufen,lex=kauft,frame=subj_obj}).[].

Die eckigen Klammern in den Übersetzungsregeln bedeuten wie in strukturbildenden b-Regeln Dominanz. Die lhs der Übersetzungsregel spezifiziert eine Repräsentation, die z.B. mit (29) gegeben ist und spezifiziert, daß sie in eine andere Struktur, die von der Kategorie cat = s sein soll und die durch die mit $ bezeichneten Variablen dominiert, überführt werden soll. Eine solche Struktur wird durch die b-Regel in (32)(a) definiert. Die linke Seite der Übersetzungsregel kann also mit der Repräsentation in (29)(a) unifizieren und die rechte Seite mit (32), so daß die Struktur in (31) erzeugt werden kann.

(ii) a-Regeln

Für unsere Behandlung von UDCs ist noch eine Regelsorte wichtig, nämlich die Attributregeln. Es existieren drei Sorten, die sich in bezug auf ihre Semantik unterscheiden. Sie werden "sanfte" a-Regeln, stricte a-Regeln und filter a-Regeln genannt.

Sanfte a-Regeln können zur Perkolation von Merkmalen verwendet werden oder zur Definition von Defaultmerkmalwerten.

(33) sanfte a-Regel:

     (s,{tense=T}).[np,(vp,{tense=T})]

Die a-Regel in (33) perkoliert den Featurewert für tense von der vp in den s Knoten.

Mit filter a-Regeln kann man Strukturen vernichten. Mit (34) haben wir ein Beispiel, das jede pronominale NP vernichtet, deren head durch eine genitivische NP erweitert ist. (Das Dächlein bezeichnet Fakultativität).

(34) filter a-Regel:

     np.[^ det, (n,{n_type=pron}), (np,{case=gen})].

Die Semantik von stricten a-Regeln ist etwas komplizierter. Sie definieren eine Struktur und die Bedingungen für Featurewerte wie in (35).

(35) strict a-Regel:

     np.[(det,{case=C,nb=N,gend=G}),n,{case=C,nb=N,gend=G})].

(35) ist folgendermaßen zu interpretieren: Liegt eine Struktur vor, wie sie in (35) definiert ist, nämlich eine np, die aus einem det und einem n besteht, dann müssen die Featurewerte von Kasus, Genus und Numerus übereinstimmen.

a-Regeln sind also Regeln, die mit durch b-Regeln erzeugte Strukturen unifiziert werden. Gelingt die Unifikation, dann wird im Falle der sanften a-Regel die Repräsentation durch das Unifikationsergebnis ersetzt, dasselbe gilt für die stricte a-Regel, im Falle von filters wird die Repräsentation vernichtet. Gelingt der Unifikationsversuch nicht, dann hat das im Falle der sanften a-Regel keine Folgen, im Falle der stricten a-Regel wird die Repräsentation vernichtet, im Fall von filters geschieht nichts.

3.2. Completeness and Coherence in CAT

Die ERS Struktur besitzt wie die LFG f-structure die Eigenschaften von Completeness and Coherence, d.h.: Eine ERS Repräsentation ist dann und nur dann wohlgeformt, wenn sie "complete" ist, d.h. wenn sie alle im frame verzeichneten syntaktischen Funktionen enthält. Eine Repräsentation ist auch dann und nur dann wohlgeformt, wenn sie "coherent" ist, d.h. wenn sie nicht mehr syntaktische Funktionen mit Komplement-Status enthält, als im frame verzeichnet sind.

Completeness and Coherence können im Eurotra-framework durch zwei Möglichkeiten ausgedrückt werden:

(i) Mit Hilfe von filters

Auf ERS gibt es nur eine einzige b-Regel für Sätze, die alle syntaktischen Funktionen optional aufzählt wie in (36)(a) und beim regierenden Element die Funktionen einzeln kodiert (wie in (36)(b):

(36)(a)   (?,{cat=s}).[(gov,{cat=v}),

          (subj,{cat=np,case=nom}),

          (obj,{cat=np,case=acc}),

          (obj2,{cat=np,case=dat}),

          (oblique,{cat=pp}),

          (comp,{cat=s}),

          .....

          *mod]

(b)   (gov,{cat=v,lu=kaufen,subj=yes,obj=yes}).[].

Completeness: Der filter in (37) regelt, dass wenn ein direktes Objekt vom regierenden lexikalischen Element, was durch die Kodierung des Features obj angezeigt wird, gefordert ist, wenn also das Feature obj den Wert "yes" hat, dann kann es keine Struktur geben, die obj nicht als Tochter von "s" hat.

(37)   k1 = (?,{cat=s}).[(gov,{obj=yes}),

          ^subj,

          ^obj2,

          ^oblique,

          ^comp,

          .....

          *mod].

Coherence kann ebenfalls durch filters geprüft werden.

(38)   k2 = (?,{cat=s}).[(gov,{obj=no}),

         ^subj,

         obj,

         *].

(37) sagt, daß keine Struktur wohlgeformt ist, die ein obj enthält und der Wert für das feature obj des lexikalischen governors "no" ist. So, wie hier für die syntaktische Funktion obj gezeigt, kann für alle andern syntaktischen Funktionen gleichermaßen verfahren werden.

(ii) Completeness and Coherence mit Hilfe von b-Regeln

Es gibt einen weiteren Weg, Completeness and Coherence auszudrücken, nämlich durch ERS-b-Regeln. Er stellt einen weniger generellen Weg dar wie (i), der sich allerdings im rechnerischen Sinne als wesentlich effizienter herausgestellt hat. Wir können wie in (38) für jeden möglichen frame, den ein Verb haben kann, eine ERS-b-Regel machen.

(38)   cs1 = (?,{cat=s}).[(gov,{cat=v,frame=subj_obj}),

         (subj,{cat=np,case=nom}),

         (obj,{cat=np,case=acc}),

         *mod].

Man sieht, daß die Funktionen subj und obj obligatorisch sind, das drückt Completeness and Coherence aus, Completeness dadurch, dass alle im frame verzeichneten syntaktischen Funktionen vorhanden sein müssen und Coherence dadurch, daß nicht mehr als die im Frame verzeichneten syntaktischen Funktionen vorhanden sind.

3.3. Konstituentenstruktur des Deutschen

Grundlage unserer Analyse sind die in neueren Arbeiten zur deutschen Syntax erarbeiteten Grundlagen wie z.B. die Behandlung des Deutschen als SOV Sprache oder die sog. "Doppelkopfanalyse" des deutschen Satzes. Wir stützen uns dabei auf Arbeiten von Jan Koster (1975) und C. Thiersch (1978):

Die Doppelkopfanalyse (DK) des deutschen Satzes (vgl. Thiersch 1978, auch Netter 1986) behauptet, daß es eine einheitliche Struktur des deutschen Satzes (Haupt- und Nebensatz) gibt mit initialem Comp, das zwei Positionen enthält.

(40)

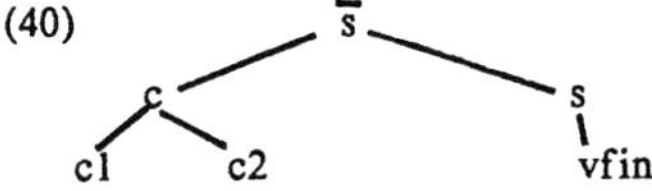

Die c2-Position ist +-tense und kann nur durch einen Complementizer gefüllt werden. Die c1-Position ist eine XP - Position, d.i. eine Position, die durch alle möglichen maximalen Projektionen gefüllt werden kann. Auf diesen Strukturen operieren zwei fakultative Bewegungstransformationen:

T1 : Verb Fronting

T2 : Topikalisierung (wobei wh-movement als Spezialfall von Topikalisierung anzusehen ist).

In (41) wird anhand von Beispielen gezeigt, wie Analysen gemäß (i)-(iv) aussehen:

(41)

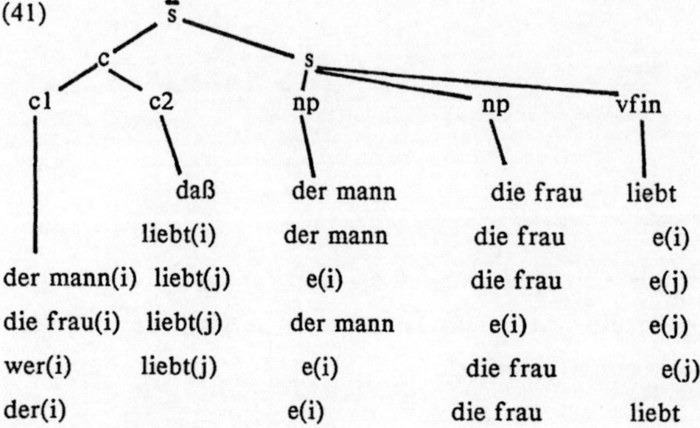

der mann(i)	liebt(i)	der mann	die frau	liebt
die frau(i)	liebt(j)	e(i)	die frau	e(j)
wer(i)	liebt(j)	der mann	e(i)	e(j)
der(i)	liebt(j)	e(i)	die frau	e(j)
		e(i)	die frau	liebt

Diese Regularitäten können durch die folgenden b-Regeln ausgedrückt werden:

(42) comp.[^xp,vfin],

   comp.[wh,^vfin],

   comp.[(subconj;rel)],   (wobei ";" Alternation bezeichnet)

     s.[^np,^np,^vfin].

Für das Mittelfeld nehmen wir eine flache Struktur an, also keinen vp-Knoten. Da wir auf eine funktionale Struktur abbilden, sehen wir wenig Sinn in einer tiefen Phrasenstruktur.

3.4. Die Behandlung von Wh-movement

Die bisherige Diskussion hat gezeigt, daß das Eurotra Framework ein funktional orientierter Ansatz zur Sprachbeschreibung ist, d.h. daß eine Konstituentenstruktur auf eine funktionale Struktur abgebildet wird und nicht wie in einem konfigurationalen Framework eine Struktur aus einer kanonischen Struktur, dem x-bar-Schema, mittels Bewegungstransformationen abgeleitet wird, wie z.B. in GB, wo eine s-Struktur als aus der d-Struktur mittels "move alpha" abgeleitet erklärt wird.

Diese Tatsache, daß der Eurotra Formalismus ein funktionales Framework ist, und die oben erwähnte Einschränkung, daß der Formalismus keine globalen Mechanismen enthält, geben für die Behandlung von UDCs die beiden folgenden Einschränkungen vor.

(i) ERS ist der Ort, an dem wh-movement behandelt werden sollte.

   (Vgl.:Kaplan/Zaenen 1987, Netter 1988)

(ii) Der CAT-Formalismus verlangt eine lokale Behandlung von long distance movement.

3.4.1. Die Repräsentation

Betrachten wir uns den Fall von wh-movement in (43)(a):

(43)(a) Was sagt Hans behauptet Peter verabschiedet der Rat _____ .

   (b) Was sagt Hans.

Betrachten wir uns zuerst die Konstituentenstruktur gemäß der oben erläuterten Prinzipien:

(44)

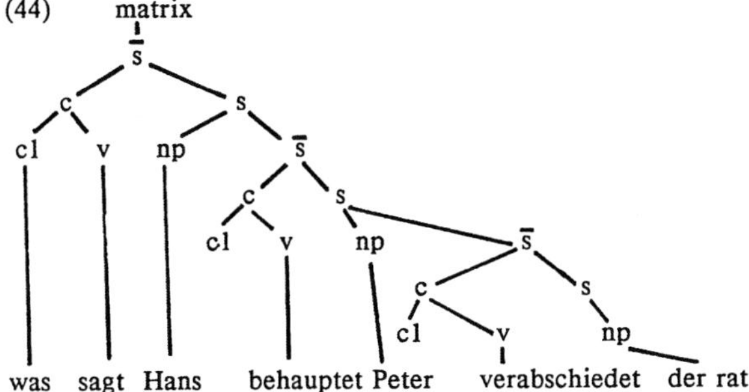

In (44) sehen wir daß der "c-Knoten" der Landeplatz für wh-movement ist. Wh-movement geht von cl-to-cl. (45) ist die ERS Repräsentation.

(45)

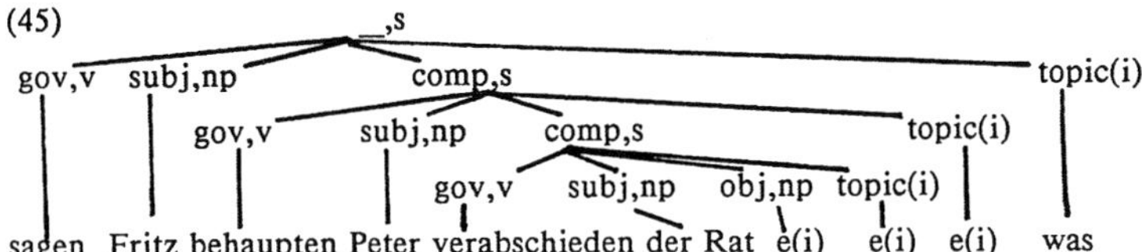

(45) ist nun zu interpretieren: Für die Repräsentation von wh-movement gibt es in einem funktionalen Framework grundsätzlich zwei Möglichkeiten:

(i) Die Bewegung kann rückgängig gemacht werden, indem das topikalisierte Element in den funktionalen Slot des Konstruktors gesteckt wird, den es füllt. Dazu wäre ein zusätzlicher Mechanismus nötig. Wir skizzieren ihn in Kap.4, möchten ihn aber erst von ERS nach IS einsetzen.

(ii) Das Element bleibt, wohin es bewegt worden ist und die Topic Funktion wird, gemäß der Frameinformation des zutiefst eingebetteten Verbs, mit dem Slot, aus dem es wegbewegt wurde, verbunden. Die Kette wird durch die Koindizierung der leeren Elemente mit dem bewegten vollen Element hergestellt. Die Darstellung besteht also darin, daß das comp-to-comp-movement durch das Einfügen leerer Elemente nachgezeichnet wird bis zu dem funktionalen Slot, aus dem das Element herausbewegt worden ist und mit diesem über die Kette koindiziert wird. Diese Repräsentation läßt sich mit den Mitteln, die der Eurotra-Formalismus zur Verfügung stellt, bewerkstelligen.

3.4.2. Die Erzeugung der Repräsentation

Eine Repräsentation wie in (45) wird mit Hilfe von Übersetzungs-b-Regeln erzeugt, indem, abhängig von der ECS-Repräsentation, kontrolliert leere Elemente in den Strukturbaum, der mit der rechten Seite erzeugt wird, eingesetzt werden. Wir möchten diesen Prozeß zunächst für den Fall (43), der einen Fall von movement eines NP-Komplements darstellt, skizzieren.

Für die Erzeugung der Repräsentation (45) brauchen wir die 4 Übersetzungs- b-Regeln (46) - (49): (Wir beschränken uns der Übersichtlichkeit halber dabei auf das Wesentliche):

(46) tsbar1 = matrix.[sbar.[comp.[$NP1!np,$V!(v,{tns=tensed})],s.[$NP2!np,$SBAR!sbar]]]

=> (?,{cat=s}).[$V,$NP2,$SBAR,$NP1!topic].

(46) erzeugt in Abhängigkeit des Vorhandenseins einer topikalisierten NP eine Topic-Funktion in der funktionalen Beschreibung. Das ist der Fall des obersten Matrixsatzes in unserem Beispiel. Für den Fall,

daß kein eingebetteter Satz vorliegt, d.h. lokales wh-movement wie in (43)(b), brauchen wir Regel (47), die zusätzlich eine leere NP erzeugt mit der die topic-NP koindiziert werden muß. Diese leere NP und die topic-Funktion wird in Abhängigkeit des Vorhandenseins einer topikalisierten NP in der Konstituentenstruktur erzeugt.

(47) tsbar2 = matrix.[sbar.[comp.[$NP1!np,$V!(v,{tns=tensed})],s.[$NP2!np]]]

        => (?,{cat=s}).[$V,(?,{cat=np,type=empty}).[(gov,{cat=n,lu=e})],$NP2,$NP1!topic].

Wir wollen nun den zutiefst eingebetteten Satz, bottom genannt wird, behandeln. Wir müssen dazu einen leeren Topic und eine leere korrespondierende NP erzeugen wie in Regel (48):

(48) tsbar3 = sbar.[comp.[$V!(v,{tns=tensed})],s.[$NP1!np]]

        => (?,{cat=s}).[$V,$NP1,(?,{cat=np,type=empty}).[(gov,{lu=e})],

            topic,{cat=np,type=empty}).[(gov,{lu=e})]].

Wir sehen, daß diese Regel nur auf V/1 Strukturen angewandt wird und auf der rechten Seite einen leeren Topic und eine leere korrespondierende NP erzeugt.

Für den middle, brauchen wir schließlich noch eine vierte Regel, nämlich (49):

(49) tsbar4 = sbar.[comp.[$V!(v,{tns=tensed})],s.[$NP1!np,$SBAR!sbar]]

        =>(?,{cat=s}).[$V,$NP1,(topic,{cat=np,type=empty}).[(gov,{lu=e})]].

Sie wird ebenfalls nur auf V/1 Strukturen angewandt und erzeugt einen leeren topic NP - Knoten, ohne gleichzeitig einen korrespondierenden leeren NP-Knoten zu erzeugen.

Wie man hier natürlich deutlich sieht, stehen einige der Regeln miteinander in Konkurrenz, so (46) und (47) und (48) und (49). Im Falle der Komplement-NPs ist Übergenerierung leicht zu verhindern, da über Completeness and Coherence falsche Strukturen vermieden werden. So z.B. wird im Falle unseres Beispiels (43)(a) bei der Übersetzung des obersten Matrixsatzes sowohl Regel (46) als auch (47) angewandt. (47) setzt zusätzlich eine leere NP in die b-Regel, die den obersten Matrixsatz baut, ein. Da aber kein slot für diese NP vorhanden ist, den diese leere NP füllen könnte, geht die Anwendung von (47) ins Leere. Dasselbe passiert mit den Regeln (48) und (49), die jeweils sowohl auf middle als auch auf bottom Strukturen angewendet werden. Während (49) in middle-Strukturen eine überflüssige leere NP kreiert wird, fehlt eine notwendige leere NP bei der Anwendung von (48) in bottom-Strukturen. Die middle-Struktur, die eine überflüssige NP enthält, wird verworfen, weil sie nicht coherent ist, die bottom-Struktur, der eine leere NP fehlt, ist nicht complete und wird deshalb verworfen.

Im Falle von Adjunkten können wir das Completeness und Coherence Prinzip nicht in dem Sinne anwenden wie bei den eben gezeigten Beispielen, da wir uns bei der Anwendung der 4 Übersetzungsregeln (46) - (48), die analog auch z.B. für PPs zu formulieren wären, nur in dem Sinne auf das Completeness and Coherence Prinzip verlassen können, als bei der Kreierung von leeren Modifier PPs nicht irrtümlicherweise Präpositionalkomplementslots gefüllt werden. Die Verhinderung der Übergenerierung in diesem Punkt müßte in der Formulierung von Bedingungen für die eingebetteten Sätze liegen, gemäß ihrer Eigenschaft, ob eine Phrase aus ihnen herausbewegt werden kann. Vgl.:

(50)(a) Am Abend sagt Hans, hat Maria ihn gesehen.

    (b) Am Abend sagt Hans, daß Maria ihn gesehen hat.

In (b) müßte das Adjunkt klar dem Matrixsatz zugewiesen werden, während es im Fall (a) klar dem eingebetteten Satz zugewiesen werden müßte.

3.4.3. Generalisierungen

Was hier für Komplement-NPs gezeigt wurde und für Adjunkt-PPs angedeutet wurde, muß natürlich auch für Sätze, Advps und andere Phrasen gemacht werden. Um zu vermeiden, daß für jeden Phrasentyp 4 Übersetzungsregeln geschrieben werden müssen, soll eine generelle Möglichkeit gezeigt werden, leere Elemente zu erzeugen. Diese besteht darin, daß man in den Übersetzungsregeln die Kategorie offen läßt und nur dafür sorgt, daß in den Regeln, in denen leere Elemente eingefügt werden, die Übereinstimmung der Kategorie des eingefügten Elements mit dem Topic garantiert ist. Das sieht für die "bottom"-Regel dann so aus:

(51) tsbar5 = sbar.[comp.[$V!(v,{tns=tensed})],s.[$NP1!np]]

      => (?,{cat=s}).[$V,$NP1,(?,{cat=C,type=empty}).[(gov,{lu=e})],

            (topic,{cat=C,type=empty}).[(gov,{lu=e})]]].

Analog kann in den anderen Regeln verfahren werden.

3.4.4. Indizierung und Merkmalsvererbung

Voraussetzung für eine korrekte Indizierung ist ein Indexing Mechanismus, der allen lexikalischen nicht pronominalen und nicht anaphorischen NPs einen ausgezeichneten Index zuweist. Er hat die Form einer sanften a-Regel:

(52) a_index = (gov,{cat=n,n_typ==sub,index=$index}).[],

Die a-rule in (52) löst diesen Mechanismus aus und weist jedem Nomen, das vom Typ sub ist, einen ausgezeichneten Index zu. Wie jedes andere Merkmal kann der Wert für das Attribut "index" zum Mutterknoten perkoliert werden.

Die Perkolation der relevanten Merkmale einschließlich des index-Merkmals innerhalb einer UDC kann mit Hilfe von "sanften" a-Regeln geschehen oder geschieht in der b-Regel. (53) ist eine solche b-Regel.

(53) cs_sub_comp =

      (?,{cat=s}).[(gov,{cat=v,frame=subj_comp}),

        (subj,{cat=np,case=nom}),

         (comp,{cat=s,s_case=C, s_nb=N,s_gend=G, s_index=I}),

        *mod,

        (topic,{cat=np,case=C,nb=N,gend=G,index=I})].

3.4.5. Mechanismus zur Sicherstellung der Wohlgeformtheit der Ketten

Wir haben mit den vorgestellten Mechanismen ein Instrument, sicherzustellen, daß korrekte Repräsentationen erzeugt werden und daß diese korrekten Repräsentationen die korrekten Merkmalsbeschreibungen erhalten. Wir haben aber noch kein Instrument, das sicherstellt, daß nur korrekte Repräsentationen erzeugt werden, bzw. daß nicht wohlgeformte Sätze des Deutschen keine Strukturbeschreibung zugewiesen bekommen. So gibt es bisher keine Möglichkeit, z.B. Sätze wie (54) auszuschließen.

(54) * Was verabschiedet der Rat den Beschluß

    * Den Beschluß sagt Hans verabschiedet der Rat den Beschluß

Wir können bisher auch keine unterbrochenen Ketten verhindern oder Ketten, die im Nichts enden, oder Ketten, die einen NP-TOP und einen PP-Bottom haben. Wir müssen also die Verbindung sicherstellen zwischen der Information daß im Matrixsatz eine Konstituente, die eine bestimmte syntaktische Funktion repräsentiert, existiert und der Information, daß irgendwo eine Konstituente mit derselben syntaktischen Funktion fehlt.

Im Zusammenspiel von sanften a-Regeln, stricten a-Regeln und filter a-Regeln können wir einen Mechanismus entwickeln, der nur korrekte Strukturen für korrekte Sätze des Deutschen zuläßt.

Wir benutzen dazu ein Feature slash, das wir in ähnlicher Weise einsetzen wie in GPSG, das aber in unserem System keinen anderen Status hat als jedes andere Feature. Wir benötigen die folgenden Komponenten:

(i) Perkolation des slash-Features und Filterung im MIDDLE

    (a) wir brauchen eine sanfte a-Regel, die das slash-Feature vom leeren (!) Topic in den darüberliegenden S-Knoten perkoliert und eine entsprechende filter Regel, die die Struktur vernichtet, wenn keine Übereinstimmung besteht (55).

    (b) eine stricte Regel, die festlegt, daß die slash-features im comp-Knoten mit dem eines möglichen eingebetteten comps übereinstimmen muß (56).

    (c) eine stricte a-Regel, die festlegt, daß alle Strukturen, die keinen Topic haben, den Wert für slash = nil haben (57).

(55) :gentle: as1 = (?,{cat=s,slash=SL}).[gov,*,(topic,{cat=SL,type==empty})].
    :strict: ss1 = (?,{cat=s,slash~=SL}).[gov,*,(topic,{cat=SL,type==empty})].

(56) :strict: ss2 = (?,{cat=s,slash=SL,sf==comp}).[gov,*,(comp,{cat=s,slash=SL,sf==comp}),*].

(57) :strict: ss3 = (?,{cat=s,slash=nil}).[gov, ^subj,^obj,^obj2,^pobj,^obl,^comp,*mod].

Damit werden alle Ketten, die unterbrochen sind bzw. den slash-Wert ändern, als nicht wohlgeformt ausgeschieden.

(ii) Behandlung des TOP:

Zunächst ist festzuhalten, daß es leere oberste Topics nicht geben kann. Das ist bereits durch die Übersetzungs-b-Regeln ausgeschlossen. Darüberhinaus kann man die folgenden Wohlgeformtheitsbedingungen formulieren:

(a) ein Topic vom type=full muss entweder ein korrespondierendes leeres Element haben oder einen eingebettetes comp, in dem eine Kette weitergeht, d.h. ein comp, dessen slash Feature mit der Kategorie des full Topic übereinstimmt (58).

(58) filter: (?,{cat=s}).[gov,

           ^(subj,{type~=empty}),

           ^(obj,{type~=empty}),

           ^(obj2,{type~=empty}),

           ^(pobj,{type~=empty}),

           ^(obl,{type~=empty}),

           ^(comp,{type~=empty,slash~=C}),

           *(mod,{type~=empty},

           (topic,{type==full,cat=C})].

(b) Ist der volle Topic mit einem leeren Element koindiziert, dann muß comp den slash-Featurewert nil haben.

(59) filter: (?,{cat=s}).[gov,

        *,

        (comp,{type~=empty,slash~=nil}),

        *,

        (topic,{type==full})].

(iii) Behandlung des BOTTOM:

Ein leerer Topic vom type empty muß entweder ein korrespondierendes leeres Element haben, also ein BOTTOM sein, oder er muß eine Satzeinbettung haben, mit einem slash-Feature, das nicht gleich nil ist.

(60) filter: (?,{cat=s}).[gov,

        ^(subj,{type~=empty}),

        ^(obj,{type~=empty}),

        ^(obj2,{type~=empty}),

        ^(pobj,{type~=empty}),

        ^(obl,{type~=empty}),

        ^(comp,{type~=empty,slash=nil}),

        *(mod,{type~=empty},

        (topic,{type==empty})].

3.4.6. Interaktion mit anderen Phänomenen

Ich möchte nun noch kurz darauf eingehen, wie diese Behandlung von wh-movement mit anderen Erscheinungen interagiert.

Betrachten wir Strukturen mit wh-movement wie in (62).

(61)(a) Er versucht zu kommen.

  (b) Was sagt er, versucht der Rat zu verabschieden.

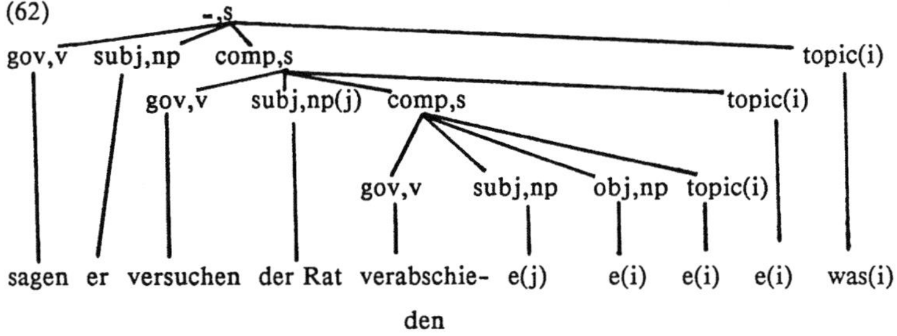

Wir benötigen zunächst eine Regel, die das, was wir auf ECS als VP analysieren, in einen Satz übersetzt und dabei ein Subjekt einfügt.

(63) tvp1 = vp.[$NP1!^np,$VP!^vp,^prep,$V!(v,{tns=untensed})]

    =>

    (?,{cat=s}).[$V,(subj,{cat=np,type=empty}).[(gov,{lu=e})]],$NP1,$VP].

Mit dieser Regel können eingebettete Strukturen vom Typ (61)(a) behandelt werden. Für die Struktur in (62) brauchen wir eine Übersetzungsregel, die zwei leere NPs einsetzt.

(64) tvp2 = vp.[^prep,$V!(v,{tns=untensed})]

   =>

   (?,{cat=s}).[$V,(subj,{cat=np,type=empty}).[(gov,{lu=e})]],

    (?,{cat=np,type=empty}).[(gov,{lu=e})]],

    (topic,{cat=np,type=empty}).[(gov,{lu=e})]]].

Eine sanfte a-Regel perkoliert den Merkmalwert vom kontrollierenden Subjekt über den comp-Knoten in den kontrollierten Slot.

(65) ctl1 =(?,{cat=s}).[(gov,{cat=v,ctl=subj}),

     (subj,{cat=np,case=C,nb=N,gend=G,index=I}),

      *,

    (comp,{cat=s,subj_case=C,subj_nb=N,subj_gend=G,subj_ctl_index=I}),

     *].

(65) zeigt die Regel, die in einer Kontrollkonstruktion (das regierende Element muß ein Subjektkontrollverb sein) die relevanten Merkmale, einschließlich des Index in den comp-Knoten perkoliert, eine entsprechende andere sanfte a-Regel perkoliert vom Mutterknoten, der ein s ist, in das dominierte Subjekt.

4. Undoing Movement

Wir möchten zum Schluß des Aufsatzes eine kurze Skizze eines Mechanismus geben, der in der Lage wäre, Bewegung zurückzunehmen und eine kanonische Form wie in (66) zu erzeugen. (Als Gründe für die Einführung wurden Phänomene wie pied piping von Infinitiven genannt).

(66)

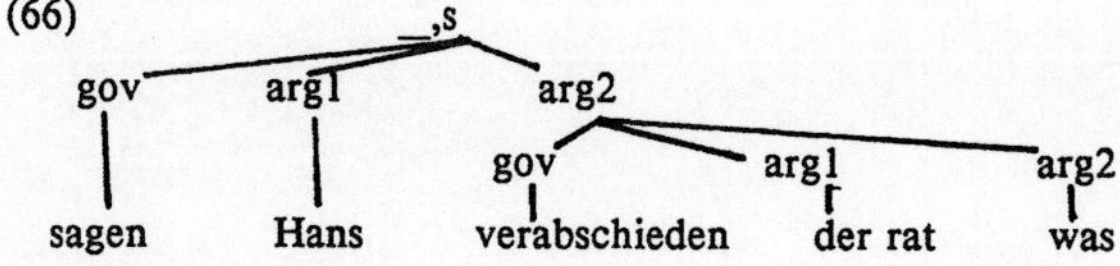

Wir bräuchten einen Ersetzungsmechanismus, der das bewegte Element entlang der Kette von Topics in den zugehörigen Slot bewegt. In (67) geben wir ein Beispiel für eine solche Regel.

(67   (?,{cat=s}).[$A! gov,

    $B! subj,

    $C! comp.[*,#topic]

     #topic]   =>

    (?,{cat=s}).[$A,$B,$C]

Die Semantik des #-Operators ist die folgende: Ersetze das durch # markierte, eingebettete Objekt durch das #-markierte Objekt des Matrixsatzes. Dieser Mechanismus kann sowohl in Analyse als auch in der Synthese gebraucht werden (Für eine genauere Beschreibung siehe Sharp 1988).

Literatur:

Arnold,D. et al (1985): Eurotra Linguistic Specifications, ms. Utrecht.

Chomsky, N. (1973): Conditions on Transformations, in: S.R. Anderson and Kiparsky: A Festschrift for Morris Halle 1973

Fanselow,G./Felix,S.(1987): Sprachtheorie. Bd.2: Die Rektions- und Bindungstheorie. Tübingen.

Gazdar et al.(1985): Generalized Phrase Structur Grammar. Oxford.

Kaplan,R./Zaenen,A.(1987): Wh-Constructions and Constituent Structure. To appear in Baltin/Kroch (eds): Alternative Concepts of Phrase Structure.

Kayne, R. (1984): Connectedness and Binary Branching, Dordrecht.

Netter,K.: Nonlocal Dependencies and Infinitival Constructions in German.In: Reyle/Rohrer (eds): Natural Language Parsing and Linguistic Theories Dordrecht 1988.

Ross, J.R. (1967) Constraints on Variables in Syntax. Ph.D.Diss. MIT.

Sharp,R.(1988): Some Notions on Representing Coindexation at IS. ms.

THEORETISCHE GRUNDLAGEN DER COMPUTERLINGUISTIK

Das Programmkomitee hatte dieses Saarbrücker Symposium unter das Thema *Computerlinguistik und ihre theoretischen Grundlagen* gestellt. Dabei durfte man sicher sein, daß dem ersten Teil dieses thematischen Rahmens durch die *computerlinguistischen* Sektionsvorträge genügt werden würde; inwieweit diese auch die *theoretischen Grundlagen* der Disziplin würden abdecken können, war angesichts der unvermeidlichen Beschränkung der den Vortragenden zugestandenen Redezeiten weniger gewiß. Und da diese Ungewißheit in bezug auf die *theoretischen Grundlagen der Computerlinguistik* möglicherweise auch noch anders als durch den einengenden Zeitrahmen motiviert erschien, wurde eine Podiumsveranstaltung angesetzt, die von Burghard Rieger vorbereitet und organisiert und am 10. März 1988 in Saarbrücken auch moderiert wurde. Was in den Fachvorträgen also möglicherweise zu kurz kam, hier - so die Idee - sollte der programmtechnische Ort und die nötige Zeit bereitgestellt werden, die relevanten Fragen zu stellen und zu diskutieren.

Die folgenden Beiträge von Burghard Rieger (LDV/CL, Universität Trier), Manfred Bierwisch (z.Z. MPI-Psycholinguistik, Nijmegen), Christopher Habel (Informatik, Universität Hamburg), Hans Uszkoreit (LILOG, IBM-Stuttgart) und Wolfgang Wahlster (Informatik, Universität Saarbrücken) geben - auch in dieser Reihenfolge - die von jedem der Panelists zu Beginn der Veranstaltung vorgetragenen Positionen wieder. Die vorliegenden Texte wurden im Hinblick auf die Richtungen und Resultate der anschließenden Diskussion von den Autoren überarbeitet und so zum Teil auf wenige Punkte kondensiert. Sie stellen die persönlichen Sichtweisen der Teilnehmer zum Thema und seiner Diskussion in Saarbrücken dar. Deren quasi-objektivierende Zusammenfassung erschien deswegen entbehrlich, zumal sie - nach Ansicht der Beiträger - einen nicht nur nicht erwünschten sondern darüber hinaus sicherlich auch ungerechtfertigten Gültigkeitsanspruch zu etablieren hälfe.

COMPUTERLINGUISTIK: EINE POSITIONSBESTIMMUNG.

Burghard Rieger
Linguistische Datenverarbeitung/Computerlinguistik
FB II: Universität Trier
Postfach 3825 – 5500 TRIER

Das Thema dieser Panel-Veranstaltung könnte suggerieren, daß die *theoretischen Grundlagen* und deren Klärung auch eine Voraussetzung dafür darstellen, daß von *Computerlinguistik* als einer eigenen Disziplin sinnvoll überhaupt gesprochen werden dürfe. Es hätte sich von daher leicht in jene seit mehr als 15 Jahren andauernde Diskussion hinüberwechseln lassen, welche die *Computerlinguistik* von anderen Disziplinen abzugrenzen und unter den verschiedensten fachlichen, forschungs- und ausbildungs-praktischen, nationalen, gesellschaftlichen,etc. Gesichtspunkten zu definieren sucht. Dies sollte hier vermieden werden zugunsten wenigstens des Versuchs einer eher wissenschaftstheoretischen Positionsbestimmung.

Entgegen der Meinung mancher Wissenschaftstheoretiker ist die Genese einer wissenschaftlichen Disziplin ja in den seltensten Fällen – im Falle der CL gewiß nicht – als fortschreitende Entwicklung von den theoretischen Grundlagen, über die Konsolidierung fachlicher Forschung bis hin zur Anwendung von deren Ergebnissen in der Praxis nachzeichenbar. Die theoretischen Grundlagen, ihre Reflexion und mögliche Revision ergeben sich häufig erst aus der Notwendigkeit, auf (vermeintliche oder tatsächliche) Erschütterungen zu reagieren, die ein Fach oder die in einem fachlichen Zusammenhang wissenschaftlich Tätigen betreffen. Gerade in der Entwicklung des Faches, das heute als *Computational Linguistics* etabliert (und mit *Computerlinguistik* im Deutschen nur ungenau wiedergegeben) ist, haben derartige Erschütterungen (z.B. Machine Translation und ALPAC-Report; Wissensrepräsentation und Declarative/ Procedural-Controversy; Strong/Weak-AI-Positionen und ihre Diskussion aus sprachphilosophischer, kognitionspsychologischer und linguistischer Sicht) die in diesem Bereich tätigen Linguisten, Informatiker, Psychologen, etc. zu der Einsicht kommen lassen, daß sie – trotz aller im einzelnen divergierenden Positionen – dennoch auf bestimmten ihnen gemeinsamen theoretischen Grundlagen aufbauen. Eine neuerliche, gerade erst sich abzeichnende Beunruhigung dieser Art scheinen die jüngsten Weiterentwicklungen älterer Modelle zur Verarbeitung nicht-symbolisch repräsentierter Information auszulösen (vgl. etwa Rumelhart/ McClelland 1986), die - wie zu Beginn der Informatik - wieder kybernetischen Vorstellungen näherstehen und unter der Bezeichnung *Neuer Konnektionismus* auf entsprechende Neuentwicklungen der Rechnerarchitektur zu *Massiver paralleler Verarbeitung* treffen, welche ihrerseits schon zu zahlreichen neuartigen Verarbeitungsmodellen sog. *Neuronaler Netze* geführt haben.

1. In allen Wissenschaften sind Theorien, Modelle und Beschreibungen in der Regel die in eigenen (intersubjektiv oder doch überindividuell entwickelten) Aussagesystemen nachvollziehbar dargestellten Resultate von Bemühungen um das Verständnis und/oder die Erklärung von (beobachteten, erschlossenen oder auch nur vermuteten) Zusammenhängen zwischen Entitäten, die - bei näherer Prüfung - ihrerseits Resultate von Bemühungen um das Verständis und/oder die Erklärung von Zusammenhängen zwischen Entitäten darstellen, die ihrerseits Resultate von ... und so weiter, bis zu beliebiger Tiefe (oder auch umgekehrt: beliebiger Höhe) des - einzig vom jeweiligen Stand der Forschung abhängigen - Reflexionsniveaus einer beliebigen Disziplin.

Auch ohne Problematisierung der Unterscheidung von *Erklären* und *Verstehen* (als den vermeintlich Aufgaben der Natur- und Geisteswissenschaften) läßt sich doch differenzieren zwischen *Theorien*, die allgemeine und umfassende Zusammenhänge formulieren, den daraus entwickelten *Modellen*, die kleinere und überschaubare Ausschnitte dieser Zusammenhänge abbilden, und der experimentellen *Erprobung* bzw. praktischen *Anwendung* dieser Modelle, welche als Erhebung und Vergleich von Daten, Ueberprüfung und Test von Hypothesen, Beschreibung und Analyse von Strukturen, Entwicklung und Simulation von Prozessen, etc. erst Rückschlüsse auf Adäquatheit und explikativen Wert einer Theorie zu ziehen erlauben (vgl. Stachowiak 1973).

2. Das in dieser Skizze wissenschaftlichen Arbeitens angedeutete Prinzip, wonach (fortschreitender oder revidierender) Erkenntnisgewinn als Leistung und Resultat jener - im weitesten Sinne beschreibenden - Aktivitäten erscheint, durch die zunächst chaotische Regellosigkeiten versuchsweise in regelhafte Zusammenhänge und Strukturen überführt werden oder umgekehrt auch zunächst für fundamental gehaltene Einheiten sich möglicherweise als komplexere System- oder Funktionsgefüge darstellen können, erweist sich in seinem kognitiven Kern als *rekursiv*. Denn indem einerseits eine als vorhanden zunächst akzeptierte und als

erfahrbar analysierte Wirklichkeit (oder Ausschnitte davon) in ihren
Zusammenhängen erkannt und in zunehmend verfeinerten Repräsentations-
systemen abgebildet wird, werden andererseits durch eben diese Abbildungen spezifizierte, neue Gegebenheiten allererst konstituiert
(vgl.Rieger 1985). Sie können so als (zumindest in Ausschnitten) verän-
derte Realität zu erneuten Aktivitäten herausfordern, deren kognitive
Leistungen und Resultate - im Falle der Wissenschaften - deren *Kontinuität* und *Dynamik* ausmachen.

Dieses Konstitutionsprinzip charakterisiert aber nicht nur die
Dynamik, mit der konkurrierende *wissenschaftliche* Theorien einander
ablösen oder ihre nach unterschiedlichen Paradigmen konzipierten (formalen, theoretischen, deskriptiven, strukturalen, prozessualen, prozeduralen, etc.) Modelle modifizieren lassen. Dasselbe Prinzip (vgl.
Suppes 1982) kann vielmehr allgemein als eine Art Grundmuster zur Kennzeichnung auch solcher *kommunikativer* Prozesse gelten, die in Situationen bestimmter verbaler (diskursiv-dialogischer) Interaktion durch
regelgeleiteten Gebrauch von (natürlich-sprachlichen) Zeichen(-ketten)
Bedeutungen entstehen lassen, welche von den daran beteiligten (Zei-
chen-)Verwendern auch *verstanden* werden (können): also *Sprache* als
kommunikativer *Prozeß*, der auf der *Verwendung* sehr komplexen *Wissens*
beruht, das er selbst verändert (vgl. Winograd 1983).

3. Daraus läßt sich in erster Näherung eine Bestimmung auch der *Computerlinguistik* ableiten, welche sie durch die spezifische Kombination
von *Forschungsgegenstand*, *Erkenntnisinteresse* und *Untersuchungsmethode*
von benachbarten Disziplinen zu unterscheiden erlaubt. Danach ist für
die *CL* konstitutiv,

- daß ihr *Forschungsgegenstand* die natürliche Sprache als einen auf
  komplexem Wissen beruhenden kommunikativen Prozeß (möglicherweise
  vielfältiger kognitiver Teilprozesse) bestimmt und sie als Perfor-
  manzphänomene ausweist;

- daß ihr *Erkenntnisinteresse* auf die Strukturen dieses Wissens und
  die Organisation dieser Prozesse gerichtet ist, die analysiert,
  repräsentiert und in (Teil-)Modellen (re-)konstruiert werden müssen, um so zu einer simulativen Modellierung des Zusammenwirkens
  einzelner Komponenten im Prozeßverlauf zu kommen;

- daß ihre *Untersuchungsmethode* eine spezifische Modellierung betrifft, die als operable Darstellungen hypothetischer Entwürfe
  dessen, was der Fall sein könnte, nicht nur eine Formulierung

sondern zugleich die berechenbare Überprüfung dieser Hypothesen bereitstellt.

Für die computerlinguistische Forschung scheint mir dabei nicht nur die Erweiterung des *Forschungsgegenstands* (Sprache als Prozeß) und die für das *Erkenntnisinteresse* leitende Hypothese (Wissensbasiertheit kommunikativer Prozesse) wichtig zu sein. Als entscheidender darf vielmehr eine epistomologische Dimension gelten, welche die *Untersuchungsmethode* und die sie auszeichnende neue Modellbildung (Berechenbarkeits-Postulat) betrifft. Sie erlaubt es,

- von der Vielzahl vorliegender *Daten* aufgrund beobachtbarer, regelhafter Zusammenhänge über deren Klassifikation zur formalen Beschreibung von *Strukturen* zu gelangen,

- durch die Deutung solcher *Strukturen* als Resultate von kognitiven *Prozessen* zu deren Analyse beizutragen, welche ein Regelwissen voraussetzt, dessen Anwendung (und Veränderung) gerade diese Prozesse auszeichnet,

- derartige *Prozesse* unabhängig von ihrer zeitlichen Dauer in Form von *Prozeduren* abstrakt zu repräsentieren, was deren (modularen) Aufbau zu studieren, zu erproben und zu modifizieren erlaubt,

- solche *Prozeduren* - in geeigneten formalen Sprachen und auf entsprechenden Maschinen realisiert - wieder zu in der Zeit ablaufenden *Prozessen* werden zu lassen, und

- anhand solcher auf geeigneten *Daten* operierenden *Prozesse*, jene beobachtbaren Zusammenhänge als Prozeßresultate intersubjektiv überprüfbar zu reproduzieren, deren *Regelhaftigkeit* beim Erkennen (Analysieren/Repräsentieren/Verstehen/etc.) von *Strukturen* generell vorausgesetzt werden muß.

Unsere Skizze des sogenannten *kognitiven Paradigmas* einer wissensbasierten Sprachverarbeitung hat eine quasi-empirische Modellbildung zu entwickeln versucht, die nicht gedeutet zu werden braucht als allmähliche Annäherung an das zu modellierende Original, sondern besser faßbar ist als schrittweise Entfernung von dem, was - nachweisbar in und überprüfbar durch Modellierungen - *nicht* der Fall ist. Diese gegenüber sowohl *symbolisch* als auch *verteilt* repräsentierter Information neutrale Position, wonach kognitive Leistungen allgemein als prozedurales Resultat fortschreitender Strukturierungen aufgefaßt werden

(Winograd/Flores 1986), scheint derzeit noch am ehesten jene wissenschaftstheoretische Basis liefern zu können, auf die sowohl ältere wie neuere computerlinguistische Ansätze regelgrammatischer Analyse- und Erkennungs-Prozesse natürlich-sprachlicher Strukturen sich beziehen lassen, auf der ebenso aber auch symbolinterpretierende Ansätze zur Verarbeitung natürlicher Sprache als Verstehenssysteme fußen, die im weniger grundlagenorientierten Bereich der älteren und neueren Forschungen zur Künstlichen Intelligenz entstanden. Für beide ist zu hoffen, daß die Herausforderung, die mit der Emulation *paralleler* Verarbeitungsprozesse von *verteilt* repräsentierter Information gerade im *kognitiven* Bereich verbunden ist, nicht übersehen sondern angenommen wird.

L i t e r a t u r

Rieger,B.(1985): "Einleitung" zu Rieger (Hrsg): Dynamik in der Bedeutungskonstitution, (Papiere zur Textlinguistik Bd.46). Hamburg (Buske), S.1-17

Rumelhart,D.E./McClelland,J.A./PDP-Research Group (1986): Parallel Distributed Processing: Explorations in the Microstructure of Cognition. Cambridge,MA (MIT Press)

Stachowiak,H.(1973): Allgemeine Modelltheorie. Wien/NewYork (Springer)

Suppes,P.(1982): "Variable-Free Semantics with Remarks on Procedural Extensions" in: T.W.Simon/R.J.Scholes(Hrsg): Language, Mind, and Brain. Hillsdale,NJ (Lawrence Erlbaum), S.21-34

Winograd,T.(1983): Language as a Cognitive Process, Vol.1: Syntax. Reading,MA (Addison-Wesley)

Winograd,T./Flores,F.(1986): Understanding Computers and Cognition. A New Foundation for Design. Norwood,NJ (Ablex)

AUSPIZIEN EINER KOGNITIVEN ORIENTIERUNG DER COMPUTERLINGUISTIK

Manfred Bierwisch
Max-Planck-Institut für Psycholinguistik
Wundtlaan 1, NL-6525 XD Nijmegen, Niederlande

1.   Im Unterschied zu den anderen Teilnehmern dieser Paneldiskussion bin ich kein Fachmann in Sachen Computerlinguistik, mein Verhältnis zur Technik des Programmierens ist das des interessierten Laien. Der Grund, dennoch etwas zu dieser Diskussion beizusteuern, wird, so hoffe ich, im Verlauf meiner Bemerkungen deutlich werden. Die Perspektive meiner Überlegungen ist die der kognitiv orientierten Linguistik.

Während in den meisten Bindestrich-Disziplinen der erste Teil ihres Namens eine Kennzeichnung des spezielleren Gegenstandsbereichs angibt, ist "Computerlinguistik" - die deutsche Entsprechung zu "computational linguistics" - am ehesten als Angabe des Instruments zu verstehen: auf Computernutzung gerichtete Linguistik. Daß andere Disziplinen, die sich die gleiche Technologie zu Nutze machen, daraus in der Regel keinen eigenen Wissenschaftszweig ableiten (mit aufschlußreichen Ausnahmen wie "Biocomputing"), weist auf den scheinbar besonderen Charakter der Beziehung von Sprache und Computer hin. Er soll als Leitfaden für die folgenden Bemerkungen dienen.

Das Spektrum der verschiedenen Arten, in denen Computer in der Linguistik genutzt werden, ist breit. Am einen Ende steht der rein instrumentelle Einsatz zur Verarbeitung sprachlicher Daten. Hier besteht kein essentieller Unterschied zu anderen Diszplinen, die komplexe Datenmengen zu verarbeiten haben. Nicht einmal die Tatsache, daß die Daten in der einen oder anderen Weise sprachlicher Natur sind, macht eine Besonderheit aus. Rechnet man diese Form zur Computerlinguistik, dann geht es hier nur um effiziente Programme mit dem praktischen Ziel der Erleichterung (oder Ermöglichung) datenintensiver Arbeitsgänge.

Das andere Ende des Spektrums wird markiert durch das Konzept der Künstlichen Intelligenz in der sogenannten starken Version, die sich an der strengen Deutung der Computermetapher orientiert, daß nämlich das

Gehirn als komplexer Computer zu verstehen ist, dessen Arbeitsweise im Prinzip geistige Prozesse insbesondere auch sprachlicher Art verständlich macht. Zweck der Nutzung ist hier nicht eigentlich das Resultat der Computerleistung, sondern der Ablauf und die Struktur dieser Leistung selbst, die die Prinzipien geistiger Prozesse erfaßbar macht. Der Charakter dieser Simulation unterscheidet sich grundsätzlich von der etwa in der Astronomie, Physik oder weiten Bereichen der Biologie, wo die Modellierung nur bestimmte Parameter, nicht aber den simulierten Prozeß selbst wiedergibt. Der sprachliche Charakter im Modell erfaßter Leistungen ist hier essentiell, er bestimmt den eigentlichen Gehalt der Programme, was natürlich nicht heißt, daß nichtsprachliche geistige Leistungen, etwa musikalische oder visuelle, nicht in analoger Weise Simulationsgegenstand sein könnten. Computerlinguistik ist hier einfach der sprachbezogene Zweig der Künstlichen Intelligenz. Die Beziehung zum Computer ist dabei Mittel und in gewissem Sinn auch Inhalt der Theoriebildung, nicht instrumentelle Effektivierung des Arbeitsprozesse.

Zwischen diesen beiden Extremen gibt es verschiedene, nicht immer klar abzugrenzende Varianten. Der starken KI-Variante am nächsten, wiewohl deutlich unterschieden, ist eine schwächere KI-Auffassung, in der Charakteristika sprachlicher (oder anderer geistiger) Leistungen simuliert werden, ohne daß das Modell als tatsächlicher Repräsentant des simulierten Prozesses gilt. Geklärt werden können hier etwa notwendige Bedingungen, denen ein System genügen muß, das bestimmte Verhaltensformen realisieren soll, z.B. welche Art von Operationen oder welche Komplexität von Strukturbildungen zur Verfügung stehen muß, welche Teilprozesse ausgegliederbar sein müssen, etc. Computermodellierung hat hier im wesentlichen den gleichen Charakter wie in anderen Naturwissenschaften. Einen weiteren Schritt zum anderen Ende des Spektrums liegt die Computernutzung zur effektiven, von Hand nicht möglichen Überprüfung formalisierter (Teil)Theorien, indem etwa Grammatiken durch effektive Programmierung auf Konsistenz oder deskriptive Korrektheit kontrolliert werden. Eine weitere Variante der Beziehung von Linguistik und Computerwissenschaft beruht auf der Tatsache, daß Programme selbst in gewisser Weise sprachliche Gebilde sind, die Theorie und Ausgestaltung von Programmiersprachen daher Ergebnisse der formalen Linguistik nutzen und sie umgekehrt auch stimulieren kann.

Es liegt auf der Hand, daß von diesen provisorisch angedeuteten Varianten der Computerlinguistik für Überlegungen zur kognitiven Orientierung nur die von Interesse sind, die sich auf dem KI-orientierten Teil des Spektrums finden. Mit den in diesem Bereich formulierbaren Fragestellungen will ich mich im weiteren befassen. Unterscheidungen zwischen verschiedenen Varianten werde ich deutlich machen, wo das angezeigt ist.

2. Die Perspektive meiner Überlegungen ist, wie gesagt, die der kognitiven Linguistik. Mit diesem Terminus meine ich das Gebiet der theoretischen Linguistik, insofern es sich an den Problemen orientiert, die mit der Beschreibung und Erklärung der natürlichen Sprache als einer gattungsspezifischen, mentalen Leistung des Menschen verbunden sind. Kognitive Linguistik ist demnach der auf die Sprachfähigkeit bezogene Zweig der kognitiven Wissenschaften. Die Leitfragen dieses Gebiets hat Chomsky wiederholt wie folgt charakterisiert:[1]
(1) Wie ist Sprachkenntnis strukturiert?
(2) Wie wird Sprachkenntnis erworben?
(3) Wie wird Sprachkenntnis angewendet?
(4) Wie ist die Sprachkenntnis und ihre Anwendung materiell realisiert? Entsprechende Fragen sind für andere Bereiche kognitiver Strukturen und Prozesse zu formulieren. Punkt (4) deutet vorläufig eher ein Desideratum als ein Forschungsprogramm an, seine Beantwortung hat, wie noch zu sehen sein wird, nur indirekt mit den hier interessierenden Möglichkeiten der Computerlinguistik zu tun.

Es ist hier nicht der Platz, die Vorstellungen zu erörtern, mit denen die Linguistik derzeit an der Beantwortung der Frage (1) und den damit verbundenen Konsequenzen für (2) und (3) arbeitet. Ich halte nur einige Punkte fest, die andeuten sollen, wie aus der Strukturierung des Gebiets Folgerungen für die Orientierung und Begründung der Computerlinguistik gezogen werden können.

Die Antwort auf die Frage (1) muß zwei verschiedene, aber strikt aufeinander bezogene Komplexe spezifizieren:
(5)(a)   ein System von Regeln und Prinzipien *G*, das die grammatische Kenntnis einer Sprache charakterisiert;
   (b)   ein System lexikalischer Einheiten *LE*, das das zugehörige lexikalische Wissen charakterisiert.
Jede Grammatik *G* ist eine Ausprägung innerhalb eines (genetisch fixierten) Rasters von Prinzipien, das entlang bestimmter Parameter variieren kann. Dieses parametrisierte Raster, die Universalgrammatik *UG*, definiert die Struktur möglicher Einzelsprachen, deren Grammatik *G* sich jeweils durch die Wahl bestimmter Parameterwerte ergibt. In dem durch *G* (und damit durch *UG*) gegebenen Rahmen werden die Einheiten des jeweiligen lexikalischen Repertoires *LE* strukturiert und kombiniert. Sprachkenntnis ohne lexikalisches Wissen wäre leer, lexikalisches Wissen ohne grammatische Prinzipien unstrukturierbar.

Unter diesen Prämissen besteht ein wesentlicher Teil der Antwort auf die Frage (2) in der Klärung der Art, in der die Parameter von *UG* funktionieren und wie deren Werte für eine gegebene Sprache aufgrund ontogenetischer Erfahrung ermittelt werden können. Komplementär dazu veranlagt (2) die Klärung der Bedingungen, die ontogenetische Erfahrung in lexikalisches Wissen überführen. Beide Aspekte sind eng miteinander verbunden, da lexikalisches Wissen den Regeln und Prinzipien von *G* entsprechend organisiert sein muß, und andererseits Parameterwerte von *UG* vermutlich an charakteristische lexikalische Informationen gebunden sind.

Die Frage (3), die zunächst aufzugliedern ist gemäß der Verschiedenheit der Sprachverwendungsmodi, von denen sinnbezogenes Sprachverstehen und kreative Sprachproduktion die wichtigsten sind, hängt ebenfalls entscheidend mit der in (5) genannten Zweiteilung zusammen: Auf unterschiedliche Weise beruhen alle Formen der Sprachverwendung auf zwei interagierenden Prozessen: Aktivierung lexikalischer Einheiten und deren kompositionelle Integration. Während der erste Prozeß sich wesentlich auf *LE* bezieht, wird der zweite durch die Prinzipien von *G* determiniert.
Was besagt diese Faustskizze der Struktur der kognitiven Linguistik für die mögliche Orientierung der Computerlinguistik?

3. Im Sinn der eben erörterten Struktur hängt der überwiegende Teil der (hier interessierenden) Computerlinguistik mit der Frage (3) zusammen, wenn wir einmal annehmen, daß Programme der Sprachverarbeitung und der natürlichsprachlichen Ausgabe im Vordergrund der zu diskutierenden Aktivitäten stehen. Die aus der kognitiven Linguistik zu gewinnende Orientierung besagt dabei zunächst zweierlei:
(6) Sprachverarbeitungsprogramme gewinnen an theoretischem Interesse, wenn sie nicht irgendwie die anvisierte Eingabe-Ausgabe-Beziehung realisieren, sondern charakteristische Eigenschaften menschlicher Sprachverarbeitung aufweisen.
(7) Eine entscheidende Bedingung dafür ist, daß die Verarbeitungsprogramme in einer formal expliziten Beziehung zur Struktur der Sprachkenntnis, also zu *G* und *LE* stehen.
Beide Bedingungen dürften nicht nur Gesichtspunkte für effektive Programme sein, sie führen auch zu genuinen, theoretisch relevanten Problemstellungen für die Computerlinguistik. Ich will das in groben Zügen begründen.

Die aufschlußreichste Konzeption im Rahmen der Künstlichen Intelligenz, die die Bedingung (7) ausdrücklich als Kriterium verfolgt, ist die von David Marr[2]) formulierte und auf den Bereich der visuellen Wahrnehmung angewendete Theorie der Ebenen formaler Charakterisierung mentaler Leistungen. Unter der Voraussetzung, daß die Arbeitsweise des Gehirns grundsätzlich durch Berechnungsprozesse nach der Art digitaler Computer gekennzeichnet werden kann, sind (mindestens) drei Ebenen der Charakterisierung zu unterscheiden:

(8) Die Theorie der Berechnungsebene (computational level) beantwortet die Frage, was berechnet werden kann. Sie spezifiziert die Elemente, das Format von Repräsentationen und die über ihnen definierten abstrakten Operationen.

(9) Die Theorie der algorithmischen Ebene (algorithmic level) beantwortet die Frage, wie die Berechnungen ausgeführt werden. Sie spezifiziert algorithmische Charakterisierungen der Prozesse, deren struktureller Gehalt durch (8) definiert ist.

(10) Die Theorie der Implementierungsebene (implementational level) beantwortet die Frage, wie die Algorithmen durch Funktionseinheiten und letztlich durch materielle Mechanismen realisiert werden.

Die durch *G* und *LE* umschriebene Antwort auf die Frage (1) ist, wie Marr deutlich macht, eine Theorie der Berechnungsebene. Mit Theorien der algorithmischen Ebene wird eine (partielle) Antwort auf die Frage (3) anvisiert, mit Theorien der Implementierungsebene (die in weitere Ebenen aufzulösen ist) wird letztendlich eine Antwort auf (4) anvisiert.

Mit (8) und (9) ist eine Strategie zur Einlösung der Bedingung (7) skizziert. Was diese Strategie für die Computerlinguistik interessant macht und sich in verschiedenen Ansätzen, für die der von Berwick und Weinberg[3]) als ein Beispiel zu nennen ist, liegt in Folgendem begründet:

Jede ernstzunehmende Charakterisierung der Sprachkenntnis durch eine Grammatik *G* hat letzten Endes algorithmischen Charakter, da *G* Konstruktionsbedingungen für komplexe Ausdrücke spezifizieren muß. Diese algorithmische Bestimmung von *G* darf jedoch nicht mit der in (9) postulierten algorithmischen Ebene gleichgesetzt werden. Das machen unter anderem zwei Überlegungen deutlich. Erstens ist *G* invariant gegenüber den verschiedenen Modi der Sprachverwendung, für die jedoch eine jeweils spezifische algorithmische Kennzeichnung angenommen werden muß. Zweitens lassen sich die beiden Prozeßaspekte, die jeder Verwendungsmodus aufweist - lexikalischer Zugriff und kompositionelle Integration - nicht ohne Weiteres auf die Komplexe *G* und *LE* beziehen. Bezeichnet man die Kennzeichnung, die die beiden Prozeßkomponenten auf der algorithmischen Ebene erfahren, abkürzend als Mentales Lexikon *ML* (mit prozeßgerechter Gedächtnisorganisation) und Parser *P*, dann läßt sich die Inkongruenz folgendermaßen schematisieren:

(11) Berechnungsebene   *LE*   *G*

algorithmische Ebene   *ML*   *P*

Was damit auf etwas problematische Weise angedeutet werden soll, ist die Tatsache, daß die Regeln und Prinzipien aus *G* auch den Inhalt von ML kontrollieren, daß der Parser aber nicht allen Regeln und Prinzipien von *G* korrespondiert. Das gilt nicht nur für komplexe Wörter, die nicht in *LE*, wohl aber in *ML* aufzunehmen sind, sondern auch für die Organisation lexikalischer Einheiten insgesamt, die den Prinzipien von *G* entsprechen müssen.

Ohne auf weitere Facetten der Problematik einzugehen, kann man folgende Schlußfolgerung ziehen. Die Klärung der Frage, wie sich die Berechnungsstruktur und die algorithmische Struktur der Sprache zueinander verhalten, ist ein originär computerlinguistisches Problem. Es geht dabei aus den genannten Gründen unter anderem um die Bestimmung verschiedener Algorithmen, ihrer Eigenschaften und Beziehungen zueinander. Sowohl die charakteristische Form des Computerexperiments wie algorithmen- und programmtheoretische Untersuchungen sind dabei einschlägig, das heißt das gesamte Spektrum theorieorientierter computerlinguistischer Verfahrensweisen und Methoden.

4. Ich habe in meinen Erörterungen auf Illustrationen zum Detail und auf alle formalen Belege verzichtet. Sie wären zu den wesentlichen Punkten, um den Preis erheblicher Ausweitung, leicht nachzutragen. Zu demonstrieren wäre etwa, daß und wie Theorien der Berechnungs- und der algorithmischen Ebene autonom sind, sich aber dennoch wechselseitig einschränken und wie diese Feststellung im speziellen Fall in ein computerlinguistisches Forschungsprogramm umzusetzen wäre. Da es hier um Grundlagen und Orientierung der Computerlinguistik ging, scheinen mir solche Demonstrationen verzichtbar. Wenn meine Überlegungen richtig sind, macht ihr Inhalt allerdings einen wesentlichen Teil der hier ventilierten Beziehung von kognitiver und Computerlinguistik aus.

Anmerkungen

1) Die jüngste Erörterung findet sich in Noam Chomsky, Language and Problems of Knowledge: The Managua Lectures, Cambridge, Mass. MIT Press 1988
2) Vgl. David Marr, Vision, San Francisco, Freeman 1982
3) Vgl. Robert C. Berwick und Amy S., Weinberg, The Grammatical Basis of Linguistic Performance, Cambridge, Mass. MIT Press 1984

Kognitionswissenschaft als Grundlage der Computerlinguistik

Christopher Habel
Universität Hamburg
Fachbereich Informatik

Die Bezeichnung "Computerlinguistik" ist eine sehr einseitige Übersetzung des englischen "computational linguistics"; während im Englischen also eine Linguistik angesprochen ist, die Berechnungen als charakteristischen Untersuchungsgegenstand aufweist, wird durch die deutsche Bezeichnung das Instrument der Berechnung, der Computer, in den Vordergrund gestellt. Anders ausgedrückt: "computational linguistics" in einem weiten Sinne betrifft die Beschreibung und Erklärung sprachlicher Prozesse[1] auf der Basis des Konzeptes "Berechnung", und zwar unabhängig davon, auf welcher "Maschine" die entsprechenden Prozesse ablaufen (siehe Abschnitt 1.) Die besondere Bedeutung des Computers in der Computerlinguistik (in diesem weiten Sinne) ist darin zu sehen, dass er als Experimental-Gerät dient, mit dessen Hilfe formale Beschreibungen sprachlicher Prozesse untersucht werden können.[2]

1. Computerlinguistik zwischen Kognitionswissenschaft und Informatik

Ziel einer Ausrichtung der Computerlinguistik ist also die Untersuchung sprachlicher Prozesse - insbesondere solcher des Sprachverstehens und der Sprachgenerierung - innerhalb von informationsverarbeitenden Systemen. Legt man die von Newell (1980) als "physical symbol system hypothesis" bezeichnete Annahme zugrunde, dass Menschen - unter geeigneten Idealisierungen (vgl. Habel 1986) - als informationsverarbeitende Systeme angesehen werden können, so kann man konstatieren, dass eine Klasse natürlicher Systeme, nämlich die Klasse der Menschen, existiert, die hervorragende Leistungen in der Sprachbeherrschung aufweisen. Darüber hinaus sollte man sich stets (zumindestens häufig) vor Augen halten, dass das "Untersuchungsobjekt Sprache" von natürlichen Systemen entwickelt wurde und von diesen auch ständig verändert wird.

Aufgrund dieser Situationsanalyse ergeben sich für die Computerlinguistik zwei Wege bei der Untersuchung und Entwicklung sprachverarbeitender Systeme:[3]
- über die Analyse natürlicher Systeme: maschinelle Systeme der Sprachverarbeitung werden unter dem Gesichtspunkt einer "Prozess-Simulation" entwickelt,
- in der Anwendung formaler Systeme auf Probleme der natürlichen Sprache: entsprechende Sprachverarbeitungssystem sind primär unter dem Gesichtspunkt der "Ein-/Ausgabesimulation" konzipiert.

---

[1] Diese prozedurale Orientierung der (Computer-)Linguistik ist ausführlich in Winograd (1983) erläutert. Aus diesem Grund ist ein Unterschied zwischen Computerlinguistik und sprachorientierten KI-Forschung (siehe auch Wahlster 1988) mittlerweile kaum noch vorhanden.

[2] Darüberhinaus sind natürlich computerlinguistische Untersuchungen auch unter der Zielsetzung, anwendbare Systeme der maschinellen Sprachverarbeitung zu entwickeln, gerechtfertigt.

[3] Die beiden hier angeführten Positionen betreffen die Pole eines Spektrums von Sprachverarbeitungssystemen; in der Forschungspraxis sind jedoch (fast) immer Mischpositionen festzustellen.

Während die erste dieser Richtungen eher an der Kognitionswissenschaft orientiert ist, liegt im zweiten Fall eine eindeutige Orientierung an der Informatik zugrunde. Zusammenfassend will ich kurz zwei Probleme, die bei der ausschliesslichen Einnahme einer dieser Positionen auftreten, beleuchten.

-   Eine kognitionsorientierte Sichtweise darf nicht dazu führen, dass die hieraus resultierenden Formalisierungen undurchsichtig werdode als ad-hoc-Lösungen anzusehen sind; insbesondere muss auch darauf Wert gelegt werden, dass die Eigenschaften der verwendeten Verfahren formal untersucht werden.
-   Eine an formalen Methoden der Informatik orientierte Vorgehensweise sollte auch die Erkenntnisse der Kognitionswissenschaften berücksichtigen, insbesondere deshalb, weil es - siehe oben - natürliche Systeme mit exzellenten Sprachverarbeitungsfähigkeiten gibt, an denen sich zu orientieren, sicherlich lohnend ist.

Dies bedeutet m.E., dass nur eine gleichzeitige Berücksichtigung beider Gesichtspunkte interessante und relevante Resultate erbringen kann. Der Primat ausschliesslich einer Sichtweise dürfte dem wissenschaftlichen Fortschritt - auf die Dauer gesehen - hinderlich sein.

2. Sprachprozesse in natürlichen und künstlichen Systemen

Das Hauptproblem für eine integrative Vorgehensweise, wie ich sie oben gefordert habe, liegt m.E. darin, dass die Methoden und Erkenntnisse aus den beiden Disziplinbereichen Kognitionswissenschaft und Informatik-Logik-Mathematik noch nicht soweit entwickelt sind, dass eine vollständig adäquate Integration zu einem erfolgreichen, gemeinsamen Vorgehen führen kann. Diese Problematik will ich jetzt an einigen Beispielen erläutern:

2.1. Komplexität sprachlicher Prozesse

Als Teilproblem des Gesamtproblems "Erstellung einer Bedeutungs-repräsentation" sei hier das der syntaktischen Analyse angesprochen. Bei der Entwicklung von Parsingverfahren gehört es mittlerweile, zu den methodischen Standards, Angaben über das Laufzeitverhalten, d.h. die Einordnung in eine "Komplexitätsklasse" vorzunehmen (vgl. Wahlster 1988). Der Wert derartiger Resultate hängt davon ab, wie sie interpretiert werden bzw. auf welchen Grundannahmen die entsprechende Komplexitätstheorie basiert.[4] An dieser Stelle möchte ich auf für diesen Problembereich relevante Überlegungen von Berwick & Weinberg (1984) verweisen, die ich in Form einiger Problemskizzen zusammengefasst habe:[5]

-   Welche Aussagekraft haben Komplexitätsresultate, die auf einer asymptotischen Komplexitätstheorie basieren, für kognitive Systeme? Ist es relevant zu wissen, wie sich ein Verfahren bei unrealistisch langen bzw. komplexen Eingaben verhält?

---

[4] Zumeist handelt es sich um eine asymptotische Interpretation, die die Frage nach dem Verhalten bei "grossen Eingaben" (n -> ∞) betrifft (s.u.).

[5] Ich habe diese Problemskizzen bewusst etwa überspitzt, d.h. provokativ, formuliert, um die Leser zu veranlassen, zu diesen Punkten eine eigene und nicht nur eine in der wissenschaftlichen Tradition der Computerlinguistik begründete Haltung einzunehmen.

- Welche Komplexitätsresultate lassen sich für "normale Problemstellungen" erzielen? Ist das Konzept der "normalen Problemstellung", das also eine Abkehr von "worst-case" Analysen darstellt, durch "average case" Untersuchungen adäquat berücksichtigt? Welches sind normale bzw. durchschnittliche Problemstellungen?[6]
- Welche Rolle spielt die Tatsache, dass menschliche Sprachverarbeitungsprozesse über genau einem Typ von "Prozessor", nämlich dem Gehirn, realisiert sind, d.h. die Ressourcen des Prozessors (im wesentlichen) festliegen?[7]

Zusammenfassend ergibt sich m.E. für die Komplexitätsuntersuchungen in einer kognitiven Linguistik, dass durch sie "Rahmenbedingungen" eines natürlichen Parsers approximiert werden können; darüber hinaus ist jedoch zu beachten, dass natürliche Parser, insbesondere durch die Interaktion mit anderen Moduln und die Verwendung von Parse-Strategien und Heuristiken über interessante "Beschleunigungsfähigkeiten" verfügen können. Diese zu ermitteln ist die Aufgabe psychologischer Forschung. Arbeiten zu diesemThema werden häufig unter der Bezeichnung "mental parsing" subsummiert.
In diesem Zusammenhang ergeben sich u.a. zwei Annahmen, deren genauere Untersuchung noch aussteht:
- Aufgrund der (häufig nicht-bewussten) Kenntnisse über die Sprache (und das Parsing) ist es sinnvoll, genau solche Sätze zu generieren, die "leicht parsebar" sind. D.h.: die Sätze, die geparst werden müssen, sind im Normalfall gerade so generiert worden, dass ein problemloses Parsing möglich ist (Ausnahmen sind natürlich möglich! Man denke etwa an garden-path-Sätze). Diese These kann durch "Natürliche Sprachen sind in Hinblick auf leichte Parsebarkeit evolutionär optimiert" formuliert werden.
- Die beschränkten Ressourcen des Sprach-Prozessors werden - unter der Annahme der leichten Parsebarkeit - dahingehend ausgenutzt, dass nur präferierte Verarbeitungsalternativen in Betracht gezogen werden. (Auch hierdurch ist eine Komplexitätsreduktion - im kognitiven Sinne - möglich.)[8]

Als Fazit der hier aufgezeigten Problemsituation in Hinblick auf die Untersuchung von Parsingprozessen ergibt sich, dass eine Fundierung der computerlinguistischen Forschung sowohl in der Berücksichtigung empirischer und theoretischer Arbeiten der Kognitionswissenschaft als auch in der strikten Formalisierung im Rahmen mathematischer Methoden liegen muss.[9]

---

[6] Dass derartige Fragestellungen nicht ausschliesslich auf die Computer-linguistik beschränkt sind, zeigt sich z.B. in Karp (1986). In einem Interview (Frenkel 1986) formuliert Karp das folgende Problem:

"There is a really fundamental methodological problem: How do you choose the probability distributions? How can you possibly know what the population of problem instances is going to be?" (p. 113)

[7] Vgl. hierzu Berwick & Weinberg (1984; p.93ff.). Man beachte hierbei auch, dass eine der wichtigen Abstraktionen der Komplexitätstheorie genau darin liegt, dass Komplexitätsaussagen unabhängig von Realisierungsdetails erfolgen. D.h., dass die Unabhängigkeit von der Referenzmaschine, die in der Komplexitätstheorie besteht, für kognitive Komplexität nicht angenommen werden darf.

[8] Diese Annahme ist in Hinblick auf die Frage, wieviele Lesarten eines Satzes erstellt werden und wann (bzw. aus welchen Gründen) zwischen diesen Lesarten eine Auswahl getroffen wird, von grosser Bedeutung.

[9] Als mathematische Methoden werden von mir hier insbesondere auch solche bezeichnet, die dem Ideal der strikten Formalisierung, d.h. der Forschungsidee der "Mathematisierung der Wissenschaften", verpflichtet sind. In diesem Sinne vertritt Wahlster (1988) die These von der Korrelation zwischen Reifegrad einer Disziplin, hier der Computerlinguistik, und dem Grad ihrer Mathematisierung.

2.2. Einige Probleme der Wissensrepräsentation

Im Bereich der Wissensrepräsentationsformalismen ist es - analog zu den Komplexitätsfragen bei Parsingverfahren - von grossem Interesse, Resultate in Hinblick etwa auf die Vollständigkeit und/oder Entscheidbarkeit der Repräsentationssysteme (-verfahren) zu erzielen. Für einige "logische Repräsentationssysteme" ist eine Übersicht der Vollständigkeit- und Entscheidbarkeitseigenschaften in Abb. 1 aufgeführt.[10]

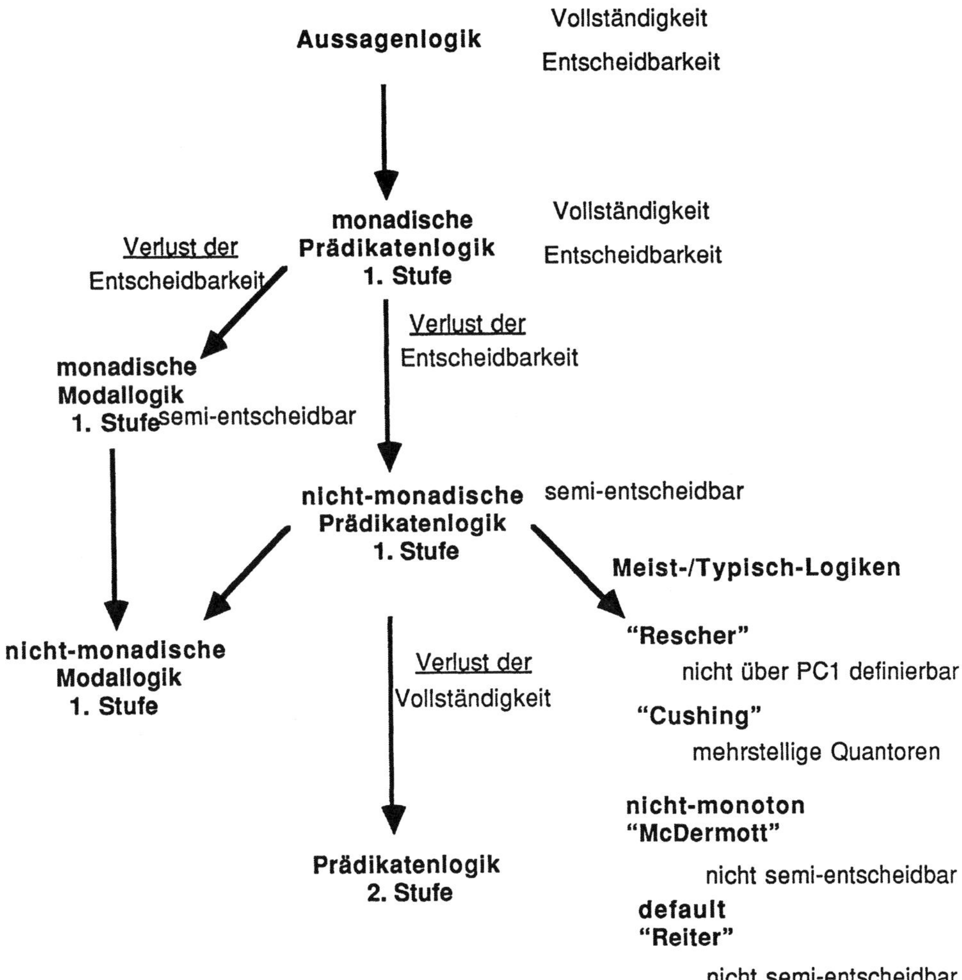

Abb.1 : Einige Logikerweiterungen und ihre "Kosten"

---

10 Eine ausführlichere Darstellung in Hinblick auf die "Kosten von Logikerweiterungen" findet sich bei Habel (1983 bzw.1986)). Die Vollständigkeits- bzw. Entscheidbarkeitsresultate finden sich für die monadische und nicht-monadische Prädikatenlogik z.B. bei Boolos & Jeffrey (1980), für modale Logiken bei Hughes & Cresswell (1968) und für die Prädikatenlogik zweiter Stufe bei Rogers (1971). Die meist-/typisch-Logiken sind in Abb.1 jeweils durch den Autorennamen (siehe Literaturverzeichnis) gekennzeichnet.

Die hier skizzierten Logikerweiterungen zeichnen sich dadurch aus, dass der Gewinn an Ausdruckskapazität verbunden ist mit "Kosten" in Hinblick auf einige formal wünschenswerte Eigenschaften. Anders ausgedrückt: bei der Wahl des Repräsentationssystems ergibt sich unter Umständen das Dilemma, zwischen Ausdrückbarkeits- und Berechenbarkeitseigenschaften abwägen zu müssen. In Hinblick auf dieses Dilemma ist häufig gerade auf Seiten der logik-orientierten Computerlinguisten eine "tiefe Abneigung" gegenüber den Erweiterungen zu bemerken, die vom "Ideal der Vollständigkeit und Entscheidbarkeit (bzw. der Semientscheidbarkeit)" abweichen. An dieser Stelle ist anzumerken, dass menschliche Schlussverfahren häufig von den logischen Schlussverfahren abweichen (vgl. Johnson-Laird 1983, chap. 5). Auch die Entwicklung nicht-monotoner Logiken orientiert sich an eine Erweiterung der Schlussweisen in Hinblick auf normale (menschliche) Folgerungs-situationen.

Das hier skizzierte Dilemma betrifft u.a. die in letzter Zeit wieder verstärkt diskutierte Frage, ob menschliche Informationsverarbeitung wesentlichen Gebrauch von "quick-and-dirty" Methoden macht (vgl. hierzu Cherniak 1986). Wenn dies der Fall ist - und hierüber Aussagen zu machen, ist Aufgabe der experimentell arbeitenden kognitiven Linguistik - so besteht die Notwendig-keit, gerade die "quick-and-dirty" Methoden formal zu beschreiben, und somit die Leistungsfähigkeit derartiger Verfahren beurteilbar zu machen. Mit anderen Worten: Die Erweiterung des Inventars eines sprachverarbeitenden Systems in Hinsicht auf unsichere, lückenhafte und eventuell fehlerhafte Verfahren, die jedoch in vielen Fällen aufgrund bedeutend verbesserter Effizienz vorzuziehen sind, muss kein Rückschritt in die dunklen Zeiten vor der Mathematisierung der Computerlinguistik sein, vielmehr kann gerade hierin der Ausgangspunkt für eine neue Stufe der Mathematisierung liegen. Voraussetzung dafür ist natürlich auch, dass theoretische Informatik und Logik die entsprechenden Problemstellungen in ihr Untersuchungsspektrum einbeziehen.

3. Fazit

Die Computerlinguistik sollte ihre Grundlagen einerseits in den Bereichen suchen, die den Phänomenbereich "Sprache" traditionellerweise bearbeiten, d.h. in den Kognitionswissenschaften (speziell: Linguistik und Psychologie); hierbei ist es wichtig nicht nur die Sprache als System, sondern auch den Sprecher-Hörer als Sprachprozessor in die Untersuchungen einzubeziehen. Die auf empirischen Untersuchungen basierenden Ansätze sollten einer strikten Mathematisierung (Formalisierung) unterworfen werden, so dass einige Eigenschaften entsprechender Systeme in exakter, beweisbarer Form vorliegen. Dies bedeutet, dass die Informatik (insbesondere: Künstliche Intelligenz und theoretische Informatik) als die formalwissenschaftliche Grundlagendisziplin angesehen werden muss. Man sollte jedoch beachten, dass das Hauptziel einer beschreibenden und erklärenden Computerlinguistik darin liegt, adäquate Modelle für sprachliche Prozesse zu entwickeln; Adäquatheits-fragen aber sind bekanntermassen nicht durch mathematische Theoreme zu entscheiden.[11] Zusammenfassend bedeutet dies, dass _formale_ Methoden und Theorien der _Kognitionswissenschaft_ wesentliche Grundlagen der Computerlinguistik seien sollten.

---

[11] Die formalen Eigenschaften, die innerhalb einer formalen Theorie über einen Untersuchungsbereich bewiesen werden können, sind in Adäquatheitsbegründungen als Evidenz verwendbar, können jedoch nicht allein ausreichen, um Adäquatheit nachzuweisen.

Literatur

Berwick, R. & Weinberg, A. (1984): The Grammatical Basis of Linguistic Performance. MIT Press, Cambridge Mass.

Boolos, G. & Jeffrey, R. (1980, 2nd ed): Computability and Logic. Cambridge Univ. Press: Cambridge.

Cherniak, C. (1986): Minimal Rationality. MIT Press, Cambridge Mass.

Cushing, S. (1987): Some Quantifiers Require Two-Predicate Scopes. in: Artificial Intelligence 32: 259-267.

Frenkel, K. (1986): Complexity and Parallel Processing: An Interview with Richard M. Karp. Commun. ACM 29. 112-117.

Habel, Ch. (1983): Logische Systeme und Repräsentationsprobleme. in: B. Neumann (Hrsg.): GWAI-83. Springer: Berlin. 118-142.

Habel, Ch. (1986): Prinzipien der Referentialität. Springer: Berlin.

Hughes, G. & Cresswell, M: (1968): An Introduction to Modal Logic. Methuen: London.

Johnson-Laird, P. (1983): Mental Models. Cambridge UP: Cambridge.

Karp, R. (1986): Combinatorics, Complexity, and Randomness. Commun. ACM 29. 98-111.

McDermott, D. / Doyle, J. (1980): Non-Monotonic Logic I. in: Artificial Intelligence 13. 41-72.

Newell, A. (1980): Physical symbol systems. Cognitive Science 4. 135-183.

Reiter, R. (1980): A Logic for Default Reasoning. in: Artificial Intelligence 13. 81-132.

Rescher, N. (1962): Plurality Quantification. Journal of Symbolic Logic 27. 373-374.

Rogers, R. (1971): Mathematical Logic and Formalized Theories. North Holland: Amsterdam.

Wahlster, W. (1988): Zum Fortschritt in der Computerlinguistik. In diesem Band.

Winograd, T. (1983): Language as a Cognitive Process. Vol. 1: Syntax. Addison-Wesley: Reading, Mass.

Computerlinguistik, Linguistik
und künstliche Intelligenz

Hans Uszkoreit
IBM Deutschland
Bereich Wissenschaft
WT LILOG

Computerlinguistik

Als Sprecher des Deutschen kann ich jeden Linguisten, der in einer mir bedeutsam
erscheinenden Beziehung zum Computer steht, einen Computerlinguisten nennen.
Die Bildung solcher Nominalkomposita gehört ja zu den produktivsten Regeln unserer
Morphologie. Dabei kann ich gar bereits eingeführte Bedeutungen des Kompositums
übergehen – wer wollte mir schon verbieten, einen Bauernhof an der Bahnstrecke
einfach den Bahnhof zu nennen.

In dem folgenden Versuch, ein junges aber bereits fest etabliertes wissenschaftliches
Gebiet zu charakterisieren, möchte ich aber auf die Möglichkeit verzichten, durch
programmatische Neudefinition das Konzept des Computerlinguisten in meinem
Sinne umzudeuten. Ich will mich eng an die tatsächliche Entwicklung des Gebiets in
den letzten Jahren halten, was mir umso leichter fällt, als ich diese Entwicklung als
außerordenlich positiv und vielversprechend empfinde.

In diesem Sinne nun wieder zurück zum Berufsbild des Computerlinguisten. Der
Kollege, der seinen PC zum Schreiben linguistischer Abhandlungen einsetzt, wird
durch seinen heroischen Einsatz neuer Technik noch nicht zum Computerlinguisten.
Das gleiche gilt für den Sprachwissenschaftler, der seine Belegsätze in einer
Datenbank speichert oder für den, der Verfahren des 'pattern matching' einsetzt, um
große Korpora auf spezielle Phänomene hin zu durchkämmen. So würde ja auch
niemand auf die Idee kommen, eine Untersdisziplin namens Computerphysik für
diejenigen Physiker zu erfinden, die die Daten ihrer Experimente auf dem Rechner
auswerten.

Nun ist es allerdings weder eine leichte noch eine theoretisch uninteressante Aufgabe,
Methoden und Programme zu ersinnen, die den Linguisten bei der Auswertung seiner
Daten unterstützen. Schließlich weisen Sprachdaten viele interessante
Besonderheiten auf. Die linguistische Datenverarbeitung hat sich auf diesem Gebiet
große Verdienste erworben.[1]

Die Computerlinguistik beschäftigt sich mit der Gewinnung von Verfahren,
mathematischen Erkenntnissen und linguistischen Formalismen, die die
Implementierung linguistischer Theorien und Grammatiken auf dem Computer
ermöglichen, und von Aussagen über deren Implementierbarkeit.

---

[1]Dort wo linguistische Theorien und Verarbeitungsmodelle selbst für die Aufbereitung
linguistischer Daten verwendet werden, verschmelzen linguistische Datenverarbeitung und Computerlinguistik.

Computerlinguistik und Linguistik

Lauri Karttunen hat in Podiumsdiskussionen und Vorträgen wiederholt darauf hingewiesen, daß die Computerlinguistik kein Zweig der angewandten Sprachwissenschaft ist: Es gibt sowohl innerhalb als auch außerhalb der Computerlinguistik theoretische und angewandte Linguistik.

Der angewandten Computerlinguistik geht es in erster Linie um das Ergebnis der Implementierung, das heißt um in der Praxis einsetzbare sprachverarbeitende Programme oder Programmkomponenten. Im Vordergrund stehen daher Verfahren und Methoden für deren Verwirklichung. Ihr Bezug zur Linguistik liegt in der Hauptsache in der kreativen Übertragung von Ergebnissen der theoretischen Linguistik auf die Aufgabenstellung des Entwurfs sprachverarbeitender Systeme. In diesem Sinne ist angewandte Computerlinguistik angewandte Linguistik.

Die theoretische Computerlinguistik ist mehr an der den Implementierungen zugrunde liegenden Theoriebildung interessiert. Ihr Bezug zur Linguistik ergibt sich aus der Betrachtung der Implementierung als Modellentwurf für linguistische Theorien. Sowohl durch die Erfahrungen bei der Algorithmisierung als auch durch das Experimentieren mit dem implementierten System gewinnt man formale Aussagen über die linguistische Adäquatheit, die mathematische Komplexität, und viele unvorhergesehene funktionale Eigenschaften der linguistischen Apparate. In diesem Sinne ist theoretische Computerlinguistik theoretische Linguistik.

Die meisten dieser Erkenntnisse könnte man beim Arbeiten mit Bleistift und Papier entweder gar nicht oder nur mit erheblich höherem Aufwand gewinnen, denn die Theorien und Grammatikfragmente haben eine Komplexität erreicht, die ohne mächtige Hilfsmittel zur Informationsverarbeitung nicht mehr zu bewältigen ist.

Heute findet man viele gemeinsame wissenschaftliche Veranstaltungen von Computer- und anderen Linguisten. In den USA gibt es seit einigen Jahren gemeinsame Konferenzen und Sommerschulen der Berufsverbände der Linguisten (LSA) und der Computerlinguisten (ACL). In der Bundesrepublik ist innerhalb der Deutschen Gesellschaft für Sprachwissenschaft (DGfS) eine Sektion für Computerlinguistik entstanden. Das Thema der letzten DGfS-Sommerschule hieß "Sprachwissenschaft im Computerzeitalter".

Das war nicht immer so. Genaugenommen ist das erst eine Entwicklung der 80er Jahre. Bis dahin war die Computerlinguistik wie sie in der Praxis betrieben und auf Konferenzen vertreten wurde nicht in die linguistische Forschung integriert. Computerlinguistik war in erster Linie angewandte Linguistik.

In den siebziger Jahren war es den Computerlinguisten zwar gelungen, langsam immer mehr linguistische Kenntnisse und Erkenntnisse in der maschinellen Sprachverarbeitung anzuwenden, doch jegliche Rückwirkung auf die Linguistik blieb aus. Das hatte einfache Gründe: die Theorien und Formalismen der Linguisten eigneten sich ganz einfach nicht für die Implementierung auf dem Computer. In der Zeit zwischen 1965 und 1980 war die Generative Transformationsgrammatik (TG) die vorherrschende Theorie der theoretischen Linguistik. Es gab nur ein größeres sprachverarbeitendes System, das im IBM Forschungszentrum in Yorktown Heights entwickelte TQA, das sich wirklich eng an die TG anlehnte.

Da nimmt es dann nicht Wunder, daß die Computerlinguisten in dieser Zeit auf den normalen Linguistenkonferenzen wenn überhaupt dann in der Regel nur als Zuhörer auftauchten. Das heißt nicht, daß ihre Arbeit linguistisch uninteressant war. Viele zukunftsträchtige Lösungen und Analysen der Computerlinguisten wurden jedoch nie theoretisch aus- und aufgearbeitet, oft gar als vermeintliche 'hacks' verschämt im Programmcode versteckt. Der Umschwung setzte erst mit einer neuen Generation von linguistischen Theorien ein, deren Repräsentationssysteme von der Computerlinguistik beeinflußt sind. Die Systeme eignen sich weit besser als Basis für Implementierungen als ihre Vorgänger.

In diese Klasse gehören die Grammatikmodelle der Lexical Functional Grammar (LFG), Generalized Phrase Structure Grammar (GPSG), Functional Unification Grammar (FUG), PATR-II, Head-Driven Phrase Structure Grammar (HPSG) und Categorial Unification Grammar (CUG). In der Semantik müssen in diesem Zusammenhang die Theorie der Situation Semantics und die Discourse Representation Theory (DRT) genannt werden, in der Phonologie/Morphologie die Finite State Morphology (FSM). Implementierungen solcher Theorien laufen nicht nur als Miniatursysteme an Hochschulen, sondern bilden die Grundlage für die nächste Generation von großen natürlichsprachlichen Systemen bei Computerfirmen wie XEROX, Siemens, IBM Deutschland, UNISYS, Texas Instruments und Hewlett Packard sowie bei etablierten Großforschungseinrichtungen wie SRI, ISI und BBN.[2]

Der wissenschaftliche Nutzen, den die Ergebnisse der Computerlinguistik für die Weiterentwicklung dieser Theorien haben, darf nicht unterschätzt werden. Er zeigt sich bereits heute in den wissenschaftlichen Publikationen zu den einzelnen Theorien.

Computerlinguistik und künstliche Intelligenz

Solange es eine Informatik gibt, gibt es auch schon Informatiker, die an Programmsystemen zur maschinellen Verarbeitung natürlicher Sprache arbeiten. Die Unterdisziplin der Informatik, in der an der Entwicklung von sprachverstehenden und spracherzeugenden Systemen gearbeitet wird, ist die 'Verarbeitung natürlicher Sprache' (VNS) innerhalb der Künstlichen Intelligenz (KI).[3]

Computerlinguistik und VNS sind interdisziplinäre Gebiete, beide schließen Territorien der Linguistik und der Informatik ein. Die VNS ist ein interdisziplinäres Untergebiet der Künstlichen Intelligenz und die Computerlinguistik ist ein interdisziplinäres Untergebiet der Linguistik. Während der Computerlinguist seine Aufgabe vorrangig in der Implementierung linguistischer Theorien auf dem Computer sieht, interessiert sich der Forscher in der VNS in erster Linie für den

---

[2] Für die Theorie des Government and Binding (GB), die derzeit bevorzugte Version der Generativen Transformationsgrammatik, gibt es mehrere interessante Implementierungsansätze in der universitären Forschung. Doch hier ist die Rückkopplung von der computerlinguistischen Modellierung zur Weiterentwicklung der Theorie bisher noch sehr schwach ausgebildet.

[3] Für die Unterdisziplin werden oft auch die Bezeichnungen "Natürlichsprachliche Systeme" oder "Maschinelle Sprachverarbeitung" verwendet. Weil die beiden letztgenannten Begriffe jedoch mitunter auch für stark computerlinguistisch geprägte Forschungsaktivitäten verwendet werden (z.B. an den Universitäten Tübingen und in Stuttgart), halte ich mich hier an die wörtliche Übersetzung des amerikanischen "Natural Language Processing", das sich in den Programmen der meisten internationalen KI-Konferenzen findet. Persönlich habe ich da allerdings keine Präferenzen.

Entwurf von Computerprogrammen, die in ihrer Funktionalität die Fähigkeit des Menschen abbilden, natürliche Sprache zu verstehen und nutzbringend zu verwenden. Die abzubildende Sprachfähigkeit des Menschen wird in guter KI-Forschung nicht losgelöst von den anderen kognitiven Kompetenzen gesehen.

Trotz der verschiedenen Ausgangsfragestellungen der Mutterdisziplinen gleichen sich die beiden Untergebiete in den gesteckten Zielen. Stark vereinfacht könnte man sagen: Gute Arbeit auf dem Gebiet natürliche Sprache in der KI ist notwendigerweise Computerlinguistik und gute Arbeit in der Computerlinguistik ist notwendigerweise KI. Die Begründung ist einfach. Wenn KI-Wissenschaftler ein gutes System zur Verarbeitung natürlicher Sprache bauen, dann sollten sie versuchen, die Theorien der Sprachwissenschaftler zu verwenden. Das Ergebnis ist dann gleichzeitig ein Modell der implementierten Theorien. Andererseits wäre ein vom Computerlinguisten gut implementiertes Modell einer adäquaten formalen Sprachtheorie das Ziel der Träume für die KI-Wissenschaftler in der VNS.

Das heißt, daß die in beiden Disziplinen angestrebten Endresultate gleich sein sollten. Nun bestehen lebendige Wissenschaften jedoch aus der langwierigen und mühseligen Annäherung an ferne Endresultate, die durch das kollektive Durchstreifen von unüberschaubar vieldimensionalen Suchräumen erreicht wird. VNS und Computerlinguistik gehören zu den Disziplinen, in denen die wichtigsten Suchpfade durch vorzeigbare und bewertbare Zwischenresultate markiert sind.

Auf Grund der unterschiedlichen Fragestellungen der Mutterdisziplinen, können Zwischenergebnisse in VNS und Computerlinguistik verschieden bewertet werden. In der VNS mag eine effiziente Implementierung eines Vollformenlexikons als Teil eines natürlichsprachlichen Datenbankabfragesystems eher als vorzeigbares Resultat gelten als in der Computerlinguistik. Andererseits könnte ein Computermodell einer Theorie für Diskurspartikel, das einige fest eingebene Satzmuster mit den angemessenen Partikeln auffüllt, in der Computerlinguistik als vorzeigbares Resultat gelten, selbst wenn das Programm ansonsten keine weiteren sprachlichen Fähigkeiten besitzt.

Im Alltag arbeiten viele Wissenschaftler der beiden Gebiete jedoch an vergleichbaren Resultaten. Es ist zu erwarten, daß die Konvergenz der Gebiete noch zunimmt.

Problem

Das Hauptproblem der Computerlinguistik erwächst aus der Frage: Wie verhalten sich die partiellen Implementierungen der Sprachfähigkeit des Menschen zu den tatsächlichen Verarbeitungsmechanismen im menschlichen Organismus. (Entsprechend generalisiert ist diese kontroverse Frage auch das zentrale Problem von Linguistik und KI.) Leider wird die Reputation von Computerlinguistik und VNS durch eine Vielzahl von unseriösen Behauptungen belastet, die auf einer engeren Beziehung beharren, als sie vom heutigen Wissensstand der kognitiven Psychologie betrachtet vertretbar erscheint.

So gibt es in der Linguistik immer wieder Versuche, bestimmte Theorien durch Resultate der experimentellen Psycholinguistik zu legitimieren. Trotz der großen Aufmerksamkeit, die solchen Resultaten in der modernen formalen Linguistik gewidmet wurde, konnte die Psycholinguistik bisher noch keine schlüssigen Argumente zur Diskussion zwischen den gegenwärtigen Hauptrichtungen der theoretischen Linguistik beitragen.

In der gegenwärtigen KI-Forschung wird der Hinweis auf die sogenannte kognitive Adäquatheit vorgeschlagener Verfahren gerne als zusätzliche Argumentationshilfe verwendet. In den seltensten Fällen beruhen die kognitiven Beobachtungen aber auf Resultaten, die in der experimentellen Psychologie anerkannt sind, und in keinem mir bekannten Fall genügen die Resultate, um zwischen zwei Modellen mit der gleichen Funktionalität eine wissenschaftlich begründete Entscheidung zu fällen.

Für die Computerlinguistik ist der Fall klar: Wenn linguistische Theorien einen psychologisch vertretbaren Anspruch erheben, zur Kompetenztheorie eine Performanztheorie anzubieten, die die Sprachverarbeitungsmechanismen des Menschen adäquat abbildet, kann die Computerlinguistik versuchen, durch Modellierung dieser Theorie zu deren Überprüfung beizutragen. Computerlinguistik ist aber an sich nicht notwendigerweise Psycholinguistik. Ihr Anspruch auf adäquate Abbildung der linguistischen Performanz sollte immer nur so groß sein wie der der modellierten Theorien. Das heißt natürlich nicht, daß die Computerlinguistik mit ihren Verfahren und Methoden nicht zur Theoriebildung auf diesem Gebiet beitragen kann.

Ausblick

Abschließend möchte ich von der Schilderung der gegenwärtigen Realität abweichen und meine persönliche Vorhersage zur langfristigen Zukunft der Computerlinguistik wagen. Ich glaube, daß die Existenz eines Gebietes Computerlinguistik eine wichtige und nützliche Phase in der Entwicklung der Sprachwissenschaften ist. Langfristig wird die Linguistik von der Möglichkeit der Modellierung und des wissenschaftlichen Experimentierens genauso selbstverständlich Gebrauch machen, wie die Physik und die Chemie es seit geraumer Zeit tun. In solch einem Stadium der Wissenschaft wird das Untergebiet Computerlinguistik – nicht jedoch die bisher nur dort entwickelten Methoden und Erkenntnisse – überflüssig werden.

Zum Fortschritt in der Computerlinguistik

Wolfgang Wahlster

Fachbereich Informatik
Universität des Saarlandes
6600 Saarbrücken 11

Nachdem es in den letzten sechs Jahren allein in der Bundesrepublik bereits drei dokumentierte Diskussionsrunden mit einer ähnlichen Themenstellung gegeben hat (vgl. Bátori et al. 1982, Görz 1984, Knorz 1985) und ich mich an zweien beteiligt hatte (vgl. Wahlster 1982 und 1984), möchte ich in diesem kurzen Beitrag meine Position nicht wiederholen, sondern die Fragestellung dieser Podiumsdiskussion aus einer anderen Perspektive betrachten, indem ich frage: Was bedeutet Fortschritt in den theoretischen Grundlagen der Computerlinguistik?

Bevor ich im folgenden zwei Teilantworten auf diese Frage skizziere, möchte ich festhalten, daß die Gegenstandsbereiche und die Methoden der sprachorientierten KI-Forschung und der Computerlinguistik in den letzten Jahren so stark konvergieren, daß es mir im Rahmen dieser Diskussion nicht gerechtfertigt erscheint, zwischen diesen beiden Forschungsgebieten zu differenzieren. Diese Auffassung wird sowohl in dem bisher umfassendsten Lehrbuch der Computerlinguistik bestätigt, in dem Allen feststellt 'The tools that the work in computational linguistics uses are those of artificial intelligence' (vgl. Allen 1987, S. 1), als auch in neueren Überblicksarbeiten z.B. von Halvorsen, der vermerkt 'Computational linguistics is best viewed as a branch of artificial intelligence' (vgl. Kapitel 3 in Halvorsen 1986).

Eine Möglichkeit, die grundlegende Zielsetzung einer wissenschaftlichen Disziplin wie der Computerlinguistik zu charakterisieren, besteht in der Beantwortung der Frage, wie wissenschaftlicher Fortschritt eigentlich definiert wird. Im folgenden wird der Versuch gemacht, anhand von zwei methodischen Leitlinien der heutigen Computerlinguistik exemplarisch den Fortschritt gegenüber dem Entwicklungsstand am Ende der 70ger Jahre herauszuarbeiten.

Auf zwei methodischen Ebenen wurden in den letzten zehn Jahren erhebliche Fortschritte erzielt, die für einen höheren wissenschaftlichen Reifegrad der Computerlinguistik sprechen:

- Eine stärkere *Mathematisierung* in allen Teilbereichen
- Ein stärkerer Austausch mehrfach verwendbarer *Software-Werkzeuge/Module*

Während man sich vor zehn Jahren in der Computerlinguistik häufig noch mit Behauptungen und Vermutungen über die formalen Eigenschaften von Beschreibungs- und Verarbeitungsverfahren begnügen mußte, ist man heute hauptsächlich an *beweisbaren* Aussagen interessiert.

Man greift daher verstärkt auf Resultate aus der Mathematik und der Theoretischen Informatik zurück, wobei derzeit die folgenden Teilgebiete die wichtigste Rolle spielen:

- Mathematische Logik

- Formale Sprachen

- Komplexitätstheorie

- Algebraische Semantik

Beispiele für typische Fragen, auf die man heute von jedem Autor eindeutige Antworten erwartet, sind:

- Welches *Laufzeitverhalten* hat ein neues Parsingverfahren?

  Eine typische Antwort hierzu ist: Das Parsen von Tree Adjoining Grammars (TAGs) ist in $O(n^4)$ möglich (vgl. Harbusch 1988).

- Welche *Mächtigkeit* hat ein neuer Grammatikformalismus?

  Die Aussage CFL $\subset$ TAL $\subset$ CSL stellt ein Beispiel für eine befriedigende Antwort dar.

- Ist ein neues Logik-System *vollständig*?

  Eine typische Antwort hierzu ist: Die Logik L_3 für Situationsschemata ist vollständig (vgl. Fenstad et al. 1987).

- Ist ein neues Unifikationsverfahren *entscheidbar*?

  Auch negative Ergebnisse wie 'Unifikation unter Distributivität und Assoziativität ist unentscheidbar' tragen zum Fortschritt bei.

Eine Gefahr, die Schwartz treffend mit 'bad theory with a mathematical passport' (vgl. Schwartz 1962) gekennzeichnet hat, ist mit dieser Tendenz der Mathematisierung allerdings verbunden: Man stößt ab und zu auf pseudomathematisch präsentierte 'Theorien', die bei Nicht-Mathematikern durch eine aufwendige Formelsprache den Eindruck der Seriosität erwecken wollen. Im Gegensatz zur Theoretischen Linguistik, wo z.B. im Zusammenhang mit der Montague-Rezeption gelegentlich bizarre Formalisierungsversuche, die weder mathematische Tiefe noch linguistische Aussagekraft besaßen, veröffentlicht wurden, ist dieses Phänomen in der Computerlinguistik jedoch recht selten anzutreffen.

Ein weiteres Problem im Zusammenhang mit der Mathematisierung der Computerlinguistik ist in einigen Fällen die extreme Fixierung auf einzelne Formalismen, die innovationshemmend wirken kann. In der Computerlinguistik steht noch zu oft die Frage im Vordergrund, ob und wie in einem vorgegeben Formalismus eine sprachliche Regularität erfaßt werden kann, anstatt zunächst das inhaltliche Ergebnis zu betrachten und dann nach einem geeigneten Formalismus zu suchen. Hier muß sich die in der modernen mathematischen Logik übliche Vorgehensweise, zunächst die Strukturen des zu modellierenden Gegenstandbereiches genau zu untersuchen und dann einen passenden Kalkül mit den gewünschten Eigenschaften zu entwerfen, erst noch allgemein durchsetzen.

Während in den 70ger Jahren nur ATN-Entwicklungsumgebungen (Interpreter, Compiler, Editoren, Browser) in größerem Umfang zwischen computerlinguistischen Forschungsgruppen ausgetauscht, weiterentwickelt und in verschiedenen Projekten genutzt wurden, existieren heute für verschiedene Ebenen des Sprachverstehens und der Sprachproduktion universelle, portable und effiziente Software-Werkzeuge/Module in den Standardprogrammiersprachen der Computerlinguistik (CommonLisp und Prolog).

Dies stellt einen bemerkenswerten Fortschritt dar, weil man sich nun in einem computerlinguistischen Projekt beim Aufbau der experimentellen Umgebung für die Untersuchung einer ganz bestimmten Fragestellung im Kontext eines natürlichsprachlichen Gesamtsystems im Idealfall mehrerer vorgefertigter Software-Pakete bedienen kann, um dadurch schneller zum eigentlichen Forschungsthema eines Projektes zu kommen. Die Investitionen in Basissoftware für die Analyse und Generierung natürlicher Sprache bringen hohe Dividenden, da es so möglich wird, neue Methoden schneller zu entwickeln und zu testen (vgl. auch Wahlster 1988). Da in den

70ger Jahren noch erheblich mehr Entwicklungsarbeit in die jeweiligen Rahmensysteme gesteckt werden mußte, konnten in vielen Projekten nur Systemfragmente entstehen.

Wenn auch die derzeitigen Modelle menschlichen Sprachverhaltens noch viel zu lückenhaft sind, um übertriebene Erwartungen in Hinblick auf schnelle Erfolge im Bereich standardisierter Basissoftware zu rechtfertigen, so stellt doch der Durchbruch, der auf dem Gebiet der Expertensysteme durch die Einführung sog. Expertensystem-Shells erreicht werden konnte, eine ermutigende Analogie dar.

Als Beispiele für solche oft lizenzfrei und kostenlos erhältlichen Software-Pakete, die z.T. aufgrund ihrer guten Dokumentation und ihrer hohen Zuverlässigkeit bereits weit verbreitet sind, seien hier genannt:

- Morphologie-Pakete (z.B. KIMMO, MORPHIX)

- Grammatik-Werkbänke (z.B. LFG-Werkbänke, PATR, TAG-DevEnv)

- Benutzermodellierungskomponenten (z.B. GUMS, TRUMP)

- Wissensrepräsentationssprachen (z.B. KL-ONE/TWO, SB-ONE, QUIRK/QUARK)

- Sprachgenerierungsmodule (z.B. MUMBLE-86, SUTRA)

Einzelne dieser Werkzeuge sind in Versionen für alle gängigen LISP-Dialekte und Rechnertypen erhältlich. So ist z.B. das in unserem Saarbrücker KI-Labor entstandene MORPHIX-System in CommonLisp, Interlisp-D, ZetaLisp und FranzLisp auf Symbolics und TI Lispmaschinen sowie Arbeitsplatzrechnern von DEC, HP, SUN, Xerox und Siemens verfügbar (vgl. Finkler/Neumann 1988).

Nach einer langen Anlaufphase steht die Computerlinguistik jetzt vor einer Entwicklung, bei der es auch im Softwarebereich immer häufiger möglich werden sollte, auf die Ergebnisse anderer Forscher aufzubauen.

Zum Schluß möchte ich noch einen weiteren Bereich erwähnen, in dem Fortschritte zu verzeichnen sind, die allerdings eher die anwendungsorientierte Seite der Computerlinguistik als ihre theoretischen Grundlagen betreffen. Seit 1985 wurden mit Q & A, Language Craft, NL-Menu, DataTalker und Parlance fünf natürlichsprachliche Schnittstellen auf dem kommerziellen Markt eingeführt, die Resultate der sprachorientierten KI-Forschung der 70ger Jahre nutzbringend für die Mensch-Maschine-Kommunikation umsetzen (vgl. auch Wahlster 1984). Dadurch, daß diese Systeme heute weltweit von mehr als 10.000 Anwendern benutzt werden, wird es erstmals vertretbar, durch empirische Untersuchungen beim Einsatz natürlichsprachlicher Systeme die Priorisierung der Bearbeitung bestimmter Theorie- und Methodendefizite in der Computerlinguistik auch aus der Anwendungspraxis heraus zu motivieren.

Literatur:

Allen, J. (1987): Natural Language Understanding. Menlo Park: Benjamin/Cummings.

Bátori, I., Krause, J., Lutz, H.-D. (eds.) (1982): Linguistische Datenverarbeitung. Versuch einer Standortbestimmung im Umfeld von Informationslinguistik und Künstlicher Intelligenz. Tübingen: Niemeyer.

Fenstad, J., Halvorsen, P.-K., Langholm, T., van Benthem, J. (1987): Situations, Language and Logic. Dordrecht: Reidel.

Finkler, W., Neumann, G. (1988): MORPHIX: A Fast Implementation of a Classification-Based Approach to Morphology. In: Trost, H. (ed.): Wiener Workshop Wissensbasierte Sprachverarbeitung. Heidelberg: Springer.

Görz, G. (ed.)(1984): Linguistik und Künstliche Intelligenz. Podiumsdiskussion mit Beiträgen von Th. T. Ballmer, E. Lehmann, K. Morik, M. Pinkal, W. Wahlster. In: Laubsch, J. (ed.): GWAI-84. 8th German Workshop on Artificial Intelligence. Heidelberg: Springer, S. 265-282.

Halvorsen, P.-K. (1986): Computer Applications of Linguistic Theory. In: Newmeyer, F., Ubell, R. (eds.): Linguistics: The Cambridge Survey. Cambridge: University Press.

Harbusch, K. (1988): Effizientes Parsing mit TAGs. In: diesem Band.

Knorz, G. (ed.)(1985): Ansätze der sprachorientierten KI-Forschung. Eine Thesensammlung mit Beiträgen von H.-D. Lutz, A. Fauser, P. Schefe, U. Hahn, K. Morik und B. Endres-Niggemeyer. In: LDV-Forum, 3, 2, S. 77-90.

Schwartz, J. (1962): The Pernicious Influence of Mathematics on Science. In: Nagel, E., Suppes, P., Tarski, A. (eds.): Logic, Methodology and Philosophy of Science. Stanford: Univ. Press, S. 356-360.

Wahlster, W. (1982): Aufgaben, Standards und Perspektiven sprachorientierter KI-Forschung. Einige Überlegungen aus informatischer Sicht. In: Bátori et al., S. 13-24.

Wahlster, W. (1984): Zur Rolle der Linguistik bei der Entwicklung natürlichsprachlicher KI-Systeme. In: Görz, S. 267-269.

Wahlster, W. (1986): The Role of Natural Language in Advanced Knowledge-Based Systems. In: Winter, H. (ed.): Artificial Intelligence and Man-Machine Systems. Heidelberg: Springer, S. 62 - 83.

Wahlster, W. (1988): Natural Language Systems - Some Research Trends. In: Schnelle, H. (ed.): Logic and Linguistics. Hillsdale: Lawrence Erlbaum.

Band 151: E. Buchberger, J. Retti (Hrsg.), 3. Österreichische Artificial-Intelligence-Tagung. Wien, September 1987. Proceedings. VIII, 181 Seiten. 1987.

Band 152: K. Morik (Ed.), GWAI-87. 11th German Workshop on Artificial Intelligence. Geseke, Sept./Okt. 1987. Proceedings. XI, 405 Seiten. 1987.

Band 153: D. Meyer-Ebrecht (Hrsg.), ASST'87. 6. Aachener Symposium für Signaltheorie. Aachen, September 1987. Proceedings. XII, 390 Seiten. 1987.

Band 154: U. Herzog, M. Paterok (Hrsg.), Messung, Modellierung und Bewertung von Rechensystemen. 4. GI/ITG-Fachtagung, Erlangen, Sept./Okt. 1987. Proceedings. XI, 388 Seiten. 1987.

Band 155: W. Brauer, W. Wahlster (Hrsg.), Wissensbasierte Systeme. 2. Internationaler GI-Kongreß, München, Oktober 1987. XIV, 432 Seiten. 1987.

Band 156: M. Paul (Hrsg.), GI – 17. Jahrestagung. Computerintegrierter Arbeitsplatz im Büro. München, Oktober 1987. Proceedings. XIII, 934 Seiten. 1987.

Band 157: U. Mahn, Attributierte Grammatiken und Attributierungsalgorithmen. IX, 272 Seiten. 1988.

Band 158: G. Cyranek, A. Kachru, H. Kaiser (Hrsg.), Informatik und „Dritte Welt". X, 302 Seiten. 1988.

Band 159: Th. Christaller, H.-W. Hein, M. M. Richter (Hrsg.), Künstliche Intelligenz. Frühjahrsschulen, Dassel, 1985 und 1986. VII, 342 Seiten. 1988.

Band 160: H. Mäncher, Fehlertolerante dezentrale Prozeßautomatisierung. XVI, 243 Seiten. 1987.

Band 161: P. Peinl, Synchronisation in zentralisierten Datenbanksystemen. XII, 227 Seiten. 1987.

Band 162: H. Stoyan (Hrsg.), Begründungsverwaltung. Proceedings, 1986. VII, 153 Seiten. 1988.

Band 163: H. Müller, Realistische Computergraphik. VII, 146 Seiten. 1988.

Band 164: M. Eulenstein, Generierung portabler Compiler. X, 235 Seiten. 1988.

Band 165: H.-U. Heiß, Überlast in Rechensystemen. IX, 176 Seiten. 1988.

Band 166: K. Hörmann, Kollisionsfreie Bahnen für Industrieroboter. XII, 157 Seiten. 1988.

Band 167: R. Lauber (Hrsg.), Prozeßrechensysteme '88. Stuttgart, März 1988. Proceedings. XIV, 799 Seiten. 1988.

Band 168: U. Kastens, F. J. Rammig (Hrsg.), Architektur und Betrieb von Rechensystemen. 10. GI/ITG-Fachtagung, Paderborn, März 1988. Proceedings. IX, 405 Seiten. 1988.

Band 169: G. Heyer, J. Krems, G. Görz (Hrsg.), Wissensarten und ihre Darstellung. VIII, 292 Seiten. 1988.

Band 170: A. Jaeschke, B. Page (Hrsg.), Informatikanwendungen im Umweltbereich. 2. Symposium, Karlsruhe, 1987. Proceedings. X, 201 Seiten. 1988.

Band 171: H. Lutterbach (Hrsg.), Non-Standard Datenbanken für Anwendungen der Graphischen Datenverarbeitung. GI-Fachgespräch, Dortmund, März 1988, Proceedings. VII, 183 Seiten. 1988.

Band 172: G. Rahmstorf (Hrsg.), Wissensrepräsentation in Expertensystemen. Workshop, Herrenberg, März 1987. Proceedings. VII, 189 Seiten. 1988.

Band 173: M. H. Schulz, Testmustergenerierung und Fehlersimulation in digitalen Schaltungen mit hoher Komplexität. IX, 165 Seiten. 1988.

Band 174: A. Endrös, Rechtsprechung und Computer in den neunziger Jahren. XIX, 129 Seiten. 1988.

Band 175: J. Hülsemann, Funktioneller Test der Auflösung von Zugriffskonflikten in Mehrrechnersystemen. X, 179 Seiten. 1988.

Band 176: H. Trost (Hrsg.), 4. Österreichische Artificial-Intelligence-Tagung. Wien, August 1988. Proceedings. VIII, 207 Seiten. 1988.

Band 177: J. Pliquett, L. Voelkel, Signaturanalyse. 224 Seiten. 1988.

Band 178: H. Göttler, Graphgrammatiken in der Softwaretechnik. VIII, 244 Seiten. 1988.

Band 179: W. Ameling (Hrsg.), Simulationstechnik. 5. Symposium. Aachen, September 1988. Proceedings. XIV, 538 Seiten. 1988.

Band 180: H. Bunke, O. Kübler, P. Stucki (Hrsg.), Mustererkennung 1988. 10. DAGM-Symposium, Zürich, September 1988. Proceedings. XV, 361 Seiten. 1988.

Band 181: W. Hoeppner (Hrsg.), Künstliche Intelligenz. GWAI-88, 12. Jahrestagung. Eringerfeld, September 1988. Proceedings. XII, 333 Seiten. 1988.

Band 182: W. Barth (Hrsg.), Visualisierungstechniken und Algorithmen. Fachgespräch, Wien, September 1988. Proceedings. VIII, 247 Seiten. 1988.

Band 183: A. Clauer, W. Purgathofer (Hrsg.), AUSTROGRAPHICS '88. Fachtagung, Wien, September 1988. Proceedings. VIII, 267 Seiten. 1988.

Band 184: B. Gollan, W. Paul, A. Schmitt (Hrsg.), Innovative Informations-Infrastrukturen. I. I. I. – Forum, Saarbrücken, Oktober 1988. Proceedings. VIII, 291 Seiten. 1988.

Band 185: B. Mitschang, Ein Molekül-Atom-Datenmodell für Non-Standard-Anwendungen. XI, 230 Seiten. 1988.

Band 186: E. Rahm, Synchronisation in Mehrrechner-Datenbanksystemen. IX, 272 Seiten. 1988.

Band 187: R. Valk (Hrsg.), GI – 18. Jahrestagung I. Vernetzte und komplexe Informatik-Systeme. Hamburg, Oktober 1988. Proceedings. XVI, 776 Seiten.

Band 188: R. Valk (Hrsg.), GI – 18. Jahrestagung II. Vernetzte und komplexe Informatik-Systeme. Hamburg, Oktober 1988. Proceedings. XVI, 704 Seiten.

Band 189: B. Wolfinger (Hrsg.), Vernetzte und komplexe Informatik-Systeme. Industrieprogramm zur 18. Jahrestagung der GI, Hamburg, Oktober 1988. Proceedings. X, 229 Seiten. 1988.

Band 190: D. Maurer, Relevanzanalyse. VIII, 239 Seiten. 1988.

Band 191: P. Levi, Plänen für autonome Montageroboter. XIII, 259 Seiten. 1988.

Band 192: K. Kansy, P. Wißkirchen (Hrsg.), Graphik im Bürobereich. Proceedings, 1988. VIII, 187 Seiten. 1988.

Band 193: W. Gotthard, Datenbanksysteme für Software-Produktionsumgebungen. X, 193 Seiten. 1988.

Band 194: C. Lewerentz, Interaktives Entwerfen großer Programmsysteme. VII, 179 Seiten. 1988.

Band 195: I. S. Bátori, U. Hahn, M. Pinkal, W. Wahlster (Hrsg.), Computerlinguistik und ihre theoretischen Grundlagen. Proceedings. IX, 218 Seiten. 1988.

Band 197: M. Leszak, H. Eggert, Petri-Netz-Methoden und -Werkzeuge. XII, 254 Seiten. 1989.

Informatik—Fachberichte